U0107342

Social Selves
Theories of
Self and Society 2nd Edition

社会性自我 第2版

〔英〕伊恩·伯基特 —————— 著

李康 —————— 译

上海文艺出版社

纪念我的父母

威廉·伯基特和艾莲娜·玛丽·伯基特

目录

第二版序言与致谢

要为一本书写第二版，这样的提议很有意思。赛智出版集团最初向我提出此事时，我第一反应是觉得，自己恐怕不能回过头去，做一项认为自己十六年前已经完成的任务。但随后我更仔细地掂量了一下前景，又重新燃起了热情：在中间这些年里，关于自我与认同，又写出了那么多作品，本书初版在许多重要方面已经过时，考虑到有关社会性别与性态的研究文献呈爆炸式增长，对于社会阶级的学术兴趣也是东山再起，情况就更是如此。因此，这部作品反映了当代社会处在一个全球化的资本主义世界里，呈现出怎样变动不居的性质，而这种性质又对自我认同产生了哪些影响。但还不仅如此，我自己也变了。《社会性自我》的初版是以我的博士论文为基础的。经历了这些年有关自我问题的教学与写作，我的观点已经有了微妙的转变。有鉴于此，我选择重写整本书，而不只是补充些新的材料。这会更耗时间，但也有更令人满足的体验——希望读者也能和笔者一样感到满足。

同样有意思的是回想一下写作初版时的前前后后。最初的思想种子早在我本科时即已埋下，当时我的一位老师，罗伯特·阿什克罗夫特，提问是什么让我们成长为如今之所是，我们又为何会有如今之行事方式：与此相关的究竟是作为个体的我们，我们发现自己所处的社会，包括我们的社会位置、制度角色或家庭背景及教育背景，还是这两者之间的关系？而这桩事情本身就例证了我们人类具有相互影响：一名良师能激发起学生毕生的兴趣和探究。不过，就像我在全书中都试图指出的那样，我们的一切作为都处在一定的社会背景和历史背景之中。我从二十世纪八十年代中叶开始以社会性自我为题做博士论文，并在八十年代末完成此书初版，这一阶段我们都生活在政治上的保守主义时期。时任英国首相撒切尔夫人为整个八十年代定了调，宣称根本没有什么社会，只有个体和家庭。所以这似乎是在逆时而动，因为我要钻研的文献认为实情恰恰相反，即我们作为个体自我，只有在由与他人的互动组成的社会世界中，才能界认出自己有何差异，看到自己与其他一些人有异有同。但这样又带出了许多更大的问题：社会性的相似与差异，权力，不平等，社会阶级，社会性别，性态。这些就是本书的主题。

在一部探讨社会性自我的书里，如果表示无论我完成了什么，都不是出于一己之力，当属得体之论。本书是与其他声音之间的对话（而我希望别的声音也能吸引读者）。有许多人的著述都对我有所启发和激励。罗伯特·阿什克罗夫特、布赖恩·伯基特（Brian Burkitt）、艾琳·莫克森（Eileen Moxon）和希拉里·罗斯（Hilary Rose）都鼎力支持，鼓励我完成奠定初版基础的博士研究。理查德·基尔明斯特（Richard Kilminster）作为我的博士生导师，对我有莫大的启发和支持。基思·特斯特（Keith Tester）也是如此，那些年他还是我在利兹大学的研究生同学，但他与我分享了原本可能孤军奋战的研究任务和论文写作。以下人等也对本书初版的撰写做出了评点或提供了帮助：戴维·英格尔比（David Ingleby）、伊恩·帕克（Ian Parker）、卡伦·菲利普斯（Karen Phillips）、凯瑟琳·坦普尔（Kathleen Temple），还有亲爱的卡罗琳·普拉特（Caroline Pratt）。

在撰写本书第二版时，我要感谢布雷德福大学（Bradford University）的师生为我的工作提供的学术文化氛围，不过尤其要感谢保罗·沙利文（Paul Sullivan）、布里德·费瑟斯通（Brid Featherstone）和弗里德尔·布纳特（Friedel Weinert）费时耗神阅读书稿不同部分。我还要感谢彼得·伦特（Peter Lunt），他通读全稿并给出评议。我很感激艾伦·斯科特（Alan Scott）、查尔斯·斯通斯（Charles Stones）、阿尔维克·巴拉米扬（Arvick Baghramian）和诺菲特·伊扎克（Nofit Itzhak）提供了所有社会存在都必需的友谊。但不管怎么说，社会性自我也必须为自己的行动承担个体的责任，书稿中还留有什么缺陷，完全应该归咎于我。

第一章 社会与自我

我是谁？这应该是现代西方世界中最常被问到的问题之一。
我们在自己生活中的关键时刻，似乎都会以这样那样的方式提及
这一问题。表面看来，这个问题会让人误以为简单明了，因为如
果有一样东西是我们应当了解的，那就是我们的自我，就是我们
是谁。然而，不管是谁，只要尝试回答这一问题，就会明白这有
多困难。在现代世界里，我们从事五花八门的活动，在纷繁多样
的背景下，与三教九流的人打交道。面对不同的人，我们会有多
种的面目。而面对我们自身，我们也会有多种的面目。对于我们
是谁这个问题，或许没有单一的答案。不仅如此，如果我们所扮
演的变换多样的角色中似乎没有一个适合我们，我们就会更加困
惑，问题也就变得更加迫切：我是谁？然后，我们会发现自己在
追寻自我。但我们又到哪里去寻找呢？我们常常碰到人说"我努
力想找到我自己"，或许我们当中也有很多人曾经这么说过或者
想过。西方社会自有其信奉个体主义的漫长历史，对于生活在这
些社会的人来说，难免会深究自身，检视自己的所思所感，仿佛
我们的自我认同是重重密锁的财富，紧裹壳中的珍珠。

悖谬的是，这种对于自我的探寻很少会是一项孤独的任务。

当我们努力想找出自己是谁，就算我们相信谜底深藏不露，在探寻破解自身的钥匙时，也无一例外地会和别人打交道。不管他们是亲朋好友，还是专家顾问，我们终归是求诸他人，从他们的言语、态度、表情或行动中，看到反射回来的我们自身的形象／意象（image）。不过，奇怪的是，我们往往未能注意到，探寻我们自己的个体自我，其实是一项社会活动。西方社会珍视个体，尊重个体的自由、自主、创造，尊重个体自身的个体性的表达。但在这样的社会里，我们很容易忽视，他人也发挥了不小作用，赋予我们点点滴滴，拼装出有关我们自我的形象。这就是我在本书中提出的社会性自我观念的意思，这个观念充当了本书的书名，我将在书中探究这一谜题，也就是说，我们要想成为具备自身独有特性／身份／认同（identity）的个体自我，首先必须参与和他人共在的、由历史和文化塑造而成的世界。我打算考察社会个体性（social individuality）这个观念。这并不是说我们每个人都不是什么个体自我，显然我们是。相反，我想问的是：这种自我是如何在与他人的社会关系中形成的，我们又是如何通过这些社会关系，通过与我们自身的自我的关系，来回答"我是谁"这个问题。

2　　因此，我并不打算让这本书成为一本"励志"（self help）书，就像以"大众心理"或"自我发展"名目充斥坊间的那些书籍。你在本书中不会找到自我分析的技术或处理个人问题的练习。本书绝大部分内容花在介绍主导人文社会科学的那些有关自我的争论，介绍社会学家、哲学家和社会心理学家探讨当代西方世界中自我问题的各种方式。然而，我所讨论的每一位思想家都依循我将在本书中阐述的立场，对"我是谁？"或更一般层面上作为人

　　　　　　　　　　　　　　　　　　　　　　社 会 性 自 我

的"我们是谁?"的问题，有所探讨，也各具启发。他们有不少观念已经渗透到人们有关自我的日常理解，所以说，你如果摆脱这些思想家对于"我是谁?"这个问题给出的种种答案，就不可能思考自己是谁。这也是因为，他们的答案是在整体而言的某个历史文化时期形成的，而这个时期依然影响着今日我们的生活与自我。话说回来，任何问题都不存在什么彻底的答案，每位思想家都留给我们一系列仍待探讨的问题。如果说我们从未确知自己作为个体究竟是谁，那么同样可以说，在集体的角度上，我们也依然不确知自己作为人究竟是谁。

那么，你又会从本书中学到什么呢? 并不是对于"我是谁?"这个问题的确切答案，而是理解我们为何会不厌其烦地问这个问题，为什么这对我们很重要，并对当前塑造你可能给予这个问题的答案的某些观念有所了解。接下来我们就将踏上旅途，略览对于这个问题的某些答案，但在此之前，我首先想说清楚自己对于有关问题的看法，说明我为何力主我们都是社会性自我。

第一节　社会性自我：挑战个体主义

前文我已经开始探讨为何要把本书命名为《社会性自我》，因为如果把我们自身视为孤零自处，就切断了我们在创造自我时不得不与他人缔结的基本关联。这并不等于说我想否认，事实上，我们每一个人都是独一无二的个体，或者说个体主义自有其积极价值所在。有些权威对于权力贪得无厌，一心想使自由的人民臣服，而自由 (freedom)、自由权 (liberty) 和个体自主这些价值观念就能够防止我们受制于这样的权威。但和所有美好的观念与理想一样，个体主义也蕴含着危险。政治思想家 C. B. 麦克弗森曾经探讨兴起于西方资本主义社会的那种个体主义的特征，将其概括为"占有性个体主义"（possessive individualism），意思是说每一个体都被视为自身技能和能力的占有者，不欠社会一丝一毫来发展这些东西。[1] 因此，一个自由的社会就会被看成一个市场社会，其中的个体能够在劳动市场上出售自己的能力，以换取薪资，又用这种薪资来购买他们需要消费的物品，以便维持生存。不过，麦克弗森也相信，这种个体主义或许会消蚀人类社会，因为按照这样的理解，每个人与他人之间的彼此维系，都只是通过竞争性市场，除此无他。这种政治学说也是对人性的歪曲，因为我们每个人的能力都是在社会中发展起来的。

对于人文社会科学来说，占有性个体主义这个问题等于凭空制造了个体与社会之间的分隔。有一种社会研究思路被称为"方法论个体主义"，堪为例证。F. A. 哈耶克、卡尔·波普尔和 J. W. N. 沃特金斯等思想家就是其典型代表。在他们看来，有关社会的所有说明都必须以对于个体性情倾向和行动的陈述为基础。这是因为，社会并不是一个超个体的实体，而是由个体所组成的，正是这些个体把社会塑造成这个样子。让人哭笑不得的是，这些思想家其实也赞同他们所抨击的许多社会学家的看法，相信社会无非是个体之间的关系。这两个阵营之间之所以会有分歧，其实在于赋予社会关系怎样的地位，究竟是将社会关系看作人的生活中的基本因素，还是区区偶然因素，取决于业已存在的个

---

[1] C. B. Macpherson (1962) *The Political Theory of Possessive Individua lism: Hobbes to Locke.* Oxford: Clarendon Press.

体。方法论个体主义者采取的就是后一种立场，而社会学家与社会心理学家往往会认为，社会关系是我们的体验中的基本因素。我在本书中提出的思路是反对方法论个体主义者的立场的，不把个体看作某种首要事实，占有给定的能力或确定的本质。原因就在于，我们都是从出生伊始就进入并非自己塑造的社会关系，我们是谁、我们是什么，大部分都是在这样的背景下形成的。但我也不想把个体化约为仅仅是其所处社会的产物，因为方法论个体主义者倒也说得不错，如果没有个体，没有个体之间的关系，根本就不存在什么社会。我比较偏向诺贝特·埃利亚斯对于这个问题的解答，从个体组成的社会这个角度来思考。[2]

因此，我在理解作为社会性自我的人时，尝试去破解这种二元对立。我想要提出，当我们问"我是谁？"或"我们是谁？"这样的问题时，是试图把自身理解为社会个体，而不是自足原子。我也要提请读者注意，事实上，我在谈社会性自我（selves）时，用的是复数而不是单数，因为我们都是必然相互关联的个体自我，在由个体组成的社会里，存在许多种不同的自我。同时，作为个体，我们本身也是多重的：当我身处自己行动的不同情境，并不完全是同一个人，今天的我与二十年前那个我也不完全一样。这种讲法大致不会有争议，那我为何还要力主社会性自我这个概念的必要性？我这样做主要有三点原因。

首先，我们出生所在的地点和时间都不是我们自己塑造的，而最初进入的社会关系网络也不是我们自己选择的。我们每个人

---

[2]　Norbert Elias (1991) *The Society of Individuals*. Tr. Edmund Jephcott, Oxford: Basil Blackwell.

都出生在这样一个社会，它由各式各样的社会关系所组成，带着某种权力结构的印记，包括社会阶级的阶序，或者依照地位等级排列的其他群集，并伴有某种文化，该文化自有其信念和价值观，比如宗教，或者其他知识体系，比如科学。我们作为个体出生时所进入的位置，比如我们所属的家庭、邻里、社会接触、社会阶级、社会性别、族群，以及我们被教育的信念与价值，这些都会给我们所养成的自我留下可观的印记。我们周遭的那些人将会以各种各样的方式，对我们自我的形象做出评判、施加影响、产生映射。就算有些人努力想保持自处以求找到自己，或者漫游旷野，也是出于某种宗教传统或神秘传统，这种传统将指引其沉思冥想。所有的文化传统都各有其理论来谈如何做人，无论是源于日常体验的网络，还是出自专业讨论或神学争辩。它们各有其社会历史，各文化间在在不同，但也都会奠定基础，孕育充塞该文化的自我，塑造这些自我的特殊性（particularities），以形成其自我特性／身份／认同。

其次，我们在试图找寻我们是谁时，常常会诉诸某种社会活动，以揭示那个"隐藏的"自我。我们尝试不同的角色、工作、教育、爱好、艺术乃至运动，希望从中找到自身。因此，对于自我的探寻就会牵涉到我们做什么，这种活动通过它可能发展出的才干和能力，会告诉我们自己是谁。不过，这又引出另一个问题，自我可能并非预先给定。它并不是什么隐藏的东西，非得我们去找到它，而是必须去塑造的东西。因此，自我这种东西就是要和其他人一起，通过能提供有关自我形成的技术的协同活动和共享观念，创造出来。"我是谁？"这个问题的提法或许有误，应当是"我想成为谁？"或"我该成为什么？"问题并不在于所是

（being），而在于成为（becoming）。还要注意的是，我们无论是通过与他人的关系，还是通过与他人共同进行的活动，在塑造自身时其实都不是"向内"探察以找到自身，而是"向外"探察他人和协同活动。我们寻找自身的地方基本上就是与他人共享的世界，而不是我们通过反思自己的所思所感为自己创造的那个世界。

第三，之所以要强调上一点，是因为事实上，我们是谁，或者我们能够成为谁，常常是一项政治话题，涉及社会中争战不已的权利和义务。要成为我们希望所是的那个谁，如果确有可能，往往会牵涉到政治斗争。这些年来的妇女运动，黑人民权运动，男女同性恋及变性人（transgender）运动，都可以看到这一点。是否有权利成为某种类型的人，或是能够作为某种人而自由生活，充分享有各项权利而不遭受迫害，比如作为亚裔、黑人、女性或同志，这对许多人来说是必须去赢取而非已经被给予的东西。而在这类斗争中锻造而成的特性／身份／认同，就是在斗争当中而非之前形成的。今天作为一个"同志"（gay）光明正大地生活，与七十年前作为一个"同性恋"（homosexual）偷偷摸摸地生活，可谓天壤之别。即使有时我们觉得，要做自己不必牵涉到政治，这种预设也往往是被误导的。有些人会假定，自己的自我认同属于给定权利或自然事实，比如在英国，做一个白人直男。[3]但这些人其实是处于优势位置，其特性／身份／认同在绝大多数

---

[3] 英语中最初从"straight"的"笔直""纯粹""正常""合理"等词义中引出了"异性恋"这样的词义，当然在许多词典中还是被列在第 n 条义项，或者被标注"口语"。在汉语中，至少在某些年龄群体中，慢慢也不需要解释"直男"是什么意思了。而这样的词义"日常化"过程，也是"去政治化"的过程。——中译者注

社会背景下都自动"靠谱"(right of way)。这样的人会默认其优势位置，而没有认识到，其他特性／身份／认同可能因前者的呈现而归于沉默。

出于这三点主要原因，我将在本书中探究社会性自我和社会个体性的观念，力求理解我们为何只是在与他人之间的关联和活动中，才赢得了个体自我认同。社会个体性这个术语乍看起来自相矛盾，但是待到掩卷回顾，希望能像是唯一合理的方式，来对付个体主义留给我们的那些理论和方法论中的二元论(dualisms)、二分法(dichotomies)。不过，本章接下来的部分里，我将再谈一谈，是什么样的社会遗产和哲学遗产，创造出个体主义的问题，也生发了社会与自我之间关系的问题，并顺带说说它就自身的问题提出的一些解决之道。这种遗产是如何创造出"我是谁？"的问题，又提出了哪些答案，让我们对做人意味着什么产生出彼此冲突而矛盾的理解？

第二节　西方有关个体自我的一些观念

追本溯源，自我在西方文化中主要有两个来源：一是古希腊罗马社会中出现的人的概念，一是基督教的灵魂观念。人类学家马塞尔·莫斯有一篇文章颇具创意，《人心范畴：人观与自我观》(Mauss, 1938)。[4] 他在文中指出，"人"(persona)这个观念最初在

---

[4]　Marcel Mauss (1985) 'A category of the human mind: the notion of person: the notion of self', Tr. W. D. Halls, in M. Carrithers, S. Collins and S. Lukes (eds), *The Category of the Person: Anthropology, Philosophy, History*. Cambridge: Cambridge University Press. pp. 1-25.

罗马文化里是用来指人们在公共仪式上戴的面具。而面具的使用可不仅限于古罗马，在各个部落社会中被普遍用来在仪式上标示不同的角色或地位。按照莫斯的说法，古罗马在"人"这个术语的用法上的独特之处，在于这个观念具备某种法律地位，附有一些特定的权利和义务。罗马社会的自由民（显然这不适用于奴隶）就成为国家的公民，享有授予作为人（person）的他们的权利和责任。

在希腊罗马文化中，斯多亚派哲学家们也参与塑造了作为自由个体的人观。他们引入了人身层面上的自我伦理的观念，基于这种观念，个体通过与某位哲学教师之间建立关系，同时使用关注自我、照看自我的新技术，选择自己想要成为什么样的人。这些新技术中有一样就是给朋友和老师写信，细致记叙每天的生活，比如身体怎样，饮食如何，以及整体的起居规律。[5] 这就开启了一股塑造"自我叙事"的传统，至今依然很常见，我们缠着朋友，通过当面交谈，通过信件，或者电邮，告诉他们自己正在做什么。塞涅卡、爱比克泰德、马可·奥勒留等斯多亚派哲学家写下的那些信函，开启了人与人之间一种特殊的叙事体通信，深究的不是公共世界，而是私人世界。[6] 传记的发展确证了所有这些趋势，它最初是一种公共修辞行为，尤其是在公民葬礼上的"颂词"（encomium）或纪念演说，最后演变成了所知最早的书面自传，即奥勒留的《沉思录》（To Myself）。这种文本再加上斯多

[5]　Michel Foucault (1988) 'Technologies of the self', in L. H. Martin, H. Gutman and P. H. Hutton (eds), *Technologies of the Self: A Seminar With Michel Foucault*. Cambridge, MA: MIT Press. pp. 16–49.

[6]　Mikhail Bakhtin (1981) *The Dialogic Imagination*. Tr. C. Emerson and M. Holquist, Austin: University of Texas Press.

亚主义者的信函，揭示了与今日相近的传记与叙事观念，即记叙一生重大事件（通常以编年形式），以证明一个人的品格。不过，虽说所记叙的事件越来越集中于一个人的私人生活而非公共生活，但它们依然缺乏自我分析的倾向，不能揭示我们今日期待的所思所感的"内在"生活。[7] 逐渐显现的私人世界固然充满自我关注、自我照看，但依然是围绕自我主宰（self-mastery）而非自我分析的观念建立起来的。[8] 所谓自我主宰，说的是留意自己的习性惯例，避免流露出不节制，因为与做一名自由公民的权利相伴而来的，是展现出你能主宰（govern）自己，而不是询问"我是谁？"这样的问题。

这个问题在基督徒的自传中表现得更加明显，比如圣奥古斯丁的《忏悔录》（St Augustine，397）。在这部书中，圣奥古斯丁认识到，所有人的心中，包括他自己的心中，都发生着善恶之战。他勾绘了自己如何通过这种"内在"骚动通往上帝的道路。尽管"我是谁？"这个问题并没有被明确提出来，但根据莫斯的理解，基督徒对于灵魂中的斗争的记叙，正是向现代自我观念又迈出了一步，因为如果认为，我们每一个人都有自己的灵魂，哪怕其中充满冲突，也更接近某种自我的形上基础。原因就在于，灵魂被视为某种不可再行分割的内在的东西，几乎就像是自在的实体，

---

[7] A. Momigliano (1985) 'Marcel Mauss and the quest for the person in Greek biography and autobiography', in M. Carrithers, S. Collins and S. Lukes (eds), *The Category of the Person: Anthropology, Philosophy, History. Cambridge:* Cambridge University Press. pp. 83-92.

[8] Michel Foucault (1988) *The Care of the Self: The History of Sexuality, Volume 3*. Tr. Robert Hurley, London: Penguin.

标志着我们自己的个体性，可以和身体相分离，而身体则是我们的物质性、俗世性的差异标识。不妨说，奥古斯丁式的基督教观念与实践，就是追寻自我过程中的"内在化"转向的重要发展。[9]

不过，还必须强调指出，当圣奥古斯丁向自己灵魂深处探寻时，找到的并不是什么自我，而是上帝，是精神存在的"永恒之光"。要在哲学家勒内·笛卡尔的作品中，西方的自我观才呈现出更加明显可辨的形式。笛卡尔就像数百年前的圣奥古斯丁一样相信，人对于个体性的更高层面的感觉，与其身体或肉体欲望和爱好无关。相反，在笛卡尔看来，我们人类是通过对于自己自我的心智反思来界认自己的存在的，正是这一点使我们独具特色。话说回来，笛卡尔并不曾踏上自我发现的现代旅程。他在其《谈谈方法》一书中（Descartes，1637）自设的任务，是要为科学的思维方法确立某些原则或规则。不过，尽管他首要关注科学方法，而不是自我分析，但当代许多哲学家依然会深入思考，"我思故我在"这个著名的沉思发现当中，蕴藏着什么对于自我而言的重要意涵。[10] 笛卡尔进行研究时所处的那个世界已经不再相信，一位思想家凭借界认外在于人的原则，即在宇宙本身的秩序中找到的原则，就能够确证自己的认识。相反，知识是人的心智的某种建构，是延伸到心智之外来表征世界的一种方式。然而，倘若真是如此，我们又如何确知，我们在心智上所知的东西，即对于世界的"内在"表征，会符合外在世界的实际呢？在《谈谈方法》

---

[9]　Charles Taylor (1989) *Sources of the Self: The Making of the Modern Identity*. Cambridge: Cambridge University Press.

[10]　Eduardo Cadava, Peter Connor and Jean-Luc Nancy (eds) (1991) *Who Comes After the Subject?* New York: Routledge.

中，笛卡尔开始探寻确定性时，首先自称怀疑自己所知一切，包括自己五官感觉的证据，由此提出其哲学的第一原则：

> 既然我因此宁愿认为一切都是假的，那么，我那样想的时候，那个在想的我就必然应当是个东西。我发现，"我思故我在"这条真理是十分确实、十分可靠的，怀疑派的任何一条最狂妄的假定都不能使它发生动摇……因此我认识了我是一个本体，它的全部本质或本性只是思想。它之所以存在，并不需要地点，并不依赖任何物质性的东西。所以这个"我"，这个使我成其为我的灵魂，是与身体完全不同的，……即使身体并不存在，它还仍然是不折不扣的它。[11]

基于这一命题，可以推出不少结论。首先，"我"是一个本体，其本性就是思想。因此，自我可以在有别于身体的心智中找到，乃至于即便我的身体业已不复存在，我也能想象自身的延续。这一结论之所以可能成立，是因为笛卡尔认为人的思想和理性力量近于上帝，而人与动物的物质性身体则属于自动装置，即产生感觉与冲动的机器般实体。第二，这个命题就引出所谓本体二元论的问题，因为笛卡尔已经把人的整体存在撕裂成两半，即非物质性的心智与物质性的身体，认定"我"的感觉，或者说自

---

[11] René Descartes (1968) *Discourse on Method and the Meditations*. Tr. F. E. Sutcliffe, London: Penguin. pp. 53–54. ——原注
本段中译取自笛卡尔《谈谈方法》，王太庆译，商务印书馆 2001 年版，页 26—28。唯照顾上下文和习称，将太庆先生所译的"是"恢复为"存在"。译成"是"的缘由，详参该书第 27 页先生的长篇译注。——中译者注

我同一性（self-identity），纯粹寓于心智。由于心智与上帝的距离更近于其与包括人的身体在内的俗世万物的距离，自我也就成为某种"超验自我"，也就是在无限领域被给予的东西，而不是在具身性个体的有限体验中被创造出来的东西。第三，照此推论，笛卡尔也就解决了心智内容与其所表征的外在世界之间的分裂问题，因为只要是上帝在人的心智中确立的理性原则，必然能够独立地确立有关世界和宇宙的特定知识。上帝确保我们能够思考有关世界的真理，因为上帝不会愚弄我们。

笛卡尔关于自我和科学理性的观点如此依赖于上帝的存在，绝非偶然，因为这使他免于和教会当局发生冲突，而在笛卡尔那时候，教会和贵族共同统治社会。不过，这并没有解决本体二元论的问题，把它留给了我们这些当代追寻自我的人。至今我们仍持有这样的习性，要么自视为心智至高无上的理性存在，要么自视为受身体激情统治的非理性存在。自笛卡尔以降，西方哲人就分裂为两派，一派是启蒙理性主义者，注重前者，另一派是浪漫主义者，强调后者。

但在笛卡尔的思想中，还有一层更深的分裂。这是因为，如果你仔细琢磨上述引言，就会看出，他在理论上其实并没有成功地把"我"梳理成一个不可分割的单一本体，本性在于思考。根据他的阐述，有一个"我思"和一个"我在"，也就是两个"我"。[12] 比如说，如果我坐在这里，思考我是谁，我思考的就是

---

[12] Jerrold Seigel (2005) *The Idea of the Self: Thought and Experience in Western Europe since the Seventeenth Century*. Cambridge: Cambridge University Press.

拥有一具独特身体的伊恩·伯基特，此人生活在一个特定的位置上，特定的时间中，纵其一生，具有某些特定的经历，认识其他人，这些人也认识他。简言之，我在界认自身时，并不纯粹在于自己的思想，还在于我思考的这个具身性实存的个体，这一刻，他既在思考，又在感觉。那么，在何等程度上，能够说界定"我在"的完全是我的思考能力，即便失去了身体也能设想自身呢？如果我不能如此，这就是我认为我不能，那么"我"就不能是什么超验自我。笛卡尔的二元论的问题就在于，它无法说清楚人的综合能力，即把看似多样的存在形态综合在一起，创造出我们的存在与我们对于世界的体验中同时存在的物质性因素和（看似）非物质性因素之间的统合。[13]

对于日后历代哲学家而言，笛卡尔留下的二元论遗产在两股哲学脉络中延续下来，分别从其两端寻求解决，一是启蒙理性主义者强调思想与理智，一是浪漫主义思想家推崇自然与情感。后一股传统的典型代表可谓让-雅克·卢梭的作品，他回头求诸奥古斯丁的观念，即认为人的自我的特点正是善恶之间的混战。卢梭和圣奥古斯丁一样，也写了一部《忏悔录》（Rousseau，1781—1788），探求自己一生中身上的种种矛盾，以求揭示自己根本动机还是善的。实际上，世人皆知，卢梭坚信人本性是善的，但却被社会败坏了。他这么说的意思并不是认为一切社会都有其内在固有的恶，而是文明会变得过度限制，强加人为的不平等，使人偏离自然状态。卢梭这么看问题，脑子里无疑想着十八世纪的欧

---

[13] Anthony Kenny (1968) *Descartes: A Study of his Philosophy*. New York: Random House.

　　　　　　　　　　　　　　　　　　　　　社会性自我

洲核心社会，那正是他生活和撰述所处的社会，由贵族宫廷及其繁文缛节所支配。这个社会还滋养了一种特别的体制，艺术家与哲学家都要依赖富有的贵族庇护者过活。这无疑使卢梭认为，社会会通过强加权威与诡计，扼制思想与情感的自由表达。实际上，艺术与哲学中的浪漫主义思潮正是从卢梭著述中汲取了灵感与动力，建立在这样一种观念的基础上：创造性精神的自由表达比恪守正式规则或传统权威更重要。查尔斯·泰勒之所以称这种思潮为"表现主义"，就是因为它把自我特性／认同理解成通过个体的创造性表达来塑造的东西。[14] 对于"我是谁？"这个问题的解答并非仅凭心智反思，而是借助自然的才能、情感和冲动的表达，也就是要靠自我表达。

这种激进思想使卢梭与其所处时代的王权和教权都产生了冲突；使其与相信人能通过理性赢得自由的启蒙思想家意见不合。这并不是说卢梭反对理性，敌视人类社会，或者对抗融合了理性思维的文明。但他相信，这些东西应当有助于人的本性的表达，而不是支配它，扼杀它。要维系一个善好的社会，不能靠上流集团施加的法律强力，而只能靠人们的自然情感，即依据自我施加的某种公意，彼此倾向于共同行事。在卢梭看来，社会契约应当有助于个体的相对独立自主，使其有可能表达自然的自足，从而与自然本性相符合，而不是相违逆。因此，良知就成为"人心中灵魂的神圣声音"，而不是一套必须遵守的抽象准则。所以说，卢梭的浪漫主义留给后世这样一种观念：个体无论是与他人相关联，还是寻求表达我们的自我，都需要倾听"内在的声音"，以

---

[14] Charles Taylor, *Sources*.

引导我们走上真实而善好的道路。

在《纯粹理性批判》中（Kant, 1781），伊曼纽尔·康德秉承启蒙运动的传统，从理性主义的视角来探讨二元论。他承认，人是自然的存在，具备提供有关世界的信息的感觉，也具备各种欲望、需要和倾向，相形之下，理性可能就显得比较软弱。[15] 但康德不像笛卡尔，不认为理性心智界定了整个自我。虽说他的确认为，赋予人类自由和尊严的是理性，而不是情感。人类要是没有能力运用理性思维的原则独立思考，就永远不会对成见提出批评，并会成为激情的奴隶。但在康德看来，这也意味着理性的原则不能从人的具身体验中得出：人不会从当下的思维风格中有所收益，要么个体的理性就只是原样映射了既定的推理形式，两者之间没有任何批判性的距离。此外，无论是从变动不居的感觉材料中，还是从本质上缺乏组织的欲望和情感的冲突性质、矛盾性质中，都不能提取出理性的原则。有鉴于此，康德总结道，理性必须是先验的，意思是说它必须先在于任何给定具身个体的经验。如果我们不能从经验中提取出理性的原则，提取出认知思维的范畴，那么，这些原则和范畴就必然源于某种先验自我。[16] 康德并不像笛卡尔那样认为，这种先验自我是人性中的神性闪耀。相反，对于自我的这一面向的源起，康德并无定论。更准确地说，这是一种必须推断其存在的东西，如此才能理解人为何有能力为无序的感觉世界确立秩序，划分范畴，从而使我们免于被庞杂的感觉印象狂轰滥炸，永远无法形成统合连贯的思想。因

---

[15] Jerrold Seigel, *Self*, Ch. 9.

[16] 即前译"超验自我"。——中译者注

社 会 性 自 我

此，构成先验主体的就是那些理性原则和思想范畴，所有人在经验之前就被赋予了这些东西，从而有可能对世界形成任何有序经验。[17]

因此，对于康德来说，理性是人的心智中被先天赋予的，无论人何时在世上行事，就会被付诸实践。这一点不仅适用于实践中的智慧，也适用于道德，因为康德推论出，必须存在某种先验的道德法则，创造出绝对律令，引导个体以始终符合道德的方式行事。这就使社会有可能从一大堆个体理性思想者中逐渐成形。不过，在康德那里，他在回答"我是谁？"这个问题时，是在三种意义上使用"我"这个词。首先，"我"指的是这样一种先验自我，有能力进行理性思考，从其具身性的社会、文化与历史情境中抽离出来，以求接受先验原则的引导。这就是康德所认为的"我"作为纯粹的统觉之光，照亮了黑暗与混沌的世界。其次，这是一种具身性的"我"，将理性注入实践情境中的行动，并具备某种实存的、经验的同一性。第三，这是具备道德法则的"我"，有能力遵从道德律令，而不是任凭个体欲望的驱遣。不过，康德却不能很好地说明，这三种自我如何相互关联，以便在经验中实现统合。[18] 他还创造出了本体世界（经验自我展开行事所在的那个实存的、实践的世界）与现象世界（通过思维范畴认知的那个世界）之间的鸿沟。到最后，康德不得不诉诸这样一种观念：理性完全发乎本性地涌现出来，使进行思考的"我"与其所思考的那个世界达成和谐。

10

---

[17]　S. Korner (1955) *Kant*. Harmondsworth: Penguin.
[18]　Jerrold Seigel, *Self*, Ch. 9.

至此我所考察的所有哲学家，有一点想法是一致的：自我无论在于思想还是在于内在本性，总之是寓于个体内部。由此观之，个体自我必然会有一个面向是将人引向与他人共在的社会，可以理解为某种同情交感或道德律令。有一位思想家最明确地表达了这一观点，人们常常认为他属于激进的经济个体主义。他就是亚当·斯密。但事实上，在斯密的《道德情感论》（Smith, 1759）中，他接近于认为自我是一种社会建构，这种立场为我将贯穿本书进行对话的那些二十世纪哲学家、社会学家和社会心理学家的思考奠立了基础。斯密本人属于苏格兰启蒙运动，其写作背景不同于笛卡尔、卢梭和康德。在十八世纪，英国的商贸关系力量不断壮大，已经开始挑战贵族与土地士绅的传统权威。斯密在其更有名的《国富论》一书中对这些商贸关系大加称颂（Smith, 1776），不过我们要在《道德情感论》里，才能看到他探讨这些关系的心理意涵。尽管他的确相信，每一个体在通过商贸活动追求其自我利益时，就会推动社会不断趋向更多的财富、更高的成就，但他也认为，这并不是人的唯一动机或最根本的动机。除了自利，人性中还有其他的面向，推动我们关注别人的命运。我们对于他人所具有的这些情感或同情，会引导我们设身处地，想象他们置身其所处的不管什么情境，想必会有怎样的感受。因此，并不是他人身上情绪的直接表达激发出我们身上同样的感觉，比如悲伤，尤其是愤怒，斯密认为我们不会直接与他人共同感受到这种情感。准确地说，是情境催生了我们在想象中感同身受的那种情绪，了解到我们处在他人的位置上会如何感受。如斯密所言，"因此，同情与其说源于激情所见，不如说起自引

　　　　　　　　　　　　　　　　　　　　　社会性自我

发这种激情的那种情境。"[19] 同理，我们也期待他人在特定的情境下同情我们，假设他们不能如此，我们就会感到郁闷，觉得这有失公平。

正是与他人之间的这种互动和认同，使我们有可能审视自身的自我，因为我们仿佛借由他人之眼，来审视自身的自我，以此评判自己的举止作为。所以说，社会赋予我们一面镜子来映射自身。不仅如此，这还为所有自我创造了斯密所称的"无所偏倚的旁观者"（impartial spectator），这是自我的一个面向，与我们自身的激情、立场[20] 和自利脱离了干系，也与任何特定他人的立场脱离了干系。更准确地说，它是我们在审视自己的自我和行为时所采取的某种一般化、无偏倚他人的立场。在斯密眼里，探问"我是谁？"这个问题的"我"，并不是什么神圣之光或纯粹统觉的内在投射，而是只能在社会中、在互动中涌现出的自我反思和觉知，我们身处社会和互动中，设想他人如何看待和评判我们，并基于这种认识，以无所偏倚的立场审视自身。不仅如此，我们通过作为无所偏倚的旁观者的"我"，反思自己的行动和冲动，这些东西也就成了我们评判的客体对象。笛卡尔哲学中隐含的两种"我"就这样形成了，因为这里有一个作评判的"我"，还有一个被评判的"我"。[21] 同理，这也是在社会中才有可能，在那里，（用另一位苏格兰人罗伯特·伯恩斯的话来说）我们能够像他人看

[19] Adam Smith (1966) *Theory of Moral Sentiments*. New York: Augustus M. Kelley. p. 7.

[20] 这里的"观点"强调的不是具体的看法（opinion），而是观看的那个位置（viewpoint）。——中译者注

[21] Jerrold Seigel, *Self*, Ch. 5.

我们一样看待自身。

　　无所偏倚的旁观者也成为自我主宰的基础，因为通过它，我们不仅能评判自己的行动和冲动，而且能够尝试予以控制。斯密和斯多亚主义者一样，也相信自我主宰很重要；但不同于古希腊罗马人，他并不持有精英主义的观点，认为这只有通过结交一位哲学教师才能达成。相反，社会中人人皆可为师。有鉴于此，斯密非常推崇商贸社会，因为这种社会有助于来自三教九流的人们彼此互动，从而拓展了我们对于世界以及自身的看法，增加了无所偏倚的旁观者的势力所及。有意思的是，这一点也密切关系着十八、十九世纪小说愈益流行的趋势，因为小说成了自我形成的工具，通过与超出某人日常体验范围的虚构角色和情境打交道，扩展了和他人之间的认同。通过扩展与他人之间的关联，无论是实存的关联还是想象的关联，人们接触到越来越多的社会差异和个体差异，在形塑自我时，有更加广泛的样板可供借鉴。[22]

　　尽管 G. W. F. 黑格尔并没有受到斯密的直接影响，但这位哲学家还是另辟蹊径，进一步扩展了自我作为一种社会创造的观念。[23] 对黑格尔来说，“自我”这个复合词比“我”或自我意识更加重要，因为按照他的理解，自我往往深陷其内在的矛盾与冲突，并不时与社会相异化。黑格尔的辩证哲学无论谈自我还是谈社会，核心都是其中的矛盾、对立、差异和冲突，因为在他看来，正是这些分裂推动了变革，人们尝试通过更高层面的成为（becoming），实现矛盾的统一或解决。黑格尔相信，自我如果只

---

[22] Jerrold Seigel, *Self*, pp. 159-160.

[23] Jerrold Seigel, *Self*, Ch. 12.

　　　　　　　　　　　　　　　　　　　　　　　　社 会 性 自 我

是和自身相同一的简单统合，就不会意识到自身："我是我"[24] 不能成为定则，因为自我当中必然发生某些分裂，以使自我中的某部分有能力回过来作用于其他部分，自觉意识到它们，实现自我意识或自我反思。同样，如果自我与社会相同一，就会完全被吸纳进一个无定形的统合体，对自身与他人之间的个别差异缺乏意识。社会与自我之间的矛盾的历史辩证必须启动，个体在其中开始意识到其自我内部的矛盾，并被驱动在更高的统合层面上解决这种矛盾。黑格尔的哲学是在某种社会历史框架内确立的，这使它成为一套关于"成为"的哲学。

黑格尔在《精神现象学》中（Hegel, 1807），回溯了社会与自我——也就是普遍精神与特殊精神——成为今天这个样子所经历的辩证过程。他笔下的历史始于古希腊，那里的人们被国家的法律赋予个体的地位，但只是作为整个城邦或者说社会政治领域的组成部分。在这一点上，他们完全与社会融为一体，后者决定每一个体的位置与角色。用黑格尔的话来说，构成自我的世界并非外在于自我，而是自我所处的各种关系的总体。不过，在希腊，这还是一种有限的自我观，因为人们看待自身，无非就是自己在集合体中所处的位置。黑格尔和莫斯都认为，是罗马帝国第一次赋予个体作为独立人身的法律地位，有其义务和权利。人们不再只是对世界产生意识，他们还变得更具自我意识，意识到有可能实现一定程度的自我塑造。罗马帝国终结之时，随着社会四分五裂，个体也与当时的集体精神相异化，开始遁入更具私人性和人身性的领域。到了欧洲中世纪，混乱无序，缺乏安定，社会

---

[24] "I=I"，这是费希特在《知识论》中的提法。——中译者注

分裂，战乱纷争，自我只关注维持生存的直接需要。由于在自身之外没有任何稳定的客体能够作为其存在的中介，自我在其思想或情感中就找不到任何稳定的参照点，能够由此创造出某种统合协调的自我认同。

在欧洲中世纪，基督教提供了一种普遍的精神基础，让个体由此开始形塑作为精神存在的自我意识。不过，像上帝之城这样的集体精神属于来世，而个体的存在只能是部分体现了这种精神。随着教会与作为社会权威代理人的民族国家结为合作伙伴，它把超越个体的自身确立为凌驾在个体之上的权力。就这样，普遍精神或集体精神的这些客体形式与个体相对立，使个体即便参与社会世界，也与这个世界相异化。就算是理性充当了知识与自我塑造的指导原则，无论是作为人性中的神性要素，还是作为某种先验自我，个体都只能孤零地应用这一原则。要在个体层面上找到理性，也要在个体层面上施加理性，这使人们彼此分离，也使人们与集体精神相分离。不仅如此，自我内部也在思维与情感、理性与激情之间产生了分裂。

话说回来，在黑格尔看来，这些矛盾也都提供了在更高阶段达成综合的可能性，随着民主的民族国家的兴起，情况就更是如此。在这种形式中，人类既有可能在觉得自己所属的社会世界中实现某种高度发展的集体精神，也有可能在人们享有自我发展的自由时实现某种高度发展的自我感。这是因为，异化的自我是一种不幸的自觉意识，既清醒意识到其当下的生活，也意识到其未曾实现的潜在可能。这种自我始终处在成为的过程中，试图解决社会矛盾与个人矛盾，有鉴于此，它会清楚意识到除了自己现下的样子，未来还可能如何，并在此驱动下，重新构造自

　　　　　　　　　　　　　　　　　　社会性自我

身，直至年老而亡。黑格尔认为，理性提供了更高层面上达成整合的潜力，如果我们把理性理解为一种日常组织的原则，而不是什么外在于经验和阐述的难以说明的力量，就更是如此。原因就在于，日常理性使各不相同的个体能够在一个民主的领域中自由达成一致。并且，如果我们把理性看成是某种日常生活的力量，人就必然同时体现出理性与情感，这意味着两者并非普遍注定存在于矛盾之中。在人类存在的下一个阶段，人也有能力以早前大多数社会的人们所实现的那种和谐，体现出理性和情感，但在新的共同体中，通过集体自我和个体自我之间的调和，解决了统合、分裂、分隔、矛盾和异化的辩证过程。

因此，黑格尔的作品的主要成就之一，就是既把人理解为社会存在，同时又保留了把自我看作独立存在的个体这一观念，虽说这种自我也是辩证历史过程的产物。他就此发展出有关个体自我之创生的关系性理解，在这种理解中，各种关系的总体并不始终注定呈现为外在的东西，而是处在某种关系基型（matrix）之中，我们在其中被构成为自我。社会世界只会在异化的历史境况下与个体相对立，可以在矛盾及其解决的辩证过程中以新的方式加以探讨。不过，在黑格尔笔下的历史辩证中，理性的呈现与发展都似乎独立于人的努力或设计，只依据其自身的狡计，为其自身更高层面的表达提供了可能性。被称为青年黑格尔主义者的批评者们也指出，黑格尔只是在理论中设定，可能通过理性来解决矛盾，而忽视了一项带有实践性和政治性的任务：着手创造一个新的社会，将充分克服自我与共同体之间的分离。青年马克思就位列该群体，其作品我们将在下一节考察。

在此之前，我打算简单探讨一下另一位哲学家，其作品在目前许多有关自我的理论中都有回应，他就是弗里德里希·尼采。这是因为，尼采认为，具备自我意识的那个"我"并不位于人的自我理解的核心。他在《快乐的科学》中提出（Nietzsche，1882），自觉意识是人类所属的有机世界中最为晚近的发展，也是自我中最未完成、最为软弱的部分。人的本能就要强大得多，但在文明当中，又期待人约束其本能驱力，以遵从共同体的法律与道德，或者说有理性的思想与行为的原则。当人不得不压制本能，压制我们的存在中最强大的部分，以抬高自觉意识，也就是最软弱的部分，也就生发了"恶的良知"（bad conscience）。正是这种违逆自己本性的生物灵魂塑造了人的自我，因为所谓自我反思，即转向内在审视自身，不断深化自我分析，正是基于防御我们自己的欲望这一驱力。尼采还把这说成是"权力意志"，因为它创造了一种欲望，不仅要支配我们自己的自我，还要支配他人的自我。因此，尼采书写的历史与黑格尔笔下的历史恰成对立：在尼采看来，冲突并不会通过法律、道德、基督教和理性而在文明的更高层面上得到解决；相反，这些东西只会使人更加软弱。乍看起来，这更像是卢梭的观点，即社会会通过重新引导人们偏离本性自然而使其腐坏，但两人其实存在关键差异。尼采写作之时，查尔斯·达尔文的《物种起源》已经在十九世纪中叶刊行于世，提出物种的自然选择和生存斗争。尼采不再相信，自然，包括人的自然／人性，本质上是善的。[25] 充其量，自然与人性都是道德无涉的，并无任何内在

---

[25] R. J. Hollingdale (1965) *Nietzsche: The Man and His Philosophy*. London: Routledge & Kegan Paul.

固有的道德指向。

这就等于说，人的自我体验往往被误导。当我们问"我是谁？"这个问题时，往往会以回答"我是个好人"而沾沾自喜，从而掩盖了某些比较可厌的本能，它们同样属于我们的本性，而在这种一切皆善的自我认同中，却成了无意识的东西。我们还把"我"错当成权力意志，相信我们的同一性／认同就寓于我们自觉控制自己行为的权力意志，而事实上，它只代表了自我中较小的也是比较软弱的一部分。不过，尼采的确认为，还是存在解救现代文明出泥沼之道的，体现在他有关"超人"（Übermensch）的理念上（译成英文通常是"Supermen"，但更准确的译法应该是"Upper-man"或"Above-man"）。这种理念认为，真正的自我尚待实现，而只有某些人才能做到这一点，他们足够强大，能直面本性，直面自己的激情，直面世界的混乱与毁灭，并全盘接受，欣享其间，而非忧惧不已。这种人（men）（并且尼采清楚表明，这些个体将会表现出雄健阳刚的男性特质）也将摆脱集体道德的束缚，遵循自己的法则，将自身打造成一件艺术品。尽管这似乎是对生命的积极肯认，但它也有其黑暗的一面，因为尼采并不支持现代民主社会，而认为那些足够强大以创造出凌越凡俗众生的自我的人就会成为精英。除了纳粹对于其哲学的滥用，还有些人借用尼采哲学来支持其树立新优等民族的企图，也使这种哲学依然聚讼不已。

纵然如此，尼采的作品在当时意义重大，因为它挑战了西方世界涌现不久的梳理自我概念的方式。尼采拒绝接受基督教的理据，不将自我理解为（圣奥古斯丁笔下的）灵魂或（笛卡尔或较小程度上的康德笔下的）形上本体。在尼采看来，在自我的核心，根本没有什么灵魂之类的"物自体"。相反，自我是由一些要素组成的，它们之所以能汇聚在一起，并不是通过什么自觉的设计，而是经由一系列偶然事件。不仅如此，被我们视为自我的东西，也即"我"，其实是人体中某一部分转而对抗人体其他某些要素后形成的意志。就此，尼采也提出了一种相对于形上学理解而言的物质论理解，来解释为何会兴起一种有关自我的幻念，将其视同为自觉的、理性的"我"，这是他吸引时人的另一点原因。

本节最后，我还要提请读者意识到，像我上文如此撰述西方自我观念的历史概观，可谓走马观花，不乏局限。我也无奈地认识到，如此简化处理复杂的哲学立场，自有其危险所在。这样的简史是具有高度的选择性的。我只是提及了某些哲学家，因为他们的作品对我将在全书讨论的那些自我观念产生了影响。但这并不意味着其他哲学家就不曾针对这一论题发表过重要议论。查尔斯·泰勒和杰罗尔德·西格尔都撰写过自我观念的历史源流，篇幅详尽，涉猎深广，脉络复杂，而我的阐述则限于篇幅，围于专长，输了一等（参看本章末所选文献）。我还意识到，基于其他文化视角，也能写出别样的自我观念史，比如儒教与佛教中的自我观念。[26] 但这并不是我在这里提出的辩护词，我只关注西方现代性下兴起的那种自我。我们也不应当把有关自我的观念纯粹看作哲学的产物，因为就像黑格尔所指出的那样，对于自我的体验

---

[26] Mark Elvin (1985) 'Between the earth and heaven: conceptions of the self in China', in M. Carrithers, S. Collins and S. Lukes (eds), *The Category of the Person: Anthropology, Philosophy, History*. Cambridge: Cambridge University Press. pp. 156-189.

也会因为社会历史变迁而不断变化，这些著述中就会折射出这些变迁。

实际上，社会学家诺贝特·埃利亚斯已经出色地揭示了这一点。他认为，从文艺复兴开始，历经启蒙运动，西欧有关人的自我意象不断在变化，但这只是在一定程度上属于哲学思考的产物。[27] 其实，哲学家们的思考也反映了时代的变化，因此，他们所创造出的人的自我意象就是对于其所处时代社会变迁的某种回应。其中有一些我们已经有所述及，比如中世纪时作为支配社会的力量的教会和贵族遭到缓慢侵蚀。笛卡尔等哲学家代表着包括学术人在内的新型都市中产阶级的兴起，摆脱了教会核准人的一切思考的支配，着手确立自己的思想自由，开始思考通过哪些方法，独立于教会权威，确证知识的有效性。当然，这会使个体只能仰赖自身，思考自身，因为当我们作为人，享有了权力去做此前只有上帝在尘世的代表才被允许去做的事情，也就引出了我们是谁这个问题。不仅如此，埃利亚斯还指出，民族国家及其集权功能的力量的兴起，以及商贸活动的增长，导致其所谓的西欧"文明化过程"：这个术语指的是借助社会强制，越来越强调个体在日常社会关系中共同行事时的自我约束，对于人口的控制均势发生了转换。人们现在被期望展现出对他人的情感更加敏感，宫廷社会里的举止作派趋于精致化，就是例证。不过，这也意味着人们当别人在场时，不得不以前所未有的程度，始终监管自己的情感和表情，从而开始感到人身上这两方面之间产生了深刻的分隔，一方面是一种理性的、有控制力的自觉意识，另一方面则是

---

[27] Norbert Elias, *Society*.

各种驱力、冲动和情绪，如今必须加以细致的观测和监管。按照埃利亚斯的看法，正是这种分隔促成了现代人的自我意象，自我围于其壳中，成了一个与"外部"世界中的他人相分离的"我"，藏在向他人呈现的"外在"意象之后，以便压制那些不再当众表达的情感或冲动。

要说如何理解对于自我的现代认识的兴起，社会学家做出了诸多贡献，埃利亚斯的作品只是其中一例。现在，我就来谈谈其他几个著名的例证。

第三节 社会学、社会世界与自我

马克思、涂尔干和韦伯，这三位社会学学科的创建先贤，都认为西方现代性中兴起的那种自我与工业资本主义紧密维系，不可分割。作为社会学家，他们并不曾专门问"我是谁？"，而是问"我们是谁？"这是一个集体性的发问，因为所有个体都生于社会，居于社会，死于社会。我们都是自己所属文化、时间和地点的组成要素，永远不能从社会世界中抽离出来。就算我们从一种文化移到另一种文化，也只是用一种社会形态替代另一种社会形态，究竟我们能否彻底去除成长岁月所属文化的蛛丝马迹，大可怀疑。就像我们孩童时代学会的语言，一旦有求，总会不由自主地流露出只言片语。

马克思在探讨有关社会与自我的问题时，就是个昔日的青年黑格尔派，而黑格尔哲学的影响也将伴其终生。他和黑格尔都认为，社会世界并不是什么外在于自我的东西，而是所有那些定位自我、构成自我的关系的总和。也就是说，我们都出生于某种社会群体，我们就是诉诸某个社会阶级、文化、宗教、社会性别、族群或其他什么社会位置来给自己归类的。我们可能会想摆脱那种位置，或超越其限制，但我们依然不得不在起初设定这些条件的社会框架中展开努力。因此，所谓的自我，即一个身处他人当中而具备某种特性／身份／认同的个体，其本质就是社会关系。同样，马克思与黑格尔也都认为，这些社会条件或关系只是在我们与之相异化的时候，才显得外在于我们，即反对着我们，限制着我们，而不是什么我们所归属的充满生机活力的东西。不过，与黑格尔不同的是，马克思并不认为单从哲学角度就可以理解并解决人类困境，而民主社会本身也不能提供对于异化的解决之道。说到哲学，马克思在《关于费尔巴哈的提纲》（Marx, 1845）中写道，"哲学家们只是用不同的方式解释世界，而问题在于改变世界。"所以，马克思的研究不仅是理论方案，也是实践方案、政治方案。

有鉴于此，马克思对于人类和人性的看法不同于别的哲学家，他自己概括为"唯物主义"。意思是说，他所关注的不仅仅是搞清楚，如何通过观念的历史来梳理社会和自我的概念，而是要弄明白，人们实际上是怎样生产出他们在历史上经历的各种生活条件的，也就是他们的生活方式，他们用以满足其需要、文化和认同的那些产物。在《德意志意识形态》（Marx, 1846）中，马克思关于人性的观点开始成型。[28] 这种人性观认为，人属于自然世界的一部分，和其他动物一样，都必须满足其需要以求维持

---

[28] Karl Marx and Frederick Engels (1970) *The German Ideology: Part One*. London: Lawrence & Wishart.

生存，必须吃喝住穿。而当人们开始生产维持自己生存所需要的东西，也就开始有别于其他的动物。从此，人不再兀自觅食，而是组织成狩猎团队。他们不再仰赖自然来提供可食的瓜果菜蔬，而是自己种植作物；不再生食，而是熟食；不再穴居，而是筑屋。显然，马克思觉得做成这些事情属于人的本性，但他并不认为人性是固定的或限定的，因为当人进行了生产，也就既改变了自然界，也改变了人性／人的自然。要想狩猎、耕作，人们就得组织起来，形成社会群体，创造出某种新的"生活方式"。[29] 同时，人通过生产，也转变了自己的自然需要。他们不再需要只是为了填饱肚子而吃东西，而是发展出对于某些类型的熟食的胃口和欲望。就这样，通过生产活动，自然和人性／人的自然都发生了转型。

接下来，马克思在回答"我们是谁？"这个问题时，谈到了人类社会有史以来生产自己生活方式的不同方式。他像黑格尔一样，运用辨证法来分析历史上兴起的种种矛盾、对立、差异和异化形式。只是马克思把这说成是"历史唯物主义"，因为他想研究人类在不同时代是如何生产其社会和自我的物质方式。在早期的狩猎—采集社会，人们过着部落生活，分工简单，土地和劳动产物都由社群共有。每一个体都属于整个集体，后者的功能运作宛如一个家庭，人们分享大家的产出。而在有私有产权的社会里，其中一些个体或群体赢得了相对其他个体或群体而言的权力与主宰，后者就此奋力争取自己的自由，也就开始爆发种种矛盾与冲突。所以说，私有产权是创造出社会阶级的基础，其中某些人群赢得

[29] 同上引，页42。

　　　　　　　　　　　　　　社会性自我

了相对其他人群而言的区隔和支配。在马克思的历史唯物主义看来，正是这种阶级冲突和阶级斗争，充当了历史变迁的动力，而人们进行生产的方法即所谓"生产方式"上的变迁则构成了燃料。公民与奴隶之间、贵族与其臣服者之间、封建领主与农奴之间的冲突，都曾经充当过社会变迁背后的动力。这种动力也奠立了不同形式的异化，此时社会关系的总和与人的劳动的产物似乎都站到了人的对立面，成了不属于人的东西。奴隶不享有自己的身体，他们的身体像商品一样被买卖；而封建农奴则与自己所耕作的土地相分离，自己收成的产品如今为贵族所有。

在马克思看来，阶级冲突与异化在工业资本主义阶段达到了极致。此时，资本家阶级占有全部生产资料，包括土地、工具和技术，以及为他们工作的工人们的劳动力。工人阶级不占有生产资料，只能出售自己的劳动力给资本家，以换回一份工资。他们也不占有自己劳动的产品，后者外在于、对立于他们，作为异化的客体，是他们觉得自己在创造过程中没出什么力的东西。工人阶级也在同样程度上觉得与社会相异化，因为权力并不寓于自己直接依赖的什么人，比如封建领主，而是寓于资本与国家的非人身权力。按照马克思的说法，"我们越是回溯历史，个体，因此也是进行生产的个体，就越是显得依赖，从属于某个更大的整体。"而随着十八世纪资本主义市民社会的兴起，"各式各样的社会结合与个体相对峙，仅仅作为达到其私人目的的手段，作为外在的必然性。"[30] 人们因此退出集体生活，遁入亲朋好友组成的私

---

[30]　Karl Marx (1973) *Grundrisse*. Tr. Martin Nicolaus, Harmondsworth: Penguin. p. 84.

人世界，在此可以获得维存手段。

在马克思看来，要解决这种异化，唯一的途径就是资本主义社会的政治变革，在这场辩证转化中，资本主义工业和技术的能量、生机与生产力都将得到保留，只是转为更先进的公有制形式，所有的私有财产和财富都将废除。不仅如此，要先创造出某种集体性的自我认同，才能引发这场革命。马克思认为，在所有受剥削的社会阶级中，产业劳工阶级首先认识到自己的集体受压迫地位，并在此基础上组织起来。马派史家 E. P. 汤普森曾经写过一部史书，详细记叙自十八世纪以降，英国的劳工民众如何通过各式各样的劳工运动和工会组织，创造出一种集体性的阶级特性／身份／认同，同时以此为实现解放、增进平等的政治手段。时至今日，在二十一世纪初，当资本比马克思那时候更具全球性，它的力量和影响也似乎更加外在于我们，更难以界定具体的时间地点，更超出与之对抗的尝试之所能及。或许正因为这一点，G8 峰会之类的事件，就是资本主义国家领导人们聚到一起计划全球经济活动，会招来各种反资本主义、反全球化思潮大事声张的抗议。认同依然是这类思潮的核心要素。虽说并不是每个反对资本主义的人都自认为是工人阶级，但按照阿尔贝托·梅鲁奇的观点，正是人们尝试替代性生活方式和身份／认同的各种实验，奠定了新社会运动的基础。[31] 会有许多人自认马克思主义者、无政府主义者、工联主义者、占屋运动者（squatters），或是持有宗教或别的什么价值观，由此创造自己身份／认同的某一维度。

---

[31] Alberto Melucci (1989) *Nomads of the Present: Social Movements and Individual Needs in Contemporary Society*. London: Hutchinson Radius.

社会性自我

因此，在马克思看来，人类通过集体活动生产出自己的生活方式，而在这种生活方式中，有可能基于个体在劳动分工中的位置和活动，出现不同的自我认同。只有当个体的自我开始与整体相脱离，也就是在异化的境况下，自我才会开始觉得不再属于集合体。而只有在更高级的共同生活形式中，才能找到归属与异化之间的这种辩证关系的解决办法，到那时候，自我认同不再以阶级为基础，而是来自个体的自由结合。但个体在打造这些自由结合时，并不像尼采所认为的那样，是依照个体自己塑造的法则，而是依照他们所属集体塑造的法则。

马克思有一点理解与涂尔干一致，都认为分工对于创造不同的自我认同至关重要。比如说，马克思相信，是分工造成了现代自我中的身体与心灵、理智与情感之间的分裂，因为分工制造了体力劳动和脑力劳动之间的分裂，个体从很小就接受专门化的实践技能或思想技能的塑造。不过，这两位思想家也都认为，分工还使得任何社会都有可能出现丰富多样的身份／认同。在《社会分工论》中（Durkheim, 1893），涂尔干指出，在简单的社会形式中，个体通过"机械团结"维系在一起，其中每一个体都表征着整个群体，体现出集合体的信念与价值。[32] 与此相反，现代西方资本主义则是在"有机团结"中创造并维系个体，其中的个体之所以相互依赖，是因为每个人都在分工中履行不同的功能。在这里，个体各自有其专门的任务和功能，创造出人与人之间一系列差异，也体现在创造出多种多样的自我认同上。实际上，（涂

19

[32] Emile Durkheim (1984) *The Division of Labour in Society*. Tr. W. D. Halls, London: Macmillan.

尔干的外甥）莫斯提出，正是在这种社会中，自我成为基本的思维范畴，因为它成了我们的思考的组织原则之一，更广泛地说，也是社会的组织原则之一。它参与构成了涂尔干所称的"集体意识"，即社会中形成的种种观念、信念和价值，成为一切个体思考和感觉的基础。

　　鉴于这些观点，人们常常把涂尔干说成是一位新康德主义者，因为他认为，思维范畴先在于任何单一个体的经验。不过，涂尔干并不认为这些范畴属于什么先验自我，而相信它们就蕴含在社会当中，社会会以其观念、信念和价值，教育每一代新人。因此，并没有什么律令迫使我们接受这些范畴，是社会及其各项制度把集体意识灌输给每一个体。不过，斯蒂文·柯林斯也曾指出，直接影响涂尔干的不是康德，而是夏尔·勒努维耶。黑格尔的许多观念通过后者进入了涂尔干的脑海。[33] 这一点明显体现在涂尔干的社会历史视角中，尤其是他关于从最初的集体整体中形成个体差异的观点。这还意味着，如果思维范畴并不是先验的，而是社会性、历史性的，那么它们就不可能是普遍的。它们必然会随历史而变，因文化而异。当然，涂尔干也看到了现代思想中的个体主义和相对主义的危险，因为这会使集体意识遭受压力。在现代分工中，"每副心智都发现自己趋向视野中不同的点，反

[33] Steven Collins (1985) 'Categories, concepts or predicaments? Remarks on Mauss's use of philosophical terminology', in M. Carrithers, S. Collins and S. Lukes (eds), *The Category of the Person: Anthropology, Philosophy, History*. Cambridge: Cambridge University Press. pp. 46-82.

映世界的不同侧面，并就此使人们的心智内涵各不相同"。[34]

如果说现代分工发展过甚，人们觉得自己过于个体化，就会造成一种失范的状况，缺乏道德调控，个体孤零自处，没有社会价值观为他们的生活赋予意义和形式。涂尔干有了这些想法，对于现代的个体主义意识形态也就态度暧昧，这种意识形态最推崇的价值就是每个人的独特性，就是他们摆脱集合体的自由。涂尔干认为，这种意识形态几乎已经成了一种现代宗教，个体被尊崇为最高等、最有价值的实体。个体主义之所以好，是因为它给了人们权利和自由，可涂尔干不满意它那种功利主义形式，即直言如果每个人都追求其自我利益，必然为全社会带来最佳后果。而在涂尔干看来，要论对于社会团结的破坏力，莫此为甚。人们需要认识到，正是社会确保了个体的权利，这样才能不总是把自我利益置于群体利益之前。如果做到了这一点，那么人本主义的信念和个体主义的意识形态才能形成某种集体意识，将现代社会维系一体。

因此，如果要涂尔干来回答"我们是谁？"这个问题，他会说，现代个体就是由其在分工中的位置来标示的自我，其特征就在于他们的技能、兴趣、专业、才干、功能、知识、岗位、职业、社会地位。就是这些东西创造了某种自我认同感。也正因为这一点，当我们想改变自己的自我，自己的生活，就会想到改变工作岗位或社会职责。不过，如果我们过于高看自己的个人价值观，远甚于其他人的价值观，就会变得孤零自处，与社会脱离关

[34] Emile Durkheim (1969) 'Individualism and the Intellectuals', Tr. S. and J. Lukes, *Political Studies*, XVII (1): 14-30: p. 26.

20

联，陷入失范状态，没有高于自身的其他价值观念或利益关怀能赋予生活以意义。涂尔干相信，这种状况发展到极端，会使人们选择自杀。[35]他的观点也产生了一种特别的自我观，被安东尼·吉登斯称为"人的二重性"（*homo duplex*），"因为在每一个体身上都存在一种对立，一方面是自我中心的冲动，另一方面是具备某种'道德'意涵的那些冲动"。[36]也就是说，我们都有着双重自我，一半自私地希望追求自己的利益，另一半则乐于超越自我中心，去实现更高、更好的目标，以造福他人。有鉴于此，涂尔干相信，人们普遍都会创造出某种形式的宗教，由此可以超越自己狭隘的自我关切，在某个社会群体中实现更高的精神目标。根据他的说法，宗教唯一的问题在于，人们错将他们创造的上帝当作了他们自我超越的源泉，而真正的源泉其实是社会。

涂尔干有关现代个体主义和自我的社会创造机制的学说，富有启发，引人思考，但却留给我们一个关键问题，那正是所有结构理论或功能理论所共有的问题。如果社会强加给个体他们借以思想和行事的范畴，个体在这些范畴之外就不能履行这些功能，那么社会群体一开始又是如何发展出这类范畴即集体意识的呢？按照柯林斯的讲法，这种先验分类学说并不能自圆其说，因为尽管它宣称分类必然由社会强加给个体时，但也预设了人具有分类

---

[35] Emile Durkheim (1952) *Suicide: a Study in Sociology*. Tr. J. A. Spalding and G. Simpson, London: Routledge & Kegan Paul.

[36] Anthony Giddens (1971) *Capitalism and Modern Social Theory: An Analysis of the Writings of Marx, Durkheim and Max Weber*. Cambridge: Cambridge University Press. p. 228.

社 会 性 自 我

的能力。[37]

虽然涂尔干也能从现代形式的个体主义和自我性中概括出某些积极的面向，但在韦伯有关现代性更具悲观倾向的看法中，涂尔干的观点并没有得到回应。韦伯和马克思相仿，也认为现代个体自我与世界相异化，因为人际依赖的关系已经转变成非人身化和理性计算的关系。[38] 不过，他并不认为这是资本主义社会关系直接造成的结果。事实上，在韦伯看来，现代形式的个体自我性乃是源于基督教，尤其是新教，正是后者直接推动了西方式资本主义的形成。

在《新教伦理与资本主义精神》中（Weber，1904），韦伯认为，自十六世纪以降，加尔文宗之类的新教教派从日内瓦和苏格兰开始，并逐渐向外扩散影响，创造出一种苦行伦理，个体借以规制自身及其行为。而在资本主义的形成过程中，这些活动深具影响。[39] 在新教伦理中有一点很重要，就是摈弃教会提供的任何带有巫术意味的救赎手段，比如天主教中的忏悔，由此可以宽恕原罪，涤荡并拯救灵魂。以加尔文宗为例，它宣扬严苛的预定论，声称上帝已经预定了少数人可以得到救赎，个体有生之年不能做任何事情来改变这一点。韦伯认为，这对个体产生了两点效应。其一，缺乏任何救赎手段，意味着个体与上帝和教会都相异化，因为他们现在被遗弃在此世，被扔给未卜的命运。其二，由

21

---

[37] Steven Collins, 'Categories'.

[38] Derek Sayer (1991) *Capitalism and Modernity: An Excursus on Marx and Weber*. London: Routledge.

[39] Max Weber (1930) *The Protestant Ethic and the Spirit of Capitalism*. Tr. Talcott Parsons, 1985 edn. London: Counterpoint.

于个体不再能够被宽恕原罪，每一项罪都对他们作数，或许也显示着他们不属于能得到救赎的选民。新教徒现在不得不依照理性的计划来规制自己的生活，使之成为不断增进的一系列勤劳工作，以此来避免原罪和恶行。行善积德，勤勉工作，节俭度日，积累财富，努力储蓄以增进上帝之荣光，而不是胡吃乱花犯下罪行，如果能做到这样的苦行式生活计划，或许就是个体属于选民的此世迹象。诚如路易·迪蒙所言，在预定论中有一点悖论：尽管表面看来，它剥夺了个体对自己命运的控制，但恰恰相反，它使个体更加关注自己的命运，因为这成了是否获选的一种可能迹象。[40]

想要将人的全部生活都维系在一套理性工作规划中的欲望扩散到了生活的方方面面，这种新教精神也渐渐世俗化，成为一种普遍性的伦理。它扩散到了资本主义企业当中，那里发展出记录资金开销与利润的理性簿记方法；它还扩散到劳动纪律当中，比如严格守时、固定工时。在韦伯看来，更重要的是，它还使理性化成为社会组织和政府管理的基本模式。此前，在中国这样的国家，以及欧洲的修道院和军队等制度／机构中，已经发展起科层制的行政管理风格，而今被作为一项普遍原则加以采纳。韦伯认为，统管人们生活并使其倍感异化的那些抽象机制并不只是经济性的，以私有产权和资本积累为核心，而是也涉及人口管理方面非人身化的科层体系，恪守准则，而非以人为本。在这里，个体开始觉得像是这架理性科层机器中的一颗颗齿轮，他们的生活遭

---

[40] Louis Dumont (1985) 'A modified view of our origins: the Christian beginnings of modern individualism', in M. Carrithers, S. Collins and S. Lukes (eds), *The Category of the Person: Anthropology, Philosophy, History*. Cambridge: Cambridge University Press. pp. 93-122.

受这类体系的全面规制。韦伯把这一点比作生活在一个"硬壳"[41]（iron cage）中，这个比方尤其指现代消费主义所带来的种种效应。

但与马克思不同，韦伯根本不认为现代资本主义的种种问题的解决之道就在于遭异化和压迫人群的革命，因为他觉得，社会主义确实是力图分配财富以满足个体需要，但这样也转变成另一种形式的科层体系。韦伯转而追随尼采，认为个体在现代文明的压榨之下，精气耗竭，只有拿回自由选择自己价值观与行动的权力和责任，才能做回真实的自我。自我性就此成为一种有待争取的理想，而不是西方科层资本主义下的一桩现代生活事实。

话说回来，对于现代资本主义和自我性的理性化性质，韦伯的理解也有一些问题。吉登斯曾经提到一点常见的批评，即在十八、九世纪转向资本主义的那些欧洲国家中，也不都是新教主导的国家，新教各教派的影响也是大小各异。因此，很难在新教教派与资本主义兴起之间确立什么直接关联。[42] 另有些论家提出，韦伯高估了苦行主义对于现代自我的效应。科林·坎贝尔就指出了新教教义中的虔敬派传统，该传统强调个体对于上帝的情感投入，这等于是说，强调情感而不是注重理性，影响到浪漫主义艺术和文学在十九世纪广为流行。[43] 按照坎贝尔的讲法，浪漫

---

[41] 德文的 "Gehäuse" 最初被帕森斯译作 "iron cage"（也就是汉语学界习译的"铁笼"），最近这些年来不断有学者质疑这一英译过于体现外在强加限制的面向，也出现了 "steel cacoon"（"硬茧"或"硬壳"）这样的英译，比较凸显内在自设限制的面向。——中译者注

[42] Anthony Giddens (1985) 'Introduction', in Max Weber, *Protestant Ethic*. pp. vii–xxvi.

[43] Colin Campbell (1987) *The Romantic Ethic and the Spirit of Modern Consumerism*. Oxford: Blackwell.

主义作者们的著述正属于大众消费迫切急需，也是为大众消费量身定做。如果说新教伦理只是促进了苦行自我的形成，后者摒弃快乐，以求节省辛苦劳动的成果，那么现代消费主义的原因就无从说明了。实际上，当代资本主义社会中的自我的特征之一就在于，它们渴望花钱消费各种物品，这种欲望似乎难以餍足。这就使得当代社会学家齐格蒙特·鲍曼主张，现代自我就是"快活血拼客"（happy shoppers），受欲望的文化诱引，而不是否弃的文化左右。[44] 用韦伯的话来说，问题于是成了看孤单的个体如何能够摆脱这种体系，而不借助某种集体结合，比如社会运动，来帮助打造替代性的生活方式和新型社会关系。

其实不妨认为，我上文提到的所有社会学家，他们对于当代形式的个体主义和资本主义之间影响关系的总结都难称定论。阿伯克隆比、希尔和特纳曾经指出，个体主义和资本主义各自有其漫长的发展脉络，是在欧洲各国汇聚一处，形成了个体主义类型的资本主义。但这并非唯一的道路：比如在日本，传统上就属于更具集体主义色彩的资本主义。[45] 资本主义和个体主义都对现代西方的自我观产生了影响，但就像莫斯所言，我们不妨认为，这种自我观肇始于古代希腊罗马社会，自那以后，对于西方有关自我性的观念和体验的影响可谓五花八门。至于有人在西方社会中感到的所谓异化，即与社会世界相分离，个体孤零自处，起因也可能有许多种。我所谈到的只是其中少数几种，不过，从这些脉

---

[44] Zygmunt Bauman (2000) *Liquid Modernity*. Cambridge: Polity Press. ——原注
　　原书此处误作"Zygment"。——中译者注

[45] N. Abercrombie, S. Hill and B. S. Turner (1986) *Sovereign Individuals of Capitalism*. London: Allen & Unwin.

络中我们已经能够得出结论：单就西方而言，有关自我的观念就深受社会文化方面的影响，这段影响史十分复杂，充满冲突。

第四节 自我心理学

我上文提到的这些观念，有不少也已经影响到了心理学这门学科。不妨把现代认知心理学看成康德哲学的直接传承。认知心理学宣称，人的思想不能直接源于感官经验，必须有某些先在的思维结构，人们才能够安排自己对于这个世界的思想和经验的秩序。不过，认知心理学并不相信存在某种先验自我，而是把思维结构理解成出生时就预存在头脑中的，或者至少在一定程度上通过习得输入了相关程序。因此，认知心理学摒弃形而上学，采取物质论的科学主义思路，以生物科学和计算技术为基础来研究心智。但是，心智能力究竟在多大程度上通过基因遗传预存进我们的大脑，又在多大程度上从社会输入程序或习得，尚存争议。不仅如此，认知心理学还不能说明社会知识是怎样发展和演变的，而只是聚焦于个体的心智。社会表征（Social representations）理论作为"社会认知"的一个分支，就是尝试通过进一步发展涂尔干的集体意识观念来探讨这一问题。[46]

不过，我并不打算在本书中阐发这些观点，也不会深究"人格心理学"，因为在这块心理学分支中，"人格"已经意味着和自我观念不太一样的东西了。戈登·阿尔伯特、汉斯·艾森克和雷

23

---

[46] R. M. Farr and S. Moscovici (eds) (1984) *Social Representations*. Cambridge: Cambridge University Press.

蒙德·卡特尔等心理学家所发展的人格观念，是把人格理解为主要由生物性遗传下来的一系列特性或类型的集合，使我们每一个人都成其为独一无二的个体。[47] 基于这种思路，可以界认和测量出不同的特性或类型，以确定人格的性质，比如是外向型还是内向型。同样，我在这里也不打算探讨这种思路，因为虽说我并不排除有可能这些特征或性情是由生物性遗传下来的，并由社会性发展的，但我关注的是自我理解。也就是说，我希望考察我们是如何把处在他人之中的自己界认为具备某些特征的，我们是如何认为自己人格的某些面向比其他面向更为重要的，而这种认识又是如何在社会层面和个体层面上历时而变的。比如说，可能有不同的两个人，在不同的场合下认识了我，对我的人格形成的看法也是彼此迥异。那么哪一种看法是正确的？人格特征会在不同情境下发生变异，因此或许这两种看法都没错。但人格心理学忽略了这一点，看不到我们都是社会性的存在。相反，它认为每一个体的动态组织过程就在于其生物性结构之中，而不是在人与人之间的社会关系中不断得到重新创造。奥尔波特曾经明言，每一人格的动态组织过程就在于"表皮之内"，表皮成为分隔每一个体的边界。[48] 我将在本书中提出一系列的论点来反驳这种人格观。

至于现在，我想谈谈西格蒙德·弗洛伊德的著述。对于我将

[47] G W. Allport (1937) *Personality: A Psychological Interpretation*. London: Constable. H. J. Eysenck (1953) *The Structure of Human Personality*. London: Methuen. R. B. Cattell (1979) *Personality and Learning Theory*. New York: Springer.

[48] G W. Allport (1937) *Personality, Character and Temperament*. New York: Holt, Rinehart & Winston. p. 30.

在本书中考察的其他观念，他的意义更大一些。弗洛伊德也通过精神分析的发展，对西方世界乃至其他世界的自我分析产生了巨大影响。这门学科作为自我审视的理论和方法，对今天人们践行的各种精神治疗和心理咨询都产生了一定的影响。弗洛伊德追随尼采的思路，也认为当我们问"我是谁？"这个问题时，答案在一定程度上是错误的，因为我们并不知道自己是谁，或者因为我们在回答的时候带着某种幻念，就是被我们错当做我们的自我的某种自我理念（ego-ideal），但这种理念只是自我的一小部分。在弗洛伊德的理论中，自我的大部分是不为我们所知的，或者说属于不自觉的无意识。而属于自觉意识的"我"就像是冰山一角，只能看见水面上的冰山之巅，其主体部分则藏在水面之下。

无独有偶，和尼采相仿，弗洛伊德也相信，我们所隐藏的就是基本上不被我们所属的文明接受的那些动物性本能，尤其是这些本能的某些表达形式，比如性本能和侵犯本能。这些本能要么必须被压抑在无意识中（我们有多少人会承认自己有侵犯性呢？），要么必须被疏导到可以被社会接受的表达形式中。在今日的文明中，要在拳击场上，遵照严格的规则，服从严格的监管，和某人打架，这是允许的，但在街上攻击别人就不允许；要在长期的爱恋关系中表达自己的性爱，比起滥交更让人接受。弗洛伊德认为，文明发展出道德和法律，来管理和控制人的各种本能，但这些道德和法律变得太过强大，以至于人们总想要挣脱束缚，就在人的自我中积聚起要想获得解脱的压力。弗洛伊德置身十九世纪末到二十世纪初的维也纳展开工作，看到有许多病人患上神经症，即偏执行为、强迫行为或适应不良行为。他把这些行为归因为受压抑的性欲，尤其是当时的妇女不能公开表达自己的性意向。弗洛伊德做出了这样的理论阐述：正是自我中受压抑的那些面向，不仅是本能，还包括这些本能在文化和历史的角度上如何被转化为性的或侵犯的期待、欲望、梦想和幻念，导致了麻烦，竭力争取表达，以对抗属于自觉意识的心智及其道德良知。

由此出发，弗洛伊德进一步提出了三重自我学说，即把自我（self）划分为自我（ego）、超我（super-ego）和本我（id），也就是意识（consciousness）、良知（conscience）和无意识（unconscious）。不过，布鲁诺·贝特海姆曾经指出，是弗洛伊德著作的英译者选用了"ego"和"id"这两个拉丁词来表达这些心理动原，而在德文原著中，弗洛伊德是用日常用语来指这些动原的："I"（我）、"above-I"（超我）和"it"（它）。[49] "我"就是自我意识，就是我们认同的那部分自身，或者说是"理想的我"（ideal I），而我们把自己身上所有被我们压抑或否弃的东西都视为"非我"（not-I），或"它"。"超我"就是良知，就是从婴儿期就开始灌输给自我的那些道德价值观，它监管着我们的思想和情感，努力防止激起不被接受的某种思想、期待或欲望。因此，在弗洛伊德看来，自我就像是冲突的战场，各个部分往往相互交战："它"就像一种强力，迫使我们趋向表达其受到压抑的罪恶隐秘的内涵，或是被禁止的梦想与欲望。"超我"则监管着我们，确保某些特定的欲望不会冒出来，如果冒出来了，也只能是以可以接受的形式。最后，在这两种强大的力量之间，是"我"，也就是属于自觉意识的自我，被这两种相互竞争的要求撕扯着。与尼采类似，弗洛伊德也相信，"我"是自我中最软弱、最脆弱的部分，被置

---

[49] Bruno Bettelheim (1985) *Freud and Man's Soul*. London: Flamingo.

于两种充满威胁的力量之间：一是内在的"它"，从内心深处强力涌现，要求得到满足；一是外在的文化约制力，表现为"超我"形式，凭借社会的权威，抵制"它"。

不过，与尼采不同的是，弗洛伊德站在"我"这一边，让精神分析助一臂之力。他根本不想看到"我"归于毁灭，而是希望扩大自我分析的范围，涵盖"它"，并与"超我"达成更高的和谐，以此增强"我"。他曾经指出，精神分析的目标就在于改良自我，"我"该在"它"现在的地方。我们越是了解"它"，了解其具有破坏潜能的驱力，就越是能够妥善处置它们，或者说去除其破坏力，而无需过于受压抑，或忧惧自我的某些部分——压抑和忧惧也都具有潜在的危险。弗洛伊德的《文明及其不满》（Freud，1930）著成之时，一战硝烟已尽，二战风雨欲来。他在书中明确指出，本能，尤其是侵犯本能，或许对于任何文明都太过强大，难以遏制，最终将导致文明走向覆灭。尽管弗洛伊德也支持人类文明的各项成就，比如科学、理性和艺术，认为这些成就弥足珍贵，但在人的破坏性面前，这些东西前途未卜。弗洛伊德希望，精神分析能够使文明在与这类力量交战时更为强大，希望自我感到与自身的驱力、与社会及其规则之间不那么相异化。当然，弗洛伊德并不相信，一场共产主义革命就能够克服异化，并带来一个更加美好、更为平等的社会，因为革命所仰赖的那些力量，同样极具破坏性，威胁到自我认同和理性思维（即威胁到"我"），威胁到马克思认为应当人人共享的那些文明化成就。

尽管如此，弗洛伊德所认为的精神分析的宗旨，对于它所抱的希望，都一一落空了。终其一生，他都致力于一套科学心理学方案，希望将人的心智的方方面面都置于神经官能，置于神经系统的运作，但神经科学在那时还不够发达，不足以让弗洛伊德彻底完成该方案。相反，精神分析依然葆有相当程度的哲学意味和人文色彩。就连弗洛伊德本人，也试图借由各种诉诸古代文献的比喻，来理解心智与自我的运作（比如他借用索福克勒斯的《俄狄浦斯王》一剧来谈"俄狄浦斯情结"观念，描述儿童的自我与性态是如何在家庭关系丛结中发展起来的）。尽管精神分析对各种形式的精神治疗都产生了巨大影响，但它并没有成为解决现代文明一切问题的万能灵药。如果说弗洛伊德是想疗治启蒙运动所造成的病症，巩固理性的力量来对抗非理性，那么他顶多算是取得了部分成功。

不仅如此，弗洛伊德以自我为核心关注，他对于自我与社会关系的理解往往只属于次要的考虑。尽管他对文明和家庭中所要求的那种压抑理解得很细，但对于他人在日常关系和互动中对自我之形塑所产生的效应，他却从未有过充分的考虑。弗洛伊德也没有考虑到社会阶级、社会性别之类因素对于认同所造成的效应（鉴于他的病人绝大多数都是中产阶级妇女，这一点煞是奇怪）。我将在本书中更细致地考察这些因素。

第五节 社会个体性的观念

本书接下来，我将探讨社会个体性的观念，这就意味着，你在分析不同文化中发现的那些自我风格时，不能脱离形成这些自我风格的历史关系和社会关系。本章我们已经看到，西方有关自我的观念是如何从五花八门、彼此矛盾的文化脉络中形成的，从罗马法学说和希腊罗马斯多亚哲学，到视形上灵魂为某种自我本体的基督神学，而这一观念又是如何以多种方式影响了在英国及西欧其他国家（稍后在美国）形成的那类工业资本主义。从黑格尔、马克思、涂尔干到韦伯，立场各异的思想家都曾指出，当权力汇聚到教会与国家，或是某些特定的社会群体，留下大多数人与他们参与创造的那些社会财富（包括文化财富和经济财富）相脱离，个体已经与社会生活相异化。但资本主义也创造了另一种分离，一方面是属于工作与政治的公共世界，另一方面是属于家庭和朋友的私人生活。现代自我在其本质核心感受到这种分离，就是在这种分离中创造出来的，并常常在两方面相互竞争的要求之间左右为难。

尽管如此，自黑格尔以降，对于自我的理解已经发生了微妙的转变，因为无论是对于他，还是对于此后的其他社会科学家，自我都不再像笛卡尔所认为的那样，位居世界图景的核心。理解自我不再是直接的关怀，因为要想认识自我，必须将其置于更广泛的社会形态及其变迁的背景之中。在当代文献里，常常把这种转变称为自我的去中心化。尼采和弗洛伊德也参与了这股运动，将其分析的焦点从自我意识的"我"转变成无意识的"它"，我们的思维和情感就是从后者那里不自觉地涌现出来的。本书中我就要接受这项挑战，尝试理解社会性自我或者说社会个体性的性质，并通过我自己的理论综合以有所创新。

那些试图将自我去中心化的论家还有另一项目标，就是质疑视自我为内在灵魂或本体的基督教基本观念。在这种观念中，自我是形上性的，因为它是看不见的，但又是本体性的，因为它提供了先在于习得或经验的自我核心要素。而那些提出质疑的人则把自我理解为在社会中创造出来的，是某些影响的不同侧面偶然或意外的聚合，正是这些影响赋予了我们形式、也就是使我们成为我们之所是。我将沿循这一论证路数，主张以下观念感觉是对的，其实只是一种类比，即我们认为自身拥有某种"内在"自我，有待在身体或心智内部什么地方被揭示。拥有某种内在自我的比喻意义，源于我们始终与自身之间进行的沉默对话（不一定在"脑海中"进行），而只有通过与他人之间的社会关系和对话，这种沉默对话才有可能。许多人也和亚当·斯密一样，认为这种自我感只能涌现于我们与他人之间进行的沟通互动中，通过这种沟通互动，我们获得了有关自身的知识，也成为我们之所是。

但话说回来，我认为，将自我去中心化的运动有时候也误入歧途，陷于纯粹的学院论争，因为它混淆了我在本章开始勾勒的三样事情。

首先，批判作为一种政治意识形态或方法论的个体主义：这里批判的个体主义沿循了麦克弗森"占有性个体主义"观念的路数，或是方法论个体主义者的观念，他们相信社会关系之前就已经产生了独特的个体差异，成为社会赖以建构的基石。社会科学和心理学中有许多论家持有方法论个体主义的立场，他们反对将社会理解为先在于个体，在理论上把自我阐述成一种社会建构。但后者也会扩张成批判资本主义体制下令人异化的个体主义形式，比如马克思的批判，或者麦克弗森以更具民主意味的立场对于马克思观念的借鉴。

其次，对于作为本体的自我的哲学批判。这是批判奥古斯丁和笛卡尔视自我为灵魂或形上本体的观念，或是人格心理学之类的当代学说，后者将自我理解为有机体的某种"内在"组织。这是从认识论的角度批判哲学中对于个体的理论阐述方式和理解方式。

第三，考察自我的性质，以及在社会世界中置身他人之间，做一个自我意味着什么。我在本书中就是要探究自我的这一面向，主张我们一定不能将对于个体主义的批判，或对于作为本体的自我的认识论批判，与把自我理解为在社会关系和对话中涌现出来混为一谈。前两种批判并不能自动导向第三点批判，即我们作为具身性生物存在于社会关系之中，在这种情境下，我们成为自我。我还将提出，尽管需要有所批判的一些意识形态抽象和形上学抽象对日常生活中的个体产生了作用，塑造了自我认同，但一方面是政治抽象和哲学抽象，另一方面是日常生活和自我性，这两方面之间的关系是相互的。两者彼此渗透，有关做一个自我意味着什么的观念从日常社会关系中涌现出来，渗透进社会科学、心理学和人文学中有关自我的那些概念中，而这些概念又会反过来渗透到有关我们是谁的日常理解中。我将在全书中讨论"官方"自我观（地位确定的政治性或科学性自我观）与"非官方"自我观（日常互动与对话中创造出的那些观念与情感）之间的关系。

展望我的观点的发展，不妨说我把自我理解为现代西方生活不可或缺的组成部分。泰勒曾经指出，要了解你是谁，就是要在道德空间中定向，了解你在价值担当和身份认同方面的立场，并由此决定行动。[50] 不过，我也认为，拥有某种自我感，理解自我认同，是在西方现代性的整个社会空间中定向的一种手段。在这块空间中，我们努力评估其他自我，掂量他们是谁，他们想些什

---

[50] Charles Taylor, *Sources*.

么，有何感觉，以此为相互之间的行动定向。尤其是在西方现代性中更具世俗性和普世性的场合下，君临万物的单一道德框架逐渐丧失立足点，有关自我的观念有助于让置身由个体组成的社会中的人们为其关系和活动定向。

文献选萃

Abercrombie, N., Hill, S. and Turner, B. S. (1986) *Sovereign Individuals of Capitalism.*London: Allen & Unwin.

Bettelheim, Bruno (1985) *Freud and Man's Soul.* London: Flamingo.

Carrithers, M., Collins, S. and Lukes, S. (eds) (1985) *The Category of the Person: Anthropology, Philosophy, History.* Cambridge: Cambridge University Press.

Durkheim, Emile (1984) *The Division of Labour in Society.* Tr. W. D. Halls. Londonı Macmillan.

Elias, Norbert (1991) *The Society of Individuals.* Tr. Edmund Jephcott. Oxford: Basil Blackwell.

Freud, Sigmund (1930) *Civilization and its Discontents.* London: Hogarth.

Freud, Sigmund (1973) *Introductory Lectures on Psychoanalysis.* London: Penguin.

Marx, K. and Engels, F. (1970) *The German Ideology: Part One.* London: Lawrence & Wishart.

Seigel, Jerrold (2005) *The Idea of the Self: Thought and Experience in Western Europe Since the Seventeenth Century.* Cambridge: Cambridge University Press.

Taylor, Charles (1989) *Sources of the Self: The Making of the Modern Identity.* Cambridge: Cambridge University Press.

Weber, Max (1930) *The Protestant Ethic and the Spirit of Capitalism.* Tr. Talcott Parsons. London: George Allen & Unwin.

第二章 对话与社会性自我

　　没有任何哲学家，几乎也没有任何小说家，曾经成功说清那个稀奇古怪的东西，也就是人的意识，究竟是由什么构成的。身体，外在客体，不堪记忆，温馨幻想，其他念头，愧疚，担忧，犹豫，撒谎，快活，悲苦，惨痛，花样百变，难以言尽，林林总总，汇聚一处，形成一个东西，就叫作意识。人究竟如何可能担负责任？如果一个学生来自天外，要学习这种历史悠久的古怪方法，很可能大惑不解。

（爱丽丝·默多克，《黑王子》[*The Black Prince*]）

　　艾丽斯·默多克以上有关意识的看法，大多也适用于自我和自我意识。它可能属于最模糊、最不定形的研究对象，刚一形成确定的形状，就又陷入不确定的含混状态。不过，在十九、二十世纪之交，涌现出两派令人瞩目的思潮，将社会性自我置于其思想的核心，试图说明，人的自我意识具有时间性，由变动不居的感觉、知觉、情感和思维等环节组成，是如何汇聚成某种自我经验的暂时的统合，并且具有累积性，创造出作为自我的存在这一感觉。这种形式的自我统合之所以能够达成，就是因为我们与他人共同生活在社会之中，但并不能把它化约为孕育出它的那些社会关系和对话。这就像孩子源于养育、维持并教育他的那些社会纽带，但成功变成一个独特的个体，有其自我认同；所有的自我也都是源于社会背景而成为独特的个体。我将在本章考察两股思潮，一是实用主义者，一是文化历史学派。它们都做到了以非化约论的方式来看待社会性自我，只是具体的环境大不一样：前者是在十九世纪晚期、二十世纪早期的美国，后者则是在十月革命后的俄国。两股流派都反对我在第一章简要探讨的那些个体主义意识形态，但并不反对那种源于与他人共在的世界的日常个体性。相反，它们力求把自我理解为根植于日常关系和对话互动中。

第一节　实用主义与自我

实用主义是美国在内战后兴起的一股哲学思潮，提供了一种途径，让人们应对愈益现代化的资本主义社会，在这样的社会里，旧有的习俗和共同体正逐步消失。[1] 不过，实用主义者并不宣扬个体自立学说，后者的典型代表就是拉尔夫·瓦尔多·爱默生这样的思想家，在他看来，理想情况下个体应当是摆脱一切社会纽带，能够随心所欲地行事。而实用主义者则与此相反，认为观念都是社会性的，是通过由互动个体组成的群体当中的对话而产生的。观念属于某个文化，是"一些工具……人们设计来应

---

[1]　Louis Menand (2002) *The Metaphysical Club*. London: Flamingo.

对自己所处的世界"。[2] 不过，这种应对不仅涉及与给定的世界打交道，而且要积极主动地转化它，以适应人的目的，增进人的利益，或更好地满足我们的需要。观念作为工具，使人们有可能在世上积极主动；人的意识并不只是对于环境的镜像反映，而是活动中具有创造性和想象力的组成部分，会重新塑造活动。因此，被我们当成真理的并不是最能反映或最能表征给定世界的知识，而是当我们积极主动地追求我们的集体目标和利益的时候起作用的那些因素。最早把这种哲学称作实用主义的人当中，有一位叫C. S. 皮尔士。而这个名目则取自康德的《纯粹理性批判》，书里提到了这种实践认知。不过，对康德来说，这只是认知类型之一，而在实用主义者看来，这就是唯一的认知类型。这就使他们反对康德的先验自我学说，同时也不赞成说人的思维中存在一系列先验范畴。这是因为，如果说知识就是服务于人在世上的活动的实用工具，那就必然是源于世间的经验，而不是什么先验领域。

如此一来，对实用主义者来说，社会活动就成了理解知识、意识和自我的关键，因为这些东西都是源于社会活动。这也意味着知识和真理都是相对的，会根据人的活动的性质、目标和后果，随社会、历史和个体等方面的不同而各有变异。因此，实用主义者推崇一种开放的民主社会，多种多样的观点都能在其中表达，而不喜欢那种意识形态宗派彼此交战的社会。在前一种社会中，核心价值就是对源于经验的不同观点都宽容待之，而不是恪守某种个人观点，不承认其他任何观点有什么可信度，愿意为这种观点舍生赴死，或以暴力对付他人。实用主义是在一个迅速资

---

[2] 同上引，页 xi。

本化的世界里兴起的，尽管如此，却不能把它看成一种资本主义的哲学或北美独有的哲学，因为它那种集体主义、相对主义和开放民主的精神，正好牵制了人们笃信自由市场资本主义是组织社会的唯一方式。实用主义者也相信理性知识是一种有用的实践工具，不仅可为个体从事活动所用，而且当政府尝试解决集体问题时也可以用。这样的知识也反对肆无忌惮的自由市场世界观。

33

我在此是要考察社会性自我的性质，就此而言，有一个因素对实用主义有关意识与自我性的看法产生了更为重要的影响，那就是达尔文的物种进化说。实用主义者类似于尼采，也是在十九世纪晚期，在达尔文革命的余波中，开始他们的研究。在达尔文的影响下，他们希望摸索一种对于自我意识的新型理解，不再是精神性或本体性的，而是物质论的。诚如路易斯·梅南所言，达尔文的激进之处并不是他的进化论，而是他的物质论。这一点明显体现在他认为，物种是在自然选择的过程中进化而来的，而其运作机理依照的是偶然，因此是盲目的（也就是说，不存在任何"更高智慧"指引或筹划这一过程）。同样，通过自然选择和性的选择等过程，在进化中选择的是个体的特征，而不是整个物种的特征。在梅南看来，这意味着进化学说不再关注于个体是否符合某个理念型，而是关注个体之间的关系与互动[3]（就像在性的选择中，个体是从一批可能的伴侣中选择配偶的）。关系和互动变得很重要，这一点对实用主义者产生了深刻影响。

在早期实用主义者之一威廉·詹姆斯看来，达尔文的观点意味着，意识哲学和意识心理学都必须彻底重写。人们再也不能认

---

[3]　Menand, *Metaphysical*.

为意识属于某种内在先验自我，而必须将其理解为某种进化产物，是在活动当中进化出来的，充当着人类更好地适应环境的手段。因此，詹姆斯重新界定了意识，视之为人类针对其存在条件积极做出调适的一种客观功能，而不是对于某个预先给定的灵魂的私人占有。[4] 因此，自我意识并不是心智活动、情绪、感觉的既存源泉，而是这些东西最后的、最复杂的产物。[5] 日后像 G. H. 米德和约翰·杜威这样的实用主义者继续推进这一立场，认为意识是进化中的社会行为的某种功能。不过，所有的实用主义者都相信，自然选择的法则也有其限制：尽管这些法则在生物角度上足以成立，但人的意识的进化意味着，在社会的角度上，我们能够超越自然选择。比如说，我们能够发展出一些道德体系，说我们应当照顾老幼病残，而这有可能违逆自然选择的要求。

因此，虽说从进化角度上说，意识可谓姗姗来迟，但却改变了人的自然 / 人性。我们不再单纯受到本能与冲动的驱使，也不是机械地回应环境中的刺激，而是能够对提供给我们的那些彼此竞争的要求和可能性做出反思，就如何行事进行选择。有意识地反思自己在群体中的活动，包括对于各种行动的选择，并伴随着自我觉知，提供了摆脱纯粹自然法则的出路，哪怕我们始终是彻彻底底的自然存在。

话说回来，对于詹姆斯和其他实用主义者来说，自我意识并不总是活动的关键，人的行为更多地表现为习惯模式。这里理

---

[4]　William James (1912) 'Does consciousness exist?' in W. James, *Essays in Radical Empiricism*. London: Longmans.

[5]　William James (1983) *The Principles of Psychology*. Cambridge, MA: Harvard University Press.

社会性自我

解的习惯，就是行为在个体身上的具体变异，驱使它的并不是本能或个体特性，而是在生命某一阶段的习得。我们的行动绝大多数是凭习惯而为，我们不必有意识地思考这些行动，只有当习惯出了问题，或是不适宜有关任务，我们才必须对自己的行动和自我产生自觉意识。詹姆斯认为，人的大脑具有自然可塑性，使其能够被活动中发生的种种刺激、感觉和情感打下印记，由此确立养成习惯的神经通路。不过，无论是习惯还是意识都有其时间性，会随时间而变。这就进一步加强了詹姆斯观念中的物质论意旨，因为习惯、意识和自我只存在于一个人的生活和经验的时空之中。詹姆斯有关"意识流"的概括十分有名，非常清楚地表现了这一点。这个提法点出，人的意识并不是从一个孤立的经验跃入下一个孤立的经验，而是将此前的经验融入当前的状态 / 阶段（state），并创造出累积性的经验。因此，如果说思维是从状态 / 阶段 A 到 B 再到 C，那么后面的阶段的觉知就将蕴涵所有三个阶段。[6] 因此，意识就像一股流，始终历时而变，但在其流动中也逐渐积累起经验，并能融入自我。

詹姆斯在谈到自我时宣称，自我是一个二重体，一个是思考着的"主我 / 主体我"（I），即通过进化逐渐形成的意识，一个是所思考的客体对象，即所谓"客我 / 客体我"（me）。从概念上梳理这一点的另一种方式是把"主我"看成认知者，而"客我"则是被知者。在这里，詹姆斯进一步深化了笛卡尔的"我思"与"我在"的二元论，但詹姆斯只是以物质性、实践性和时间性的方式来说明，而不说成是形上性的思考力。不过，意识流也让我

---

[6] 同上引。

们不好理解：它变动不居，我们一旦说"我"，就等于自发相信我们指的是某种始终保持同一的东西。而詹姆斯指出，"这使绝大多数哲学家设定，在不断流逝的意识状态背后，存在某种持恒的本体或动因，其变形或作用就是这种不断流逝的意识状态"。[7]詹姆斯明言这种想法是错误的，因为：

> 如果意识诸状态被视为实在，就根本不需要假定思想者具备这类"本体性"同一性。昨日之意识状态与今日之意识状态之间不存在任何本体性同一性，因为一个在此时此地，另一个已经一去不复返了。[8]

话说回来，鉴于詹姆斯的累积性意识观，流变的状态确实不仅仅是转瞬即逝、互不关联的经验，原因就在于"它们具备某种功能性的同一性，因为它们都知道同样的对象，而逝去的客我就是那些对象之一，它们会以同一方式施加反作用，向其致意，称之为我的"。[9]换言之，不同于笛卡尔的观念，在"我 / 主我"的背后不存在任何灵魂或本体，固定不变，在逻辑上可以得出结论说"故我在"。在詹姆斯看来，思维中根本没有此类本体。

相反，自我乃寓于"我在"，或者用詹姆斯的话来说，寓于"客我"，即意识所反思的客体对象。这是与他人共同居处的日常生活中的经验自我，尽管这也会历时而变，但其速度不如

---

[7]   William James (1961) *Psychology: The Briefer Course*. Ed. Gordon All-
       port. Indiana: University of Notre Dame Press, 1985. p. 63.

[8]   同上引，页69。

[9]   同上引，页69—70。

35

流变的意识状态那么快。根据詹姆斯的说法，当我思考自身时，我要反思这种经验"客我"的三个面向。其一，是"物质我／物质性客我"（material me），尤其是我的身体，无论是我自己，还是他人，都凭借这个身体来界认我。在日常生活中，我们彼此之间的界认就是凭借我们的身体，尤其是我们的脸。如果我们照镜子，看到的那张脸不同于通常回望自己时的面目，不免会吃惊。此外，我们还凭借衣服和所占有的其他个人物品，比如家居和汽车，来获得界认。由于意识是累积性的，我们会因为处在同一副身体中，置身于同样的个人物品中，而感到自己的自我认同的延续。美国笑星斯蒂夫·赖特曾经打趣说，他有天早上在自己屋里醒来，发现有人把他所有的个人物品都给换成了一模一样的复制品！而如果我们在自己屋里醒来，发现身边全是没见过的东西，那更会大吃一惊。我们会开始怀疑我们是谁。在"物质性客我"中，还包括我们的家庭，这也是我们的组成部分，因为如果哪位家人去世，我们会觉得自己身上也仿佛失去了什么东西。

其次，是"社会我／社会性客我"（social me），这是我们从他人那里得来的承认。按照詹姆斯的看法，人都是群居性的社会生物，希望得到他人的注意，并且是积极正面的注意。詹姆斯指出，"所能设想的最歹毒的惩罚……莫过于让一个人在社会中自生自灭，所有成员都始终不施以丝毫的注意。"[10] 不仅是我们存在的延续，而且是我们的存在本身，都有赖于得到他人的承认，尤其是得到我们认识的人的承认。但詹姆斯认为，我们和那些认识

---

[10] 同上引，页46。

我们的人一样，都具有许多种社会性自我，因为每一位他人都可能以不同的眼光看待我们，或者看到我们性格中不同的面向，就看具体的社会场合。我们对待父母时所使用的语言和表现的行为，可能不同于对待街上遇到的朋友。与此相仿，一个狱卒对待囚犯可能十分严苛，但对待自己的孩子却非常和蔼。因此，尽管"社会性客我"会赋予同一性/身份/认同某种稳定性和延续性，但这只是相对的，因为自我会随着时间和场合的不同而有所变化。

第三，是"精神我/精神性客我"(spiritual me)，即有关自我的意识流一直到我们当下的整个流动。尽管詹姆斯并未明言，但这想必应该包括我们对于自己人生的种种讲述，包括我们如何安排自己的记忆。当然，他的确说"精神性客我"包括人的心理官能和性情倾向，你不妨认为，这就包括我们的各种能力、才干、习惯，我们凭借这些东西认识自身。概而言之，"精神性客我"就是我们的经验的某种总和，或者是对于这类经验的某种看法，是我们在某一给定时间能够使用的，作为有意识反思的某种客体对象，并且会激发出特定的情绪。这种反思自己的自我并在情绪上做出反应的能力，正是"精神性客我"的核心。即如詹姆斯所言：

> 意识状态越是具有积极感觉的性质，在精神性客我中也就越是具有核心分量。如我们所知，我们的自我的核心，我们的生命的圣所（sanctuary），正是某些内在状态所具有的活动感。我们往往认为，这种活动感直接揭启了我们灵魂的生

命本体。[11]

不过，被我们视为灵魂或自我的并不是精神性本体或本质，而是我们物质性存在的不同面向的动态而松散的组合，彼此各异，往往还相互矛盾。在这里，詹姆斯（以及其他所有实用主义者）明显受到德国观念论哲学的影响，尤其是黑格尔，即认为彼此各异、相互矛盾的要素能够形成统合状态，不仅在个体身上、也在更一般的社会层面上渐次展开。话说回来，实用主义者的创新之处乃至于他们的物质论，也就是把心智、理性和自我看成是生物有机体中进化出来的属于实践行动的东西，而不是源于先验范畴或大写"历史"的那种"精神"或"心智"。这就等于说实用主义者的创新之处也在于缺乏目的论，不认为这些展开过程的进程最终将止于某种绝对的统一状态。实际上，在詹姆斯看来，"主我"与"客我"以辩证方式相互作用，在此过程中，"主我"与"客我"互融，形成松散组合，但只是暂时的。由于我们作为自我具有时间性，将我们来自过去的经验经由当下投射到未来，所以变迁过程只有在我们离世之时方告终结，而永远不会达到黑格尔所谓绝对统一。

詹姆斯认为，我们作为具有时间性的自我，奇怪地停歇在时间中。经验位于当下，但当下这一刻却殊难把握：我们还没来得及充分认识到刚刚发生了什么，当下这一刻就似乎从我们手中溜走了，这一刻已然成为过去。然而，正是从我们所居处的这一"当下"，我们能够通过意识流回顾和前瞻，也就是说，基于我们

---

36

[11] 同上引，页 48。

过去的经验和自我，在当下进行反思，并以计划、希望或梦想的形式，向未来投射。对我们人类来说，时间开始具有符号性，要测量时间，不仅要借助钟表、历法等客观手段，而且要借助生命事件和生命变迁的主观符号。时间感源于我们的物质性意识和自我流变不居的性质，随着不同的状态或同一性／身份／认同前后相继，时间感也位于诸多客体对象和其他自我当中，在时空当中不断发展，不断定位。而自我就存在于时间当中，作为一种物质性的符号建构。

米德与社会性自我

乔治·赫伯特·米德追随詹姆斯的步伐，继续推进实用主义立场对于自我的理解。不过，对他来说，自我更像是一种社会建构，就算是主体性认识的"我／主我"也是如此。米德认为，意识的进化适应的重要性得放在社会背景下来看，在社会背景中，个体不仅必须针对环境做出调适，而且必须针对自己在群体中与之协同活动的其他所有个体做出调适。因此，米德的核心关注就在于社会群体的活动与个体自我的形成之间的关系；更具体地说，就是人们在进化和社会历史中，为了中介和指导其协同活动，并形成自我认同，创造出一些工具，比如符号、记号和语言，它们究竟发挥了什么样的作用。米德的立场不仅是在詹姆斯和达尔文的影响下形成的，而且也正是在他求学莱比锡的时期形成的，他在那里熟悉了德国观念论的观点，尤其是康德和黑格尔的思想，以及威廉·冯特的"Volkerpsychologie"（民族心理学或社会心理学），还有狄尔泰的阐释哲学。[12] 这一切都使米德更加感兴趣个体在社会中的沟通性互动，关注群体中的每一位成员是如何通过解释他人的行动来调适自己的行为，而要这样做，我们又如何必须思考自己的行为冲动的意义，并因此思考我们的自我。米德属于二十世纪最早的一批探索以下观念的思想家，即所谓心智和自我是在社会群体的话语中形成的，这个观念如今在哲学、社会学和社会心理学中已经十分常见。

不管怎么说，语言必然是其来有自，必然有其赖以演化的基础。而米德相信，奠立语言的就是姿势（gestures）。人就像其他社会性动物，也用姿势来标示自己对于群体中其他人的反应，而其他人也通过这些姿势，来调整他们在互动中的反应。米德就这一点举过一个著名的例子，说两个拳击手在拳台上摆好架势，时刻注意彼此的身体运动，以之为记号，看下一拳有可能的出拳方向，并相应调整自己的身体。[13] 语言就这样从身体运动和姿势中生长出来，作为在社会角度上精致化的意义符码（code），通过它，人们就能够开口言说，落笔书写，以便彼此沟通；通过它，一个群体中的各个成员就能够调整各自的行动，推进冲突或展开合作。就此而言，语言是一种比较非个人性的精妙的沟通手段，使人们有可能针对他人，针对并非自然给定的情境，做出一系列可能的反应。现在，任何东西都能够变成某种"显著符号"（significant symbol），根据在社会层面上生产出来的意义体系得到

---

[12] Hans Joas (1985) *G. H. Mead: A Contemporary Re-examination of his Thought*, Tr. Raymond Meyer, Cambridge: Polity Press.

[13] George Herbert Mead (1934) *Mind, Self and Society, from the Standpoint of a Social Behaviorist*. Chicago: University of Chicago Press.

解释，而环境也是由各种"社会客体"构成的：这是一个蕴含意义的社会世界，向多种多样的解释开放。比如说，我们作为人，也使用姿势，只是现在这些姿势变成了显著符号，而不是本能反应，就像我们冲某人做出"竖起大拇指"这一记号，就表示"好样的"或"没问题"。正因为这一点，不少人把米德的观点称为"符号互动论"，因为在群体中具有共享意义的那些符号、记号和言语，现在成了社会关系和活动中的中介手段。

因此，无论是小型的部族单元，还是大规模的工业化国家，在所有社会群体中，符号、记号和语言都充当着社会客体，我们要么作为群体，要么作为人际关系中的个体，对其做出反应。而主导反应的则是我们对于情境的解释或解读，以及我们对于自我的了解，也就是我们过去的经验、信念和价值观（我马上就会谈到自我）。人并不是没有本能反应，因为米德也在其学术生涯的不同场合下论起过人的社会性本能，[14] 并阐述了这些本能如何归为两类，一是敌视本能，一是友善本能。[15] 不过，这里的关键在于，这些本能是如何在符号活动中被重新塑造的，以达成特定的效果，比如彼此冲突的社会群体能尝试通过协商、和谈，而不是暴力，来消解自己的愤怒和憎恨（往往是由偏见、歧视或压迫之类的社会因素所导致的）。米德和弗洛伊德一样，都认为究其根

---

[14] G. H. Mead (1917) 'The psychology of punitive justice', 收于 Andrew J. Reck (ed.), (1964) *Selected Writings: George Herbert Mead*. Chicago: University of Chicago Press. pp. 212-239.

[15] G. H. Mead (1929) 'National-mindedness and international-mindedness', in Andrew J. Reck (ed.), (1964) *Selected Writings: George Herbert Mead*. Chicago: University of Chicago Press. pp. 355-370.

社会性自我

本，人是具有本能的动物。不同的是，米德认为我们始终根植于社会过程之中，会对符号做出反应，重新塑造本能。我的胃口会被自己喜欢的巧克力棒的商标所激发，或者每天下午四点会和朋友一起喝杯咖啡，哪怕我既不饿也不渴。这些现在都成了社会活动，围绕着有关客体／产品、时间和地点的符号组织起来。

不仅如此，正是在这些社会活动中，萌生出自我意识，因为要想成功协调我对他人的反应，我就必须清楚意识到我的自我，意识到我的行动可能会给他人带来的后果。我的行动变成一种记号，呼唤他人对我的相关回应。按照米德的观察：

> 在这些社会情境中，似乎……某人对于自己态度的意识成了对于社会刺激的意义的解释。我们之所以意识到自己的态度，是因为它们造成了其他个体行为上的变化。一个人对天气状况做出回应，并不会对天气本身有丝毫影响。……成功的社会行为会把某人带入这样一种境地，对于自己态度的意识会有助于控制他人的行为。[16]

不过，我们在意识中并没有直接体验到自身。诚如詹姆斯所言，根本不存在什么自我在我们的思维背后有所作为。只有在与他人同在的世界中，才能体验到作为一种客观经验事实的自我。在米德看来，这就意味着我们只能间接体验到自身，要么根据群

---

[16] G. H. Mead (1910) 'Social consciousness and the consciousness of meaning', in Andrew J. Reck (ed.), (1964) *Selected Writings: George Herbert Mead*. Chicago: University of Chicago Press. pp. 123-133, p. 131.

体中其他个体对于我们行动所做回应的方式，要么基于社会群体对于我们自己采取的大体立场。谈到个体，米德明言：

> ……他作为一种自我或个体进入自己的经验时，并不是直接或即刻的，不是靠着成为自己的主体，而只是成为自己的客体，就好像其他个体成为他的客体，或作为客体存在于他的经验之中。而他成为自己的客体，也只是靠着采取其他个体的态度来看待自己，处在自己和这些个体都参与的经验与行为的某一社会环境或背景之中。[17]

米德和詹姆斯相仿，都用"主我"和"客我"这两个代词来细化自己的自我学说。"客我"就是詹姆斯所指的经验性的社会性自我。不过，从上述引文中也能看出，米德认为，只有当我们成为其他人的社会客体，也就是成为"客我"，我们才能够获得有关自我的某种感觉。"主我"不仅仅是一股意识流，而是与有关"客我"的客观感觉相伴而生，作为后者的主观性、反思性的一面。在孩童早期开始出现"主我"和"客我"之前，就只有原生态的意识，丝毫没有觉察到有别于自我的他人，没有觉察到有别于主观世界的客观世界。而当长大成人，我们也依然会在某种活动中失去自我，体验到这种原生态意识，比如读本书，在电影院里看场电影，游泳，或是开车之类习惯性的活动。在这类活动中，会有一些时刻，我们如此沉浸于周遭世界，或专注于手头任务，丧失了对于自我的一切感觉，浑然不觉我们与世界相分离。

---

[17] G. H. Mead, *Mind, Self*, p. 138.

那一刻，我们不再感受到什么客体或主体，"外在"和"内在"。随着孩子逐渐成熟，他们会越来越感受到他人作为分离的存在而呈现于自己的生命，而他人也可以如此看待自己。此时，孩童就能够开始采取客体的立场看待自身，他人也是自己的客体，从客观位置看待自身，仿佛从某个观察者的视点来看自己。在这种活动中，"主我"就是观察者的立场，而"客我"就是被观察的客体。就这样，从产生自我觉知开始，"主我"和"客我"就被锁定在某种辩证关系之中，具备自我意识的人有能力在这两种位置之间来回转换，并把握两者之间的对话："客我"就是"主我"看待的那个自我，就是当"主我"言说时的那个听者。

如果说"主我"似乎有些难以触及，那也是它必然如此，因为米德像詹姆斯一样认为，在"主我"背后根本不存在什么本体性的自我：相反，自我就是当我们自视为社会客体时出现的"主我"与"客我"之间的互动。我们能够在事后思考自身，运用"我／主我"这个代词来反思过去的行动及其动机，比如"我为啥这么做？"或"我在想什么？"在这种形式下，事后来看，"我"能够指涉我们已经做过的某事，那时我们处在原生态意识状态下，行事时并无充分的自我觉知。当然，话说回来，"主我"和"客我"都是代词，分别是我们在与他人的会话中，用来指作为主体的自身，比如"请原谅，听我（I）说！"，或者作为客体的自身，比如"他们根本不理我（me）"。米德指出，当我们对自己说话，就等于采取"主我"与"客我"的会话立场，以社会沟通为样板，进行自我对话。我们就管这个过程叫思考，或将此物化，称为"心智"。米德如此描述社会性自我及其思维：

所谓他听见自己在说话，并且做出回答，正是通过这一事实，自我有意识地站在其他自我的对立面上，就此成为一个客体，一个对于其自身而言的他人。所以，在人们必然会对自身采取的某种社会态度中，就具备内省机制，而由于思考会运用在社会交往中使用的符号，这样的思考机制也就是内在的会话。[18]

然后，米德继续描绘这种"内在"会话，或者更准确地说是与自己的会话，是如何在以下两种立场之间的相互关联中展开的，一方是言说者的"主我"立场（主体），另一方是倾听者的"客我"立场（客体）。在下一段引文中，还要注意米德是怎样将这两种立场看作自我对话中的相互引发的：

……构成"主我"所致意、所关注的那个"客我"的材料，就是由"主我"的这种行动所引发的经验。如果"主我"言说，"客我"就倾听。如果"主我"发力，"客我"就会感受到效果。在这里，"客我"意识与他人对于此人的行动中出现的意识性质是一样的。[19]

但这一点听起来依然是相当玄奥，因为人们终归不禁会想，"当主我在说话时，'主我'背后那个自我又是谁呢？"好像"主

[18] G H. Mead (1913) 'The social self', in Andrew J. Reck (ed.), (1964) Select-
      ed Writings: George Herbert Mead. Chicago: University of Chicago Press.
      pp. 142-149, p. 146.

[19] 同上引，页143。

社会性自我

我"背后真有那么一个自我。我们又在不知不觉之中，回到了詹姆斯视为观念论哲学陷阱的那种思维。对这个问题的答案必然是：当主我在说话时，或者就此思考时，根本没有什么自我呈现，因为言说就像是一种习惯，是基于与他人以及本人自我的互动，对于人体做出的某种调节。这种对于某一情境或其他人做出的身体反应，对于我们来说纯属自然，就像某个姿势，但与此同时，又完全具备社会性。因此，它不需要任何自我、本体或灵魂来强力启动过程，或是隐身其后，做出筹划，思考周全。它就像和朋友聊天：你不必事先盘算甚至字斟句酌。谈话就是在你们之间的互动中出现的。对于这一点，现象学家梅洛－庞蒂说得很好。他指出，言谈是人的身体的自然表达方式之一，就好像脸上表达某种情绪，或是身体做出某种姿势，哪怕这些东西都会彻底留下根植于我们的语言和文化中的那些社会意义的印记，受到重新调节。身体不断成长，逐渐习得，获得了这些文化手段，后者于是成为"第二自然"，成为习惯，它们成了我们作为社会性生物，针对彼此以及情境做出反应的自然手段。这就使梅洛－庞蒂提出，"在人身上，一切都是被制造的，一切也都是自然的"。[20] 我毫不怀疑，实用主义者会完全赞同这种说法。

因此，作为"主我"和"客我"的自我常常在事后方告登场，而此时戏已经演完了，我们会问自己"我干嘛要那样说？"或"他们会怎么看我？"之类的问题。在这里，我们既在问我们对于情境的主观反应，也在问我们给别人留下的客观印象。我们

[20] Maurice Merleau-Ponty (1962) *Phenomenology of Perception*. Tr. Colin Smith, London: Routledge. p. 189.

根据对于自己反应的残留记忆，根据这些反应可能对他人产生的效果，拼装出一副自我意象／形象（self-image）。因此，时间性始终是影响"主我"与"客我"关系的一项因素，因为在某一刻被界认为"主我"即积极主动的主体的东西，到了下一刻，就有可能变成客观性的"客我"。有理由认为，在米德的观念中，自我就是时间性，只存在于时间之中，并且变动不居。不过，在当下一刻与他人的互动的相关经验中，自我并不是完全不在场的。我们往往会在互动进行得热火朝天时，也意识到自己作为置身他人之间的自我的在场，而在与他人说话的同时，也能够与我们自身展开对话。我们有能力避免自己说出什么伤人的话来，或是调整自己的音调。我们也能够改变自己的体态姿势，以求改变互动的气氛。换言之，"主我"能够意识到当下这一刻自己的行动，意识到它们对他人产生的效果，因此也就意识到它们对"客我"的反应。自打我们从孩童早期开始逐渐产生自我意识，自我及其"主我"和"客我"这两种立场就从未远离觉知。

因此，尽管可以说"主我"是一种变动不居的能指，不指涉任何确定、稳固或可触及的实体，但我并不完全赞成本维尼斯特的看法，他认为"主我"纯属话语产物。[21] 鉴于我上文已经遵循米德的立场指出，"我／主我"这个代词固然被赋予了许多不同意涵，但要获得这些意涵，就得指涉"客我"，指涉他人（或按

---

[21] E. Benveniste (1971) *Problems in General Linguistics*. Miami, FL: University of Miami Press.

社 会 性 自 我

照肖特尔的讲法，指涉"你"），^[22] 指涉我们过去有关原生态意识的具身性经验，那时自我会暂时消匿。诚然，可以说"主我"并不指涉什么话语之外的实在，但要这么说，我们就必须更宽泛地解释话语这个术语，要包括不同自我之间的关系与互动，包括不同身体之间的姿势会话。在这种话语中，"主我"与"客我"就成了沟通互动中可以采取的两种位置。不仅如此，"客我"还以可触及的方式呈现为经验自我，体现在其身体、个人物品、生命历史，以及这些东西对于他人的呈现之中。

不过，米德有关社会性自我的描述还比这更为深刻，因为他认识到，他人并不只是在社会世界中向我们呈现，也在自我中向我们呈现。而激发自我意识的不仅是我们自己身体上的能量和声音，也要看它如何与我们从他人那里获得的对于自我的客观感受之间相关联，不仅如此，自我意识中还充斥着他人的能量和声音。朋友、家庭、同事、熟人或只是从媒体上认识的那些公众人物，他们的形象是结合我们自己所具备的自我意象 / 形象而呈现在意识之中的，这样我们才能在想象之中与他们交谈，和他们互动。这些他人也能对我们作出评判，因为他们也属于社会世界的道德构架，而这种道德构架的运作不仅要依据逻辑符码，而且要遵循伦理符码。米德相信，社会价值观最初是通过孩童的父母或看护者传递给孩童的，因此父母形象始终会呈现在孩童的心智中，对其行动给予赞扬或批评。他指出：

---

[22] John Shotter (1989) 'Social accountability and the social construction of "you"', in J. Shotter and K. J. Gergen (eds), *Texts of Identity*. London: Sage. pp. 133-151.

……孩童只有在用脑子里记住的父母之言来回应自己的行为时，才能够思考其举止的好坏。在这一过程发展成抽象的思维过程之前，自我意识始终具有戏剧性，自我融合了被记住的行动者／演员（actor）及上述伴唱歌队（accompanying chorus），其组织程度虽然比较松散，但其社会性却是非常清楚的。随后，内在的舞台转变成思维的论坛和研讨会。戏剧人物的体貌和腔调逐渐淡出，强调的重点落到了内心言说的意义，外在的形象沦为没啥必要的线索。但机制还是社会性的，随时也有可能变成个人性的。[23]

所以说，一开始，父母及其态度反映了社会的道德特性的各个方面，为孩童提供了通向更广泛的社会群体的门径。渐渐地，随着孩童开始习得语言，更加了解更广泛的文化，也就发现社会更直接地向他们开放。在米德看来，这一点就反映在不同年龄的孩童在一起玩耍的方式上。很小的孩子往往会参加角色扮演游戏，演练他们在家庭、商店或工作场所之类的成人世界里观察到的不同角色。他们也可能演出书本、演艺、电视、电影等处看来的不同场景，扮演不同的人物。再往后，这种玩耍／演戏（play）就开始具备更多的故事或主题性质，孩童学习如何通过解读故事的整体意义，来预见其他人的行动。在此，孩童展现出有能力采取他人的态度，根据群体内部的活动的社会意义，评判他们的反应。而当孩童学会足球或曲棍球之类的游戏／比赛（game），这种能力就会采取另一种形式，因为这些游戏是依据更抽象的一系

[23] G. H. Mead, 'Social self', pp. 146-147.

社会性自我

列规则组织起来的。到这一阶段，孩童必须通过参与其间来理解游戏的规则，凭借那种实践理解，就能预见其他游戏者/选手（player）的举动，预见自己的行动应当如何与之相配合。换句话说，他们学会如何像一个团队那样游戏/打比赛（play）。这就反映出孩童通过社会活动不断发育，越来越有能力采取群体的一般化（generalized）态度来看待自身，并因此视自身为对于他人而言的客体。作为个体，他们在回应自身时，就像另一个人会通过对群体的一般化态度做出的回应，并由此开始具备自我觉知。

在日常的社会活动中，对于自我意识中这种"一般化他人"的觉知意味着两点。其一，这是一种一般化、非个人化的立场，由此来看待自身，会使我们有能力以一种不那么情绪化的方式来看我们自己，看我们的行为。通过这种自我意识的力量，我们能够摆脱特定的思想和感觉，至少尝试以更具客观性的方式来看待它们。其次，一般化他人体现出社会或社会某一部分的规则、法则和道德标准，也会从童年一开始，当看护者对我们的行为表达评判，就成为我们的自我的组成部分。诚如米德前文所言，特定个体告诉我们该做什么、什么对什么不对的声音渐渐淡化，我们只剩下有关社会价值观念和其他人可能如何评判我们的更为一般化的理解。这并不等于说思维变成完全非个人化的，去除了有关他人的意象，而只是说道德理解变得越来越非个人化。在米德看来：

> 我们仿佛审查员站在我们的意象和内在会话的门口，我们肯认着话语世界的种种法则与准则，就此采取了群体的一般性态度……我们的思维就是一种内在会话，在其中我们可

能扮演特定熟人的角色来面对自身，但更经常的情况是我们与我所称的"一般化他人"交谈，并就此达到抽象思维的层面，达到非个人性，即我们所珍视的所谓客观性。[24]

米德与弗洛伊德的著述在这一点上存在明显的呼应，因为弗洛伊德也相信，在前意识的心智中，也有这么一位监管者、审查员，站在意识与无意识之间的阈限上，核查着来自意识的特定意象，并将其交付给无意识。在弗洛伊德看来，哪怕是睡觉的时候，监管者、审查员也是保持活跃的，监督着梦里的意象，以确保受抑制的内容不会出现。不过，无意识可以通过符号移置（displacement）和凝聚作用（condensation），在一定程度上绕过这位守夜人（也正因为这些作用，很难搞清楚我们的梦究竟是什么意思）。话说回来，在无意识的性质这一点上，米德并不一定赞同弗洛伊德，而强调审查的社会起源和运作。不过，在米德的作品和亚当·斯密的作品之间，能够找出更强的呼应，尤其是后者有关意识中存在"无所偏倚的旁观者"的观念。无论是"无所偏倚的旁观者"，还是"一般化他人"，都在自我意识中创造出某种非个人化的立场，个体可以就此后退一步，从更远的距离来看自身，仿佛站在一个非特定的他人的视点来看。而这两者也都反映出自我据以评判其行动的群体的道德。蒂莫西·科斯特洛注意到，尽管米德在公开发表的作品中从未提及亚当·斯密的《道德情感论》（只谈起过《国富论》），但有证据表明，米德对于斯密

---

[24] G. H. Mead (1924) 'The genesis of the self and social control', in Andrew J. Reck (ed.), *Selected Writings*. pp. 267-293, p. 288.

的著述有更广泛的理解，很可能受到后者的影响。不管怎么说，我认为科斯特洛的概括是正确的：无论如何，斯密固然已经预示了米德的观点，但这一事实并不有损于后者的原创性，后者是把它们放到了更为广泛和丰富的哲学脉络之中。[25]

当然，米德和斯密都是在自由市场社会的背景下撰述的，在这样的社会中，商贸关系不断扩大国家层面和国际层面上不同社会群体之间接触的范围，并就此扩大人们在社会中可以用的不同观点的范围。米德和涂尔干一样认为，分工的扩大不仅增多了人们在社会中能够扮演的角色，从而充当了各色身份／认同的基础，也扩大和增加了个体能够通过自己遇到的许多不同他人的态度，对自身采取的不同视点。但米德也意识到，社会中出现了越来越多的不平等，意识到美国的种族张力和族群张力，而这些又会破坏社会纽带和共享意义的稳定性。[26] 他个人的政治活动，与其作为一名实用主义者的著述相融合，表现出社会民主主义者或民主社会主义者的主张，意识到经济不平等、各种偏见以及民族主义的危险。[27] 米德著述的核心就是实用主义的信条：一个宽容的社会，兼容多元的观念和自我认同。

这一点既说明了当代对于米德的一种常见误解，但也体现了其中的矛盾，因为他把社会理解为合作互动，理解为以共享意义为基础的显著符号，因此缺乏有关冲突、失谐和误解的观念。相

---

[25] Timothy M. Costelloe (1997) 'Contrast or coincidence: George Herbert Mead and Adam Smith on self and society', *History of the Human Sciences*, 10 (2): 81-109.

[26] G. H. Mead, 'Punitive justice'.

[27] G. H. Mead, 'National-mindedness'.

反，米德希望通过扩大沟通互动的范围，使人们对差异更加宽容，以此克服冲突和分隔。但他也承认，永远不会是所有人共享同样的观点或价值，也不应当如此。或许是由于黑格尔对实用主义的影响使然，米德认为，社会变迁和社会意义嬗变是受矛盾和冲突驱动的。事实上，在米德看来，社会意义和价值从来不会长久稳定，因为它们总在经历去稳定化和重构的过程。当某个社会客体因为要求从个体那里得到多种反应并且彼此矛盾，或者由于孕育了人与人之间的冲突，以及他们对于客体或事件的不同解释，也就丧失其对于个体的意义。其实，正是围绕着这些成问题的情况，人们开始关注客体或事件的意义，否则会在习惯性的活动中视之为理所当然。正是在尝试解决冲突和问题的过程中，群体（或其某部分）努力重新调整针对客体的活动，重新界定其意义，而意义也就此出现了。在这里，我们看到了实用主义的观点，把实践思维看成某种工具：行动中的思维的努力并非旨在获取绝对的知识，而在于以此手段，通过改变来取得调适。调适和改变的需要能够对抗社会道德的某些面向的保守功能，在此过程中，改变的不仅是社会的某部分，还有自我的组成部分（比如"客我"认同和一般化他人）。

44　　因此，在重构的过程中，符号、记号和语言不仅是稳定化的要素，也是实践活动中工具性思维用来调适和改变的手段。社会就此变成变动不居、不断突生的活动组织方式，始终处在重构的过程中。至于各种逐渐制度化的稳定的互动形式，无非是我们可以依据的基础，在冲突领域中以蕴含意义的方式重构社会。而在这个过程中凸显的新的意义和社会客体，也只会对此前稳定的其他意义和互动提出质疑。社会就是一种过程，在这里固化为稳定的意义和互动，在那里又液化为冲突和不确定。一个地方的稳定

会促成另一个地方富于想象的重构。但重构也是一项社会性的任务，要求一定程度的合作，哪怕双方互为宿敌。我们可以在世界各地的冲突地带看到，通过种种和解与重构过程来尝试达成和平，比如南非、北爱尔兰、巴以等地。就此而言，就是尝试在一个此前只有群际纷争的世界里，创造共享协议、制度、价值观、意义和互动。在此过程中，随着新的关系和互动开始形成，人们开始接受更为多样化的影响，新的自我也成为可能。不过，这类过程永远不会是确定的，米德也会承认，保守主义依然有其影响。

因此，整体来看，米德是尝试进一步推进实用主义者的规划：理解社会性自我，理解"我是谁？"这个问题的意涵。他既澄清了我们所探寻的"我/主我"的性质，也使这种性质变得更为复杂，点出它是一种彻彻底底的社会现象，是一个指涉流变不居的代词。但正是同时作为"主我"和"客我"的自我的社会性质，将个体根植于社会群体之中，促成其获得自我认同。至其暮年，米德致力于运用有关关系性（relativity）的学说，进一步揭示自我经验根植于时间性和社会生活的性质，所谓共同的社会生活，是被其中的不同个体根据各自活动"切割"的，而这种"切割"就构成了个体在群体中的经验。有鉴于此，同一个社会世界可以从不同的视角有不同的经验，不过还是有共同的经验脉络贯穿，如此才能让各自分离的经验相互沟通，彼此理解。彼得·J.米尔斯认为，要是米德再长寿一些，这一点或许会成为其著述的核心，他可以由此探究社会及其中的自我的多种时间性。[28]

---

[28] Peter J. Mills (1986) 'The early history of symbolic interactionism: from William James to George Herbert Mead', PhD Thesis. Leeds University.

不管怎么说，米德毕竟未能完成这项研究规划。尽管他提出的有关社会性自我的学说尚称全面，但要说到充分说明社会过程的性质，就不算那么成功了。虽说他也理解不平等、排斥、偏见和冲突等在社会中的重要性，但对于权力及其给自我带来的效应，却没有什么概念。诚如布莱恩·罗伯斯所言，米德通过"一般化他人"的观念来谈社会冲突在自我中的内化，贬低了它的作用。[29] 在实用主义的自我学说中，之所以缺乏像受抑制的无意识这样的东西，同时又有习惯性前意识这样的提法，不妨视为不理解自我冲突的性质所造成的结果。同样缺失的还有令人不快的那些情绪，比如恐惧和焦虑，而它们可能会出没于充满冲突的自我或随时而变的自我之中。下一节，我将通过比较米德的自我观与海德格尔的自我观来谈这一点。还需要挖掘身体中更深层面的反身性，根据梅洛－庞蒂这样的思想家的看法，这些反身性（reflexivity）是自我反思性（reflectivity）的必要基础，而后者促成了"主我"与"客我"的经验。现在我就来谈谈实用主义自我观的这些比较与拓展。

第二节　推进实用主义自我观

实用主义对于自我之形态／形成（formation）的整个理解的基础，就在于人类有能力认识与其互动的他人，并仿佛站在这些他人的视角上来看待自身，拿自己当另一个人来思考自身。可

---

[29] Brian Roberts (1977) 'G. H. Mead: the theory and practice of his social philosophy', *Ideology and Consciousness*, 2: 81-108.

是，从孩童早期以降，我们究竟是如何做到这一点的呢？孩子们最初是如何开始认识他人，并理解到自己可以被他人观看和认识的呢？你可能会认为，孩子要能做到这一点，想必得有关于其自我的某种萌芽感觉，才能认识到在世界上还有其他自我，与其自我相分离、相区别。不仅如此，随着他人开始把孩童当成自有其存在地位的独立而能负责的行动者，孩童身上又有什么能够认识到这一点并做出反应呢？米德在其关于声音姿势独特性的观念中已经开始解答这一问题，一开始可能是一声啼哭，一股声音，然后可能是孩童最初开口说话。声音姿势的重要性就在于：它既能被周遭的他人听到，也同样被孩童自己听到。因此，孩童会在与他人的互动中自发地生产这类姿势，在此过程中，一旦激发出与之互动的他人的反应，也就激发起自身的某种反应。孩童一旦开始觉知他人对于其声音姿势的反应，也就由此觉知自身的呈现。因此，孩童通过这一个举动，开始觉知到自我与他人。随着他的言语和行动的备选库存不断扩大，对于自我与他人的觉知也不断拓展。通过声音姿势进行的这些早期互动为孩童做好准备，迎接日后更为复杂的互动，那时他们将开始采取他人的态度，并从他人的视角出发来看待自身。

在这一点上，实用主义者与法国现象学家梅洛－庞蒂的观念之间有着惊人的相似。[30] 不过，对后者而言，并不只是声音姿势能够体现人体的反身性，也即其转回自身并作用于自身的能力，

---

[30] Trevor Butt (2004) *Understanding People*. Basingstoke: Palgrave Macmillan. Nick Crossley (1996) *Intersubjectivity: The Fabric of Social Becoming*. London: Sage.

而人体反身性又奠定了反思性，即自觉反思自身、视之为自己经验中的某种客体的能力。梅洛－庞蒂认为，人体整个儿就具有反身性：我能用一只手去碰另一只手，也能碰身体的其他部位；我能听见自己在哭喊或说话；我能看见自己或我身体的部位；再往后，我能分辨出自己在镜子里的映像。这就意味着我的身体可以同时触碰和被触碰，发出声音和保持倾听，做出观看和可见客体。[31] 正是在所有孩童的行为中都会发生的这些时刻／环节，我们开始对自身的呈现获得了某种感觉，就好像当他人在协同行为中对我们做出反应，我们也对他人的呈现获得了某种感觉。因此，梅洛－庞蒂相信，身体是某种"自然性自我"，促成了通过他人来界认自身的社会性自我。[32] 不过，在我们的一生当中，这种自然性自我都会充当我们是谁以及我们所做一切的基础，哪怕通过养成习惯，它也开始受到社会的调节，调整和更新"肉身图式"（corporeal schema）。如此一来，当孩童爬行、攀越，对于其所处整个空间领域获得某种感觉，空间的运动也就被塑进了身体。再往后，孩童在成年人的帮助和鼓励下学会站立行走，这又成为一种被塑进身体性自我的习惯，就好像语言的习得一样。运动和言说都是我们的身体在世上所受调节的某一方面，也都能无须我们思考，甚至无须我们努力，就任意进入我们的日常活动。它们已经成为对于环境、他人和我们自我的"自然"反应。身体运动和姿势，语言和我们说话的方式，对于自我和他人的情绪反

[31] Maurice Merleau-Ponty (1968) *The Visible and the Invisible*. Tr. Alphonso Lingis, Evanston: Northwestern University Press.

[32] Maurice Merleau-Ponty, *Phenomenology*.

应，这些都变成"稳定的性情倾向"，形成我们在觉得自己所处的世界上的表达方式。而当我们表达的时候，我们表达的不仅是我们的自我，即我们的所思所感，而且是属于我们在那一刻所处世界的东西，是有关这个世界的东西，包括我们与之互动的他人，表达能说出有关我们共享情境的某些东西。

关于身体在社会行动中的重要性，实用主义者也持同样看法，尤其是他们认为习惯在确定一切行动的结构方面至关重要。米德是这么看的，约翰·杜威就更是如此。在后者看来，习惯并不意味着行为的简单重复，而是一整套相互关联的性情，在特定环境下，有可能引导我们以某些特定方式行事。在它们被特定的社会情境召唤出来之前，习惯始终保持潜伏，纯粹是一种潜能，尽管就算我们不曾觉知，它们也可能展开运作。比如说，走路的身体习惯潜伏在我们对于空间和距离的感知中，哪怕我们静坐不动。我们在坐着的时候，作为一个有能力在空间中四处移动的人，依然感知着空间，我们运用这种习惯来判断距离和客体大小。我们能够运用通过作为社会生物的生活养成的身体习惯，纯粹在自己的有关感知中"逛遍"一处风景。但还不止于此，习惯作为稳定的性情倾向，不仅奠定了感知，而且奠定了意志、欲望和自我。按照杜威的说法：

> ……所有的习惯都要求特定类型的活动，是它们构成了自我。就意志这个词的任何可以讲通的意思来说，它们就是意志。它们形成了我们的有效欲望，提供给我们运作能力。它们主宰了我们的思维，决定了哪些会凸显并牢固确立，哪

些则会逐渐淡忘。[33]

尽管习惯要求特定类型的活动，但它并非简单吁求重复行动，而更是一种行事倾向，所以，比如一个倾向于暴怒的人可能只会杀一次人。不过，正是那些稳定的倾向，形成了自我的某些基本要素。这类习惯并不是与生俱来的，而是后天获得的，哪怕它们逐渐让人感到像是我们的第二自然。诚如杜威所言："习惯的本质就是一种获得的倾向，但只是倾向于某些反应方式或类型，而不是具体的行为。"[34] 不仅如此，习惯始终是在某个社会背景下获得的，因此会承载着习得它们时所处的社会关系和历史关系的印记。杜威明确指出，如果我们希望改变一个人的性情习惯，首先必须改变其所处的社会环境，然后才有希望改变他的习惯和自我。事实上，我们今天不假思索地认为，习惯就是不假思索、单调重复的惯例，这本身就是我们所居处的这种社会的症候，也就恰恰要求人们的日常生活表现出这种活动（比如不假思索的例行工作）。不过，杜威像米德一样，也认为人们可以对自己的习惯产生觉知，并进行批判性的反思，如果某种情境要求个体做出的反应相互冲突，就会出现这种状况。在这类情境下，人们必须批判性地反思自己所处的情境，以便进行重构，人们也就此在社会角度和政治角度上产生觉知，要求改变塑造了他们的性情习惯的那个社会。

47

---

[33] John Dewey (1922) *Human Nature and Conduct. The Middle Works, 1899-1924. Volume 14: 1922.* Ed. Jo Ann Boydston. Carbondale and Edwardsville: Southern Illinois University Press, 1983 edn. p. 22.

[34] 同上引，页 32。

话说回来，实用主义者并不认为人类作为时间性的存在，始终受制于社会变迁和个人变迁的力量，在情绪上会有什么后果。人类学家维克多·特纳称为"中介态"（liminality）的那种情境[35]，也就是不同的秩序化世界之间的鸿沟，或是从社会世界的某个面向瓦解到其重构为某种新型秩序之间的空间，可能会激发个体的焦虑，使他们要么去把握一个新的社会世界，确立一个替代性的社会世界，要么与之相对抗，绝望地抱守旧世界。究其缘由，尤其是因为社会秩序支撑着我们的性情倾向，意味着社会某个面向的瓦解也会导致自我某个要素的丧失，不得不去塑造某种新的身份／认同。海德格尔指出，终极而言，一切具有时间性和反思性的自我都必须面对自己的死亡这一必然现实，而了解到这一点，会创造出毕生萦绕的焦虑。[36] 我们之所以忧惧死亡，是因为它意味着我们的自我感的丧失，不再感到存现于世，加剧了我们归于湮没的必然性。然而，诚如约阿斯所言，在海德格尔看来，死亡忧惧是我们所有人都必须孤独面对的东西，因为其他任何人都不能替我们去死。一旦我们担当起直面死亡这一任务，也就进入了一种本真的存在状态，而这样的状态具有根本上的个体性。不过按照约阿斯的讲法，这也等于说，在海德格尔有关历史和个体生活情境的观念中，他"并没有使人真的可以思考超个体的集体实践丛"，[37] 而是认为个体生命只能根植于命运之中。

---

[35] Victor Turner (1974) *Dramas, Fields and Metaphors: Symbolic Action in Human Society*. Ithaca: Cornell University Press.

[36] Martin Heidegger (1962) *Being and Time*. Tr. J. Macquarrie and E. Robinson,Oxford: Blackwell.

[37] Hans Joas, *G. H. Mead*, p. 197.

基于米德有关社会时间性和个体时间性的关系性的理解，我们可以开始思考，自我是如何通过理解社会时间性胜过个体时间性这一点来应对死亡焦虑。作为个体自我，即使我们时间已尽，也还能继续活在我们留下的作品中，活在亲朋好友和同事们的记忆之中，继续积极参与他们的自我对话。在集体实践丛的时间中，个体时间是能够被超越的，虽说这并不能彻底根除死亡焦虑，但这意味着我们的自我之死并不是我们的绝对终结。不仅如此，如果我们视自我为彻底社会性的，那就是对于自己的时间性状态的全然本真的反应，因为尽管我们的身体性自我会死，但我们的社会性自我却不会彻底蒸发。

最后，我想要谈谈，在人的意识、语言和自我性的问题上，实用主义与马克思主义之间都有哪些异同。实用主义思想家与马克思在这些方面多有契合，实不足怪，因为这两方都受到对德国观念论做出批判性回应的影响。或许最深刻的契合就在于，实用主义者与马克思都把意识理解为实践性的，是从人对世界的介入活动中演化出来的。意识是物质性的，而不是先验性的，是人在世间解决问题的活动中实践介入的产物。这就意味着意识并非对于外部世界的消极被动的反映（马克思认为早先粗鄙的唯物论哲学形式就是这个观点），也不是与世界完全无关（先验唯心主义观点），而是对人的活动中产生的那些问题做出富有创造性、想象力的反应。就这样，意识与人的劳动相关联，后者又转化着物质世界。转化之所以可能，只是因为人通过劳动，能够想象并着手塑造一个并非自然给定的世界。马克思将人的劳动与其他动物的"劳动"相比较后指出：

蜘蛛的活动和织工的活动相似，蜜蜂建筑蜂房的本领使人间的许多建筑师感到惭愧。但是最蹩脚的建筑师比最灵巧的蜜蜂高明的地方，是他在用蜂蜡建筑蜂房前，已经在自己的头脑中把它建成了。劳动过程结束时得到的结果，在这个过程开始时就已经在劳动者的想象中存在着。[38]

不仅如此，马克思就像米德一样，也认为意识和想象是通过语言与在社会层面上进行的实践活动相维系的。在马克思看来，"语言和意识一样古老；语言是一种实践的意识……语言也和意识一样，只是由于需要，由于和他人交往的迫切需要才产生的"。[39] 之所以会需要这种符号互动，是因为事实上，人必须在一起从事劳动，以改变自己的物质性生存，如此一来，语言及其所创造的扩大了的意识就离不开合作劳动，离不开人群中出现的必要的分工。要组织起这样的分工，人类就必须具备一种精致的沟通手段，也必须对自己的活动以及他人的活动产生自觉意识，以便有效地协调大家的努力。人类就此有别于其他动物，因为"他的意识代替了他的本能，或者说他的本能是被意识到了的本能"。[40] 不过，在这种分工中，也出现了体力劳动和脑力劳动之间的分隔，从中产生了建造结构的建筑工和规划结构的建筑师。在马克思看来，更重要的是，我们还区分了以下两块领域，一是 *49*

[38] Karl Marx (1867) *Capital: A Critique of Political Economy* (3 Volumes). New York: International Publishers, 1967 edn. pp. 177-178.

[39] Karl Marx and Frederick Engels (1970) *The German Ideology: Part One*. London: Lawrence and Wishart, p. 51.

[40] 同上引，页 51。

教士、哲人或道德学家创造的观念领域，一是由生产方式与生产关系组成的现实领域。这样一来，观念就超出了纯粹的物质必要性，与实存世界可能产生冲突或矛盾，充当推动变迁的力量。马克思写道："从这时候起，意识才能从世界中解放出来而去构造'纯粹的'理论、神学、哲学、道德等等。"[41] 尽管马克思明言，只有当包括分工在内的社会关系与既存的物质生产力产生矛盾，竭力想挣脱其束缚，才会出现这种状况，但这还是表明，马克思认为人的意识有能力超前于既存的物质现实。这不仅仅是反思现状，哪怕是作为解决问题的活动，而且也是在思考何者可能，思考一个有待赢取的世界，而当下则向重构开放。

不过，诚如汤姆·戈夫所言，马克思比米德或其他任何实用主义者都更敏锐地认识到，现代社会会有多么让人异化，[42] 那些例行常规的工作形式扼杀了大多数人潜在的创造性和想象力，而他们也与民主政治中真实的声音相异化。事实上，在英美等国，投票的人越来越少，哪怕他们依然享有投票权，这表明，有关资本主义社会中民主体制的效力问题，马克思的看法要比实用主义者更具预见性。我将在第六章谈到上述许多问题。不过在这里，我将转向"文化历史学派"的一些思想家，他们兼采马克思和德国观念论的观点，但又更进一步，创造出一种新的自我观，补充并拓展了实用主义所确立的自我观。

---

[41] 同上引，页 52。

[42] Tom W. Goff (1980) *Marx and Mead: Contributions to a Sociology of Knowledge*. London: Routledge & Kegan Paul.

第三节　自我的文化形成与历史形成

　　所谓"文化历史学派"，指的是俄国十月革命后涌现出的一群思想家，他们想要为新型共产主义社会创造一种非机械论、非行为主义的马克思主义心理学。[43] 它以列夫·谢苗诺维奇·维果斯基的著述为核心，但还包括其他值得注意的学人，像 A. R. 卢里亚和 A. N. 列昂季耶夫。不过，随着斯大林掌握政权，行为主义成为俄国受宠的心理学理论和方法，"学派"很快就遇到麻烦。维果斯基于 1934 年因肺结核去世，年仅 38 岁。但自二十世纪六十年代以来，他和"学派"其他思想家在全球范围内获得了更多的认可，作品陆续被译成英文。与米德类似，文化历史学派聚焦于个体是如何在由社会客体组成的一个蕴含意义的世界中形成的。但他们又追随马克思的立场，认为这些客体既是符号互动和语言互动的产物，也是人的劳动的产物。比如说，卢里亚基于从俄国农业劳工那里搜集来的证据，揭示分工专业化程度的提高和使用技术的不断成熟精致是如何对劳工提出了新的要求，要提高其识字技能和整体教育水准。[44] 他从中得出结论，认为尽管最初语言的实践性非常强，引导人群趋向直接的实用性任务，但后

50

---

[43] Bakhurst 首创"维果斯基学派"这个提法，见 David Bakhurst (1991) *Consciousness and Revolution in Soviet Philosophy: From the Bolsheviks to Evald Ilyenkov*. Cambridge: Cambridge University Press.

[44] A. R. Luria (1976) *Cognitive Development: Its Cultural and Social Foundations*. Cambridge, MA: Harvard University Press.

来语言越来越独立于实践 [45]，成为一套"足以表达任何信息的符码体系"。不仅如此，这还体现出"如果人不曾拥有劳动的能力，不曾拥有语言，就不会发展出抽象的、'绝对的'思维"。[46]

无论是卢里亚还是列昂季耶夫，这一点都意味着，劳动和语言都是个体形成"更高层面的心智功能"的关键，因为工具和语词充当了某些特定活动的中介，人们经由这些活动，具备了概念性、反思性思维的力量。按照列昂季耶夫的讲法，正是通过团队工作和沟通互动，即由工具与记号中介的活动，这些"心理际过程"（inter-psychological processes）才能变成"心理内部（intra-psychological）过程"，也就是说，当个体操持这类社会活动，独立贯彻这些活动，都丧失了某些"外部"形式，变成"内部"心智过程。[47] 具体而言，概念思维固然引发科学的、技术的思考方式和行事方式，使人们有能力超出自身当下所处的情境，以更为客观的眼光来看待周遭情势以及自身，但这种思维并不是什么先验的现象，而是劳动和语言的产物。概念乃属社会产物，由个体操持，然后又内化为个体自己独立的思维力。用马克思的话来讲，意识就此从世界的无中介性中解放出来，从自然本能的力量中解放出来，哪怕它永远不能彻底摆脱赋予其"更高"形式的那些社会力量。

---

[45] 此处原文为"interdepentent"，但根据上下文，似乎应该是"indepen-tent"，更强调语言逐渐脱离与实践之间的紧密关联，获得相对的独立性。——中译者注

[46] A. R. Luria (1981) *Language and Cognition*. New York: John Wiley. p. 27.

[47] A. N. Leontyev (1972) 'The problem of activity in psychology', *Soviet Psychology*, 9: 4-33, p. 19.

社 会 性 自 我

马克思的这一洞见是理解维果斯基的思想的关键，也是看清他对文化历史学派其他成员影响的密钥。不管怎么说，由于概念乃属社会产物，是先于以更独立方式使用概念的个体而存在的沟通互动和协同实践活动所产生的结果，因此就不得不问，"心理内部"和"心理际"这样的术语是否恰当。下文我还将详论这一点。在这里，有必要指出，维果斯基不仅受到马克思的影响，还受到德国观念论哲学家赫尔德的影响。赫尔德非常强调习得与教育中的社会影响，主张语言是孩童习得观念的首要中介。在他看来，成人和孩童都不是消极被动的学习者，因为模仿者要接受传递给他们的东西，也必然是通过自己积极主动的本性。比如说，人们会给自己习得的语言添上属于自己的意义色彩。因此，在人的思想中，心智是从模糊的感觉开始发挥作用的，经过语言，上升到合理表达的、具备反思性的意识，理性要求通过这样的意识来阐述抽象的命题。如此一来，理性就变成我们作为人的存在的核心，是比感觉更高等的官能。[48]

受到这些影响，维果斯基强调，言说的"内化"在孩童心理发育过程中很重要，因为它使孩童可能在学校里习得科学性的概念，并逐步将孩童的实践理智社会化。[49]言说和概念思维就此进入一切思维和动机的核心，成为个体心理机制的组织原则。一

[48] Jerrold Seigel (2005) *The Idea of the Self: Thought and Experience in Western Europe since the Seventeenth Century*. Cambridge: Cambridge University Press. Ch. 10.

[49] L. S. Vygotsky (1987) 'Thinking and speech', in *The Collected Works of L. S. Vygotsky, Volume 1: Problems of General Psychology*. Tr. N. Minick, New York and London: Plenum Press.

51

思一念的背后依然有着情绪性、意志性的过程，但言说力求通过语言表述来终结这类过程。维果斯基在其发展心理学中聚焦的分析单元就是经验，认为经验是个体与现实某一面向之间的内部关联，而后者就是孩童所根植其间的那个社会世界，就是将孩童与其所处环境相关联的那些实践活动。在维果斯基看来，心理过程就位于这些社会历史力量当中，而不是位于生物特性里面。正是这些社会历史力量，尤其是孩童通过与成人或比自己能力强的同龄人之间的关系获取的语言技能，引导孩童度过其发育过程中多个彼此交叠的阶段。语言还将自然感知之类的"低等心智功能"，转化为"高等心智功能"，语词和记号确定并主导了我们对于周遭的感知。因此，维果斯基认为，记号是重塑一切自然的思维过程的"心理工具"，就好像劳动中使用的工具重塑了自然世界。

维果斯基和马克思一样，认为语言转化了人的意识，这样一来，决定我们思考的内容和方式的就不再是本能和生物特征，而是给人们留下一定程度自由意志空间的社会历史角度的介入。现在，人们不再回应环境中的刺激，而是通过谈话进入或摆脱特定的行动，提供给自己动机。因此，维果斯基和米德一样，认为思维是某种形式的社会会话，所以说"哪怕当我们转回来看心智过程，这些过程也依然是准社会性的。在其私人领域中，人依然具备社会互动的功能"。[50] 维果斯基选择"语词意义"作为分析单元以理解言语思维，因为这可以例证思维与言说的一致性。也

---

[50] L. S. Vygotsky (1981) 'The genesis of higher mental functions', in J. V. Wertsch (ed.) *The Concept of Activity in Soviet Psychology*. Armonk: M. E. Sharpe. p. 164.

就是说，当我们静默思考自身时，也是在用语词思考，哪怕针对自身的言说不同于针对我们在社会互动中遇到的他人的言说。我如果静默对自己言说（即思考），就不必有声地发出句子的语词，或者要说也肯定不必一字一句都说出来，而我对其他人言说就得这样。相反，我可以用整个句子的意义进行思考，抛开每个语词的声音表达。针对自身的言说的声音表达会消失，我们可以"不用语词本身而单凭其意象"来完成任务。[51] 如此一来，早上起来，拉开窗帘，阳光和煦，打在身上，我会想"今天太阳真好"，而不必对自己开口说出这句话；我可以纯粹从句子的意义的角度来进行思考，而不必说出来。所谓在对他人言说时，我们可以"没开口就知道自己要说什么"，指的就是这一点。[52] 我们知道自己想说的东西的意义，我们对其有所感觉，因此，语词就是这样从那种感觉中流淌出来的。用维果斯基的话来说，思维就像是一朵云，而语词就像是云中倾泻而下的阵雨。但之所以可能做到这一点，只是因为我们首先思考了语词的意义。所以说，针对自身的言说的句法与针对他人的言说的句法是相当不同的，维果斯基描绘了个中诸多差异，包括以多种方式省略句子，省略句子的谓语，只保留句子的主语，只用单个的语词进行思维，但认识到它们激发的所有内涵。

话说回来，我认为维果斯基有一点主张是错误的，他认为这种针对自身的言说基本上是独白式的（monologic），在某种意义上是"内部的"，也就是说，是一种"心理"现象或"心智"现

---

[51] L. S. Vygotsky, 'Thinking', p. 262.

[52] 同上引，页 261。

象。但事实上，我们可以把针对自身的言说，即我们通常所说的
思维，看成是米德所说"主我"与"客我"之间的某种对话，也
就是思维的主体和客体之间的对话。我在与自己对话时，可以走
维果斯基描述的言语思维中的各种捷径，而在与特定他人的意象
进行对话时，或是与一般化他人进行对话时，也同样如此。不
过，波杜奇最近指出，这并不等于说，对话背后始终有某种形式
的心智过程在起作用。[53] 也不是说，在身体内部的什么地方真的
存在"内部"言说，作为一种"心智"过程，在"脑海里"说
话。相反，针对自身的言说就只是静默地对自己说话，所用的句
法不同于针对他人的言说。这些语言实践不同于"心智内部"层
面上发生的独白，而是对"心智际"层面上发生的东西的某种内
化与转化。仅仅因为针对自身的静默言说让人感到像是在内部空
间中进行这样的言说，也在相当程度上是因为不能被其他人听
见，并不意味着它真是发生在体内或脑中某处的一种会话。

波杜奇进一步指出，言说与思维都应当保持作动词讲，以表
明它们是我们所做的某样事情，而不是我们在心智中拥有的什么
客体对象。然后我们才能从他人的言语中，从他们的姿势和身体
动作中，读出意义与意向，而不是依据某种方式将这些东西推论
到什么隐含的"心智"。由此可知，孩童并不是将语言"内化"，
而是在某些情形下学会针对自身静默地言说和朗读，在另一些情
形下则大声说出来、读出来。这就是"我／主我"在这些情境中

---

[53] Domenic F. Berducci (2004) 'Vygotsky through Wittgenstein: a new per-
spective on Vygotsky's developmental continuum', *Theory & Psychology*,
14 (3): 329-353.

所作所为的意义所在，就是"主我"与"客我"或他人即"你"的关联方式。不过，关于这些不同的语言实践之间的转换，或者说我们如何将感觉到的意义转换成针对他人的言说，维果斯基还是有些耐人寻味的说法。如此说来，再也不是什么从内部意义转化成外部意义，那样的话就始终得有某种内在思维或内在意义，通过开口言说来表达。相反，诚如维果斯基在其作品的其他部分所言，当"我"开口言说，我的言语乃是源于我所处的情境，通常是源于我与他人之间的沟通互动，是这种互动提供了我的言说的背景、意义与动机。[54]

但这也会使我们怀疑，有关心智不同功能之间的相互关系，维果斯基的观点颇具功能主义色彩和等级意味，认为"高级"的心智功能逐渐对低级的功能取得主导位置，这样的讲法是否成立。遵循梅洛－庞蒂的立场，我们不妨说，言语作为我身体的某种调节，与视觉、触觉和听觉等积极感知的其他调节，彼此之间存在某种互为结构化（structuration）的关系。视觉与思维之所以被赋予像语言一样的结构，并不是因为它们受到言说的彻底重构，而是因为它们之间存在着互为结构化和互为可逆性：运动与视觉的结构赋予言语以形式，反之亦然。[55] 我们正是这样用语词表达我们的所见所闻，而不必先得有这些知觉形成为心智概念；或者，更准确地说，我们能够说出我们的意思，而不必先得形成该语词作为一个得到充分阐述的概念的意义。我们直接说出我们看到了什么或想要表达的意义，也可以直接看到或听见其他人看

---

[54] L. S. Vygotsky, 'Thinking', p. 203.

[55] Maurice Merleau-Ponty, *Visible*.

到的东西和想要表达的意义。"高等"心理过程无非是具身性结构化的派生物，我们在这样的过程中有意识地反思我们的自我、行动或世界，在这样做的时候，也使用着并转化了在社会层面创造出的概念。就此而言，这些过程并不一定更"高等"，概念性思维并不一定主宰并确定我们的一切所为。

其实，借鉴与维果斯基大致同期展开研究的苏联语言学家米哈伊尔·巴赫金的著述，我们可以进一步搞清楚针对自身的言说与针对他人的言说之间始终保持互动的性质，以及这种性质是怎样与我们自己的自我和他人的自我相关联的。巴赫金认为，在持续进行的事件、对话和行为的情境中，存在三个基本环节："针对自身之我"（I-for-myself）、"针对他人之我"（I-for-others）和"针对我之他人"（others-for-me）。这三种立场被理解为日常互动各种流动里面核心的情绪性—意志性环节。[56] 更为根本的是，生活中始终有些环节兼具消极被动和积极主动的性质，我们身处其间，觉得周遭世界有些部分并非作为个体的我们所塑造，但同样是这个世界，我们也积极主动地参与其间，因此也在一定程度上重新塑造了它。所以说，在生活中，总有些东西是被给定的，而有些东西是有待实现的。诚如米德所言，世界是可以在一定程度上被重构的。这就意味着，在自我的构成中，同时具备消极被动性和积极主动性，因为正如我们发现自己要面对他人的目光、言语和姿势，我们也在持续进行的社会互动中，与我们的自我和他人积极发生关联。无论是消极被动地在他人身上发现自己，还是

---

[56] Mikhail M. Bakhtin (1993) *Toward a Philosophy of the Act*. Tr. V. Liapunov, Austin: University of Texas Press.

积极主动地创作自我与他人，关键就在于与他人之间（"针对我之他人"与"针对他人之我"）和与自己的自我之间（"针对自身之我"）的对话性关系。

巴赫金回溯了"针对自身之我"，也就是我们拥有某种不为他人所见的核心自我的感觉，其重要性是如何一步步兴起的。从古希腊社会开始，经过中世纪，一直到当代世界，在后一阶段，"众声喧哗"（heteroglossic）风格撰写的小说就生动展现了这种形式的自我意识。这种小说是复调的对话式体裁，其中每一个角色都有自己的声音，在持续进行的会话中，向他人致言，也向自己致言。[57] 在这里，核心角色或主人公都必然是"内心复杂的"，读者能够看到他们内心复调的意识和自我对话。

巴赫金在这里描绘的是"针对自身之我"的历史性，也就是在西方世界，千百年来，自我对话和自我探寻是如何越来越重要的。在巴赫金看来，这种对于自我的探寻，对于"我是谁？"或"我将成为谁？"的发问，正是有关自己自我的言语和观点与他人言语和观点之间的斗争。社会性自我的创造始终是相互创作的产物，我们由此通过行动和言语赋予他人以形式，而他人也能够赋予我们以形式。保罗·萨利文曾经借用巴赫金所作的灵魂（自我）与精神之区别来刻画这种张力：灵魂就是我们的自我认同通过他人的言语、声调和观点而逐渐趋于稳定，精神则是我们自己积极主动、富于感知、流变不居的与他人共存于世的感觉。[58] 基本

---

[57] Mikhail M. Bakhtin (1981) *The Dialogic Imagination*. Tr. C. Emerson and M. Holquist, Austin: University of Texas Press. p. 133.

[58] Paul Sullivan (2007) 'Examining the self-other dialogue through "spirit" and "soul"', *Culture & Psychology*, 13 (1): 105-128.

上，我们要想变成具备明确界定意义的自我，就只有借助他人赋予我们的形式。比如说，孩童只有被看护者（针对我之他人）致言，才会觉知作为"针对他人之我"的自身。这里的关键并不只是他人的言语，而且是看护者的声调，这能体现他们对于孩童的态度，比如说有怜爱和肯定的声调，厌恶和否定的腔调，冷酷和淡漠的音调。我们通过他人这些带有情绪的声调，对我们是谁有了某种感觉，而这种情境会延续终生，他人对于我们的态度和情绪要么肯定我们的存在，要么催化我们的改变。

不过，除此之外，我们也感觉到自己的精神，即与消极被动、纯粹接受的方式相对，积极主动地存在于世。由于我们积极主动地领会周遭世界，包括我们与之有关的他人，我们也感觉到自己有可能发生变化，准备接受新的情境，流变不居。我们还感觉到自己不单单是当下的行动，而是始终处在成为的过程中，有潜力在未来变得有所不同。因此，在与自身的关系方面（即所谓"针对自身之我"），我的存在中有某种不一致之处，或者按照米德的讲法，"主我"与"客我"之间存在某种脱节。"主我"永远不会说，此刻存在的"客我"未来也始终会保持同一，如此说来，我从不曾完满地存在过。"主我"和"客我"从未完全一致过，这就意味着，"针对自身之我"的存在始终在一定程度上为他人的言语和肯定之力所不及。话说回来，对于精神，对于积极变化和有所不同的力量与潜力，这种感觉虽然始终会有，但要到对特定价值观产生某种担当以后，才不会是空洞的。

除了从社会性对话中孕育出的自我的这些面向，巴赫金还宣称，在话语中出现了某种超受话人（super-addressee），即一位第三方，由于其凌驾于参与对话各方，被假定具备绝对公正、乐于回应的理解。我们进入对话，就要感觉到，我们始终能被某人理解，我们的言语会被某人倾听。超受话人就像亚当·斯密所说的"无所偏倚的旁观者"，或米德笔下的"一般化他人"，作为某种非个人化的公正的在场，存在于对话之中，作为对整个人的见证人、评判者，为自我服务。这可以称为"客我中的非主我"（not-I in me），即对于超出个体自我的某种更宏大存在的反思或折射，感受到非个人化言语和范畴，我们必须通过这些言语和范畴，变成"针对自身之我"。

不过，在这里，巴赫金开始谈到，置身他人的多重对话与视角，要谋取自我认同，也谋取自我的整体性、统合性，在这类斗争中，涉及哪些权力与伦理问题。下一章我将更详细地讨论这一点。

巴赫金往往忽视自我在世界上引起的那些物质性转化，而这正是文化历史学派关注的焦点。尽管如此，巴赫金还是拓展了与实用主义有明确关联的那种对于自我的理解，将其历史化。他也强调自我在文化性、对话性的介入与改变中的重要性，就此而言，他也大力促进了一种与文化历史学派相契合的对于自我的理解。实际上，我认为，实用主义和对话主义能够与文化历史学派的视角相互增益，以创造斯捷岑科和阿利维奇所称的对于自我的本体论理解，就是把自我看成社会实践中具有转化能力的能动者。[59]在这里，自我趋向于现实生活中的实践任务，即改变或维护世界

---

[59] A. Stetsenko and I. M. Arievitch (2004) 'The self in cultural-historical activity theory: reclaiming the unity of social and individual dimensions of human development', *Theory & Psychology*, 14 (4): 475-503.

上的某样东西，包括改变或维护作为社会世界组成部分的自我的方方面面。因此，与自身的关联在任何意义上都不是"内部的"：当我们想要"找到"自己或改变自己时，都必须与他人打交道，通过社会实践来改变世界的方方面面。自我不能脱离其与世界的关联，而是由它所实施的活动本身构成的。当我们介入转化物质世界、文化世界和人际世界的活动，也就是在塑造我们的自我。

自我对话，"主我"与"客我"之间的谈话，"针对自身之我"，要揭示这些东西，都必须结合其对于实践的相关性，即在人主要的生活追求中具备某种意义。我们如何领会我们的自我，取决于我们如何对世界起作用，如何使整个社会生活或我们与之互动的他人的生活有所不同，哪怕其改变程度可能微乎其微。当我们谈论找寻自己，指的往往是找寻这种蕴含意义的活动，既可以对他人有所改变，也能够揭示我们自我的独特性。但这也意味着要做出某种道德担当，要么奉行某些社会理念和价值，要么抱守更具个人性的目标和宗旨。但这些都是巴赫金意义上的伦理活动，因为它们都涉及对于他人的致言活动（addressivity）与应答能力（answerability）。总之，本章所探讨的这些视角提供的本体论兼具物质主义和人本主义色彩，因为根据它们的理解，自我反思活动属于对现实生活物质存在的一种实践性、社会性介入。在这种介入中，反思性自我不仅仅是消极被动地反映其物质性、社会性的存在，而是积极主动地与他人打交道，以转化这种存在状况。我们是谁，或我们将成为谁，关系到我们作为历史性、社会性个体是谁，关系到我们如何运用社会和历史交由我们处置的那些手段，以创造变化，有所不同。"我是谁？"这个问题的答案，就在于我做什么。

文献选萃

Bakhtin, Mikhail M. (1981) *The Dialogic Imagination.* Tr. C. Emerson and M. Holquist. Austin: University of Texas Press.

Butt, Trevor (2004) *Understanding People.* Basingstoke: Palgrave Macmillan.

Crossley, Nick (1996) *Intersubjectivity: The Fabric of Social Becoming.* London: Sage.

Joas, Hans (1985) *G. H. Mead: A Contemporary Re-examination of his Thought.* Tr. Raymond Meyer. Cambridge: Polity Press.

Reck, Andrew J. (1964) (ed.) *Selected Writings: George Herbert Mead.* Chicago: University of Chicago Press.

Stetsenko, A. and Arievitch, I. M. (2004) 'The self in cultural-historical activity theory: reclaiming the unity of social and individual dimensions of human development', *Theory & Psychology,* 14 (4): 475-503.

Sullivan, Paul (2007) 'Examining the self-other dialogue through "spirit" and "soul"', *Culture & Psychology,* 13 (1): 105-28.

Vygotsky, L. S. (1987) 'Thinking and speech', in *The Collected Works of L. S. Vygotsky, Volume 1: Problems of General Psychology.* Tr. N. Minick. New York and London: Plenum Press.

58

第三章　伦理、自我与展演性

　　行文至此，我希望已经说清楚，对于自我的探寻并不是一种个体主义的孤独追求，因为它得深入到由其他个体共同组成的社会之中，我们从他们的眼睛里找到破解我们自我认同之谜题的线索。不过，就像上一章所谈到的那样，我们所处的社会互动蕴含着有关行事方式孰对孰错的伦理原则，而这些原则也牵涉到有关我们希望生活在哪种社会的观念。关于"好社会"的问题根本上会涉及怎样算做一个好人的观念，即一个正派得体、全面发展的人，具备我们男女同胞所期待的一切先天素质与后天能力。诚如上一章所言，如果我们秉承自己的自我的性质，不断参与重构社会世界的活动，而这类活动又受到道德价值观和政治价值观的引导，那么自我在很大程度上就是受伦理原则形塑的。实际上，康德也认识到，自我的一部分是受道德法则所主导的，因此要问"我是谁？"，就包含着某种道德评价：我是个好人还是坏人？如果我觉得自己有些地方不好，就会设计一套活动方案，由此成为一名更好的人，或者可能探寻一种特别的伦理，给自己的不良行为留出一点宽松余地。无论前者后者，我都已经踏上了一条自我伦理形塑之路。

　　话说回来，我们对自己的自我所拥有的道德看法也同样深受他人言语的影响。自诞生伊始，我们的耳边就萦绕着他人的言语，回响着表达赞成或反对的道德评价和情绪化声调："好小子！"或"坏丫头！"。更有甚者，这些评价性言语及其声调乃是基于某些特定的行为标准，而这些标准自有其一段社会历史，属于特定的群体，参与形塑了宗教性或意识形态性的群体精神。这类价值观可能与其他群体的价值观相冲突，因为后者对于何为好社会，又如何算做一名好人，可能有着不同的价值观和信念。这就导致了各个层面上的斗争与冲突，焦点在于伦理价值观或意识形态价值观，涉及他人力求以不同方式界定世界和自我的评价性言语。在巴赫金看来，这种冲突存在于三个层面：其一，"在生命体验层面上与另一方的言语存在未能解决的冲突（'他那样说我'）"；其二，"伦理生活层面上（别人的评判、承认或否定）"；最后，"意识形态层面上（各人物角色的世界观被理解为未能解决也无法解决的对话）"。[1] 在头两个层面上，孩童与权威性成人之间围绕关于自身的评价性言语会爆发冲突，大人说："你是个坏小子！"小孩说："真的吗？我哪里做错了？"当孩童开始将自己的声音与成人的分离，而和同龄群体等其他人的声音站到一起，就会发生这样的冲突。按照米德的描述，对于孩童，道德命令往往是以权威人物形象的形式存在的，这种权威人物通常是他们的主要看护者。但到了后来，道德命令与这些人物相分离，而融入了许多愈益一般化的声音。有鉴于此，在巴赫金看来，"我是谁？"的问题离不开另一个问题："我和谁在一起？"他相信，

59

---

[1] Mikhail M. Bakhtin (1981) *The Dialogic Imagination*. Tr. C. Emerson and M. Holquist, Austin: University of Texas Press. p. 349.

陀思妥耶夫斯基小说中的主人公试图解决下面的引文所概括的那种问题，但我觉得这也特别适用于某些孩童和年轻人，他们试图逐步摆脱某些权威人物，与其他人重新联合，由此创造出自己独特的声音和自我认同。这个问题就是："找到自己的声音，并在许多别人声音中找到自己的位置，使自己的声音同一些声音结合起来，与另一些声音相对立，或者把自己的声音同自己密切交融的另一个声音分离开来。"[2]

对于那些毕生塑造属于自己的自我的人们，尤其是对于那些初次尝试于此的孩子，问题就在于如何塑造自己、展示自己，包括透过他人的言语，找到自己的声音，也就是自己的价值观和信念。本章我就将集中来探讨这个问题，以及它会给我们自己对具身性自我特征的感觉带来哪些危险。不过，我想首先还是来看看，在社会建构主义心理学中，他人通过哪些方式召唤我们承担道德责任，具备应答能力，并在此过程中感到自身作为独立自主的能动者。

---

[2] Mikhail M. Bakhtin (1984) *Problems of Dostoevsky's Poetic*. Tr. Caryl Emerson, Minneapolis: University of Minnesota Press. p. 239. ——原注
此处中译据《巴赫金全集》第五卷《陀思妥耶夫斯基诗学问题》，白春仁、顾亚玲译，河北教育出版社 1998 年版，页 322。此句前后为"问题只在于选择，在于解决一个问题：'我是什么人？'和'我和什么人说话？'……这就是主人公们在整个小说中要完成的任务。"——中译者注

社 会 性 自 我

第一节　伦理自我的社会建构

二十世纪七十年代早期，有两位英国社会心理学家，罗姆·阿尔和约翰·肖特尔，接过了米德和巴赫金之类思想家的遗产，来考察伦理性自我的社会建构。阿尔和肖特尔的具体方式不同，但都认为，人之所以能变成讲求道德的自我，就是受到他人的询唤（interpellated）或召唤（called），觉知到自己是独立自主、担负责任的存在。是他人支撑了我们能为自己的行动给出说法，使我们为我们之所作所为做出回答，而这些说法和回答得是我们文化中其他所有成员都会觉得合乎情理的。从生命早期开始，一旦我们比较好地把握了我们的语言，掌握了我们所属社会群体的基本道德价值观，他人就会让我们对似乎有些成问题的行动给出说明，做出辩护。我们常常会听见大人问孩子"那你为啥那么做？"，期望孩子能做出某种反应，就其行动给出某种理由。在阿尔看来，人类个体就是这样变成所属社会群体中合乎情理、担负责任的人，因为我们在回答有关我们行为的问题时，答案必须符合对我们所属文化的道德准则的了解。他人会如何评判我们的行动，将在一定程度上取决于我们是否能够从他们觉得合乎情理的角度，很好地说明自己。就像我在第一章基于莫斯的著述所指出的那样，在西方社会，自启蒙运动以降，"人"这个范畴就开始在很大程度上意味着一个讲理性、能负责的个体，有能力评判并决定自己行动的进程。因此，现代人在某种程度上可以自由评判并选择自己的行动，但他们也同样被要求对这些行动负责。他们对社会负有义务，要就自己的所作所为给出说法，必须能做出应答。

60

所以，在阿尔的"以人为本"的心理学观中，对于人是这样界定的：每个人"都是一个独特的具身性存在，素质全面，能力多样，历史与众不同，重要的是，在道德上受到保护，准备好作为一个道德上负责任的行动者，被召唤来给出说法"。[3] 所谓道德保护，阿尔指的是类似于康德的原则：人不应被当作物，不应被当作达成某项目标的手段，而应被视为具有不可让渡的权利和义务的人。这些义务中就包括期待我们会基于道德理性而行事，而如果我们确能如此，就被授予权利，要作为一个有价值的人得到有尊严的对待，对自己的行动享有一定程度的自由。话说回来，我们作为人所拥有的这些能力和素质，我们能够自由而负责地行事，完全来自我们所属的文化，是后者预先指定了我们必须据以行事的那些准则，提供了我们在日常生活各种背景下所扮演的不同角色的脚本。阿尔沿循社会学家欧文·戈夫曼的立场，[4] 认为我们作为社会性存在，就像舞台上表演的演员 / 行动者（actor），在同一场戏剧中扮演（play）不同的戏份，并学习必须据以扮演那些角色的脚本。我们或许会赢得观众的尊重，也可能会被嘘下台，就看我们能多么成功地展演（perform）自己承担的不同角色，前一种反应是我们所渴望的，而后一种反应则会使我们满怀羞耻。阿尔和詹姆斯与米德一样，也认为我们所扮演的每一个角色都会对我们的自我认同有所贡献，但他同时觉得，我们在习得准则、角色和脚本的同时，也获得了某种社会资源，可以用来贯

---

[3]　Rom Harré (1998) *The Singular Self: An Introduction to the Psychology of Personhood*. London: Sage. p. 71.

[4]　Erving Goffman (1959) *The Presentation of Self in Everyday Life*. London: Allen Lane, 1969 edn.

彻我们日常的活动，也用来就这些活动给出说法。我们作为社会性自我和道德性自我所拥有的那些能力与素质，很大程度上来自习得这些资源，我们从孩童时期就开始用这些资源来为自己的行动给出说法。

因此，我们所习得并用来组合自己的行动的那些准则与资源，以及我们从自己的行动和角色中得到的个人特征、素质和信念，再加上他人评估我们以及我们的行为的方式，这些加在一起，使我们成为眼下所是的这个人。不过，理解这一切的关键还在于语言，尤其是我们所参与的日常交流和话语。正是通过这类话语，我们学会了以让人接受的方式为自己给出说法，同时吸收他人的道德评价和判断。不仅如此，阿尔也接受维果斯基的想法，认为语言还提供给我们一系列概念工具用来思考，这就意味着"心智根本不是什么实体，而是一套信念，由一组语法模式确定其结构"。[5] 在此基础上，阿尔呼吁心理学中来一场"第二次认知革命"，因为无论从先验的角度，即有关先验自我的理论阐述，还是从物质的角度，即将认知根植于大脑的预置，都不能说明人的认知，只能从话语的角度来说明。[6]

不过，阿尔在其话语心理学中并没有纳入巴赫金所看到的那种冲突，即一方面是他人有关我们的言语，另一方面是我们如何力求摆脱其中某些言语和判断，同时又接受另一些言语和判断。除此之外，他也没有考虑个体之间和社会群体之间都可能爆发的

[5]　Rom Harré (1983) *Personal Being: A Theory for Individual Psychology*. Oxford: Blackwell. p. 20.

[6]　Rom Harré and Grant Gillett (1994) *The Discursive Mind*. Thousand Oaks, CA: Sage.

伦理冲突，并且这些冲突都牵涉到权力关系和权威关系。群体或个体可能会对何为合乎情理的伦理标准提出挑战，理由是它们偏向某些群体，赋予它们地位和特权，而不给其他某些群体，或是因为它们对个人不具有任何意味，这些人接受了替代性的价值观或信念。如果这样，而我们被培养成依据这些标准来给出说法，那会出现什么状况？阿尔似乎彻底忽视了这些议题。如果有些人未能以让人接受的方式为自己的行动给出说法，或者他们的说法由于被视为不通情理而遭到冷落，又当如何？他们在道德上的命运会怎样？或许不单单是羞耻、丢脸、缺乏自尊，因为正如我们在本章下文会看到的那样，这些人会被彻底剥夺具身性能动作用的力量，从而丧失了做人的地位。

不仅如此，根据肖特尔的说法，要理解个体之间的话语互动，不一定要紧扣有关资格能力／实际表现（competence/performance）的认知模型，就是把行动理解为由种种准则、脚本或先在的心智表征来决定结构。肖特尔放弃用认知模型来说明日常生存中自我与他人之间的互动，把这种互动理解为"协同行动"，它是一种对话性关系组成的网络，只是在一定程度上有固定形式，始终处在未完成状态，相对非系统化，流变不居。在对话中，我们被他人召唤要给出说法，但我们却是以并非事先确定的"自发"方式做出反应。也就是说，我们通过对自己面临什么要求的某种"感觉"，来进入日常行事情境，而不是依据一套预先形式化的心智计划，先在于眼前事件就"在脑海中"建构好了。这就是肖特尔所称的"第三类认知"，即知识既不是清晰表达为一套心智计划，也不是一种明确表达的情绪，而更像是对接下来要做什么的一种直觉性的感受。不过，这种认知方式和行事方式也同样受制于特定他人的道德评判，后者能够决定其是否属于合乎伦理的行动。因此，肖特尔与阿尔一样认为：

> 要做一个人，要作为一个自由、自主的个体，有资格获得特定权利，就必须有能力在自己的行动中展现出特定的社会资格能力，也就是说，要履行特定的义务，能够对他人给出说法，就是说在遭到质疑时，有能力结合自己作为其成员的那个社会的"社会现实"，向他们证明自己行动的正当性。在这种意义上，做一个人就是一种修辞上的成就。[7]

不过，要属于我们有能力应答的某个共同体，要感受到我们归属于它，我们就必须有能力做更多事情，而不仅仅是以例行常规的方式再生产这个共同体。我们必须具备相应的资格能力和权利，以创造性的方式参与其间，把这种共同体当成一种论辩的传统，当成始终受到辩驳并不断更新的一种共同体。归属于一个共同体，就意味着要在其富有生机活力的对话与论辩传统中扮演某种富于创造的角色。因此，遵循巴赫金的立场，肖特尔比阿尔更明确把对话性关系理解为一种冲突和辩驳，尽管他也采取类似于阿尔的立场，认为伦理性社会行动者是在对话中以话语的方式构成的。

所以说，在肖特尔的著述中，更明确地认识到在伦理主体的形成过程中有关冲突的问题，有关权力和不平等的问题，虽说是

---

[7] John Shotter (1993) *Cultural Politics of Everyday Life*. Buckingham: Open University Press. p. 193.

有些泛泛而论。比如讲，他谈到了在某个对话共同体中，权利和义务的分配都是不平等的，但并没有说清，这些权利和义务是依据什么而被不平等地分配的，除了偶尔提到社会性别的维度。[8]肖特尔还谈到了"言语交战区"（combat zone of the word），尽管这是在谈言者与听者在对话中围绕权利和特权的斗争，而不是在讨论谁的言语成为确定自我与世界等事务的言语。他还提到过"有关沟通权利和发展 / 发育权利的政治经济学"，提到过尊重对话人的"沟通伦理学"。在这里，肖特尔认识到，我们应当被允许就自己独特的立场做出应答，而我们只有是创作该立场的人才能如此。但肖特尔却并没有怎么认识到，在各个自我的相互创作关系（mutual authorship）中，基于个人、伦理或意识形态等依据，与他人的言语和观点之间存在一场斗争。

耐人寻味的是，肖特尔还谈到了"成长过程的微观社会权力政治学"（micro-social power politics of growing up），意思是说，当小孩子被视为"你"而致言时，不仅仅被给予了该如何行事的信息，"还被'教导' / '赋构'（in-struct）[9] 该如何做人"。[10] 也就是说，在彼此共同创作的过程中，对话中的两个（或更多）人其

---

[8] Shotter, *Cultural Politics*.

[9] 以下读者会看到一系列特异表达，通过使用连字符，凸显常用英语单词 "in-habit""instruct""inform" 的特殊用法，强调其过程性。中译虽然特意强调了它的特殊用法，但也请读者注意其双关性，在一定程度上保留其没有连字符时的常用意思，比如本书中的"习惯于"也有"入居"的意思，"赋形于"也有"告知""赋予其特征"的意思。——中译者注

[10] John Shotter (1989) 'Social accountability and the social construction of "you"', in J. Shotter and K. J. Gergen (eds), *Texts of Identity*. London: Sage. pp. 133-151, p. 145.

实是在对他人的自我给予"启发／赋形"（in-form），或者温软搓揉，或者强直蹂躏，用自己的言语将其塑造成型。就此而言，沟通在本体论层面上可能是形成性的，创造出他人的生存的实在。比如说，当一个孩子被告知"你不应该那么做"的时候，他们还不仅被告知该做什么，而且被告知应当怎样做人。在这里，肖特尔认识到，孩童并不只是消极被动地对这类赋形做出反应，因为他们还能表达出一些有关自身的特别言语，要挑战更具权威性的看护者的言语。他举例说，如果一个孩子被告知"说话别那么大声，你在喊叫"，孩子会回答"不，我没有"。通过这种方式，孩童习得了在其发育情境中沟通权利与机会的实际分配，也就是发育情境的社会结构，以及自己在这种社会结构中不断变动的位置。[11]

　　尽管肖特尔明确认识到，在我们作为自我的发育中，与他人的言语存在着斗争，但他的作品却忽略了一些东西，我这里打算详细讨论一番。首先，我想点明社会结构化的权威／创作（authority）位置是如何赋形了我们日常生活的大部分行为，而这些赋形又如何可能遭到非官方的社会形态的反对或支持，提供了经验中的结构环节和中介态环节，并从中形成自我。其次，自我在本体层面上的赋形不仅包含着沟通，而且首先是世界通过身体成为习惯（in-habitation），[12] 身体、情绪和自我就这样通过创造出习惯倾向的规训而被赋形。最后，肖特尔强调协同活动和对话中

---

[11] 同上引，页145—146。

[12] 而没有连字符的"inhabitation"就是"入居"，即居住、栖居。也就是世界与身体相融一体，成为身体惯习（habitus）。——中译者注

的自我—他人性质，却没能看到其中更复杂的蕴涵：与自我的会话。我们就这样持续不断地与他人和自我进行着对话（"主我"与"客我"之间的对话）。

首先，且让我来谈谈社会结构的问题。肖特尔感兴趣的是，在社会中各个有序、系统的核心的边缘之间，也就是边界地带，到底在发生着什么。日常生活被视为存在于这类边界地带，作为未曾系统化、未曾最终落定的对话和协同行动，流变不居或混沌无序。不过，虽说日常互动中的确有某些颇具平等和无结构的色彩，比如相互友谊，但在家庭、学校、工作场所及其他制度／机构的日常活动里，也能找到许多例证与此不同。相反，它们是由井然有序、结构固定、等级明确的关系、协同活动和对话组成的。我可以肯定，在所有这类组织中，都会有一些时间地点上的活动更不正式，更不系统，比如家庭的休闲活动，学校在游戏时间的操场上，工间休息时的小卖部。但这并不意味着所有日常活动都是以这等非系统化的方式发生的。实际上，日常生活可能充斥着例行常规。也正因为此，维克多·特纳才会称某些时间和地点更具"中介性"，我们会在其间体验到更具流动性和开放性的社会形态，比如从孩童到成人的过渡仪礼，生命危机时期，狂欢节庆，或者，在现代工业化的世界里，比如自由时间、休闲时间、假日等类中介态（liminoid）活动（参看第六章）。

肖特尔把对话看作处于未完成状态的协同活动流，我认为这种观点自有其精准的一面，强调了社会的时间性和开放性。但它只是从未来的角度，从尚未限定、有待形成的角度来看时间性，而没有从过去的角度来谈。诚然，肖特尔描绘了产生意外后果的协同行动，而这些后果我们必须在未来互动中加以应对，但他并没有说这些后果如何必然融入当下，并因此影响到未来。比如说，他宣称自己并不像语言学家研究语言的语法结构那样，对"业已说出的言语"感兴趣。相反，他关注的是"正在说出的言语"，这就牵连到对话行为或修辞行为的即时反应性。然而，问题在于，就算是即时反应式的行为，我们也必须运用属于我们文化一部分的语言体系。这并不等于说我们不能以即时反应的方式运用语言，因为语言中充满对于互动中的他人和事件的感觉，不等于说语言中不能有什么自发性的成分。按照梅洛-庞蒂的观点，更准确的说法是我们如何把语言当作自己身体的一种调节，当作我们通过自己的身体活出的一种社会系统，我们通过自己的身体习惯的一种社会系统。就像我在前一章所指出的那样，这既与人体的反身性有关，也在同等程度上牵涉到自我—他人协同行动的中介性。但我在这里主要是想说，"业已说出的言语"从我们生命很早开始就已经赋形于我们是谁，并就此安排我们倾向于以某些特定的方式来回应他人，而在第二方、第三方看来，我们之间的互动中正在发生的事情似乎没啥重要意义。"业已说出的言语"在一定程度上也确定了特定社会场合下何者能说何者不能说的结构。

这就使我要谈到有关人如何在社会世界中具身体现的第二个话题。在我看来，肖特尔正确地指出，心智计划并没有隐含在我们的一切行动背后，在许多情形下，我们是基于对自己所面临要求的某种"感觉"，与他人一起在社会世界中实施行动的。不过，在我看来，我们是通过作为一种自然性自我的身体来做这件事的，要求具备某些特别的习惯和性情，改变肉身图式的形式，创造出稳定的性情倾向。当我们被社会情境或该情境中的他人召唤以实施某些行动时，所召唤的就是使我们倾向于某些特定类型的个人反应的性情。我们之所以在绝大多数情境中并不思考自己应当怎么做事情，就是因为我们的身体已经被安排成倾向于某些特定类型的行动。当然，情况并不总是如此，如果置身新的情形或陌生情形，或是狂欢节之类中介态环节／时刻，又或是当我们如醉如狂时，[13] 正常情形下的身体习惯就会有所松懈或被挣脱。

不过，有关我们作为身体性自我习惯于世界的方式，这里体现出的还不止于此：我们有许多习惯，哪怕不是全部的习惯，是通过规训习得的，我们被他人教导这些规训，有些情况下还是被迫的。社会学家诺贝特·埃利亚斯揭示了在西方世界被视为"文明的"或道德的人，即一切所为都讲求理性、合乎情理的人，对他人基于充分的考虑和尊重的人，如何会是一系列身体规训的产物，尤其是通过习得举止礼仪而塑造出来的。埃利亚斯考察了十三世纪至十八世纪西欧出现的各种礼仪手册，揭示举止礼仪的标准是怎样在不同社会群体之间竞争的压力下渐趋上升的，而这些举止礼仪意味着对人体的调节越来越精细化。一个举止有礼的人不会坐到餐桌边，霸住菜盘，埋头大吃，像只馋猪，而是会让别人挑拣。他们不会在教堂里放响屁，不会不事洗漱、一身体味就出现在封闭空间里的人群中。更重要的是，一个举止有礼的人在任何情形下都不会肆意宣泄自己的情绪，对周遭的人进行恐吓威胁。[14]

---

[13] Tom Yardley (2005) 'Sacrificing the rational body: a phenomenological approach to voluntary intoxication', PhD Thesis. Portsmouth University.

[14] Norbert Elias (1994) *The Civilizing Process*. Tr. Edmund Jephcott. Oxford: Blackwell.

要我在这里让大家充分体会埃利亚斯包罗万象的研究是不可能的，但他主要的观点就在于：要想被他人视为一名讲求道德的人，不仅仅在于能运用他人承认为理由的某种修辞风格，在会话中就我们的自我和我们的行动给出说法，还在于如何通过举止和姿态展现出我们对自己身体的承载方式和调节方式，如何表达我们的感觉与情绪。当一名看护者对孩童说"说话别那么大声，你在喊叫"的时候，她们是在用一种特别的方式为孩童赋形，比起言语上的单纯说法要更为深切。她们其实是含蓄指出，你现在发出的声音对于我和对于他人都太响了，你得学会调节自己的身体，用更为约束、更为平缓、更为温和的方式来表达自己。从某种意义上讲，我们是用自己的身体来展演理智，伦理就从这一层面开始发挥作用，对身体实施规训，以求随着我们逐渐成熟，变成这样一种人：在会话时不抢话头，倾听别人，表示尊重，己所不欲，勿施于人（in the same way we expect others to behave towards us）。无独有偶，亚里士多德也曾经指出，道德训练一开始也就是灌输给学生恰当的习惯和倾向，只是到后来才赋予他们话语工具，为那种行为提供恰当的理由。[15]

　　福柯也谈过，身体规训是西方世界权力策略不可或缺的要素，不过他所描绘的景象更显黑暗。我将在下一章详谈。至于现在，我们不妨说，巴赫金所探讨的那种话语冲突和伦理冲突不仅包含着言语，而且也是身体习惯的冲突，是习惯于世界的不同方式的冲突。当然，这些习惯（habit）并非一成不变：正如特纳所言，在中介态的时间和地点，它们可能有所松动，甚至被颠覆，

---

[15]　Gerard J. Hughes (2001) *Aristotle on Ethics*. London: Routledge.

彼时彼地的人群甚或整个社会都会经历社会惯习（habitus）上的显著变化。合乎伦理的行为标准会伴随个体的生命历程而发生变化，也会历经社会的历史而有所改变。它们不是固定的，也不是作为因果机制起作用的，在给定的情形下决定人的行为。但它们的确安排我们倾向于某些风格的反应，这意味着诸如此类的反应并不完全依赖于当下协同行动背景下我们与之相关的他人。正因为如此，面对同样的协同活动，人与人之间的反应方式可能完全不同，哪怕事实上他们是在同样的文化中长大成人的。也正因为如此，对于我们所熟知的人，他们对于不同的情境会有怎样的反应，我们会猜到个七八分（尽管也不能十拿九稳）。

因此，作为时间性存在，与他人的每一个互动环节／时刻都包含着过去的某种痕迹，无论是被召唤入行动的身体记忆或习惯，还是被召唤入心智的记忆。也就是说，是我们能够用言语或意象向自身表达的东西。但是，随着这一环节／时刻趋向未来，此时此地也呈现出超越的可能性，有可能重构协同行动和自我，而我们每一个人也都有可能变成不同的人。这是因为，未来始终保持着一定程度的开放性，为变化和重构留出了可能余地。不仅如此，正如我在前一章已经指出的那样，作为时间性存在，我们从未与自己的自我甚至是身体性自我取得完全同一。相反，自我始终处在分裂之中：同时触碰和被触碰，做出观看和被观看，言者和听者，"主我"和"客我"。巴赫金会说，我们身上积极主动、富于感知的那一面会始终感到，仿佛永远不能被某个社会背景下当前的行动或表现所完全界定，始终有可能变成不同于我们当下之所是的样子。这一点也会限制到他人可能在多大程度上影响我们，或是我们的反应除了应对我们的自我当中"正在进行"的什么东西，在多大程度上其实还是在应对他人。如此一来，任何协同行动，哪怕是两个人之间的行动，都始终是一种多维度的复杂过程，不仅涉及我对于他人的反应，而且牵连到我对于自己的自我的反应。这场对话不仅发生在我与他人之间，也发生在"主我"与"客我"之间（以及他人自我的"客我"与"主我"之间）。由于我听见自己在说话，并看见自己的言语和姿势在他人身上激起的反应，所以我能相应对自己的身体做出调节。我可以压低自己的声调，让自己的作派更显温和，或者可以让自己的声调显得更加坚定，举止似乎更加胸有成竹，来抬高自己的气势。要这样做，我并不需要在反思性意识的层面上有意识地筹划每一点变化，作为"主我"与"客我"之间充分表达的论辩，但我可以在身体反身性的层面上监管自己（这仍然涉及与我的自我之间的互动）。

因此，在任何协同活动中，我们都能不断在自我对话和人际交流之间转换，因为我们既作为"针对自身之我"存在，也作为"针对他人之我"存在，而这个世界上还有许多"针对我之他人"。在此过程中，我们传承着此前对于身体的调节，哪怕这些调节始终可能接受重构。按照乔舒亚·索弗的说法，"（我）对于自己特性／身份／认同的感觉，是历经多种多样的经验形态，并在其间来回转换，反复成形的，这个过程一刻不停，但十分精细。这些经验形态中，有我的各个自我会话的时刻，我陷入所触或所见的主体／客体的时刻，以及置身人际交流的时刻。"[16]

---

[16] Joshua Soffer (2001) 'Embodied perception: redefining the social', *Theory and Psychology*, 11 (5): 655-670, p. 668.

对于自我的伦理，对于伦理行动（和互动）的展演，这一切又意味着什么呢？我将在下一节借鉴巴赫金的著述继续简述，这意味着尽管我们习得并运用并非我们所创造的语言，并始终浸淫在他人的言语和观点之中，但我们也能够与自己交谈，在这场混战之中始终发掘着属于自己的立场。我们并不只是在他人的支撑下有能力给出说法，我们也有能力支撑自己的自我做出评判并给出说法。与此同时，我们还始终能够质疑他人所做出的评判，要么是基于人际的原因（因为我们可能更相信自己的判断，而不是某些他人的判断），要么是因为我们质疑他们的观点所依据的伦理立场或意识形态立场，转而与反对这些立场的其他群体站到一边。这样一来，我们就通过对其他人的言语做出反应，通过对我们觉得自己所处的情境做出反应，来和其他人实施协同活动，但我们也把以习惯、性情倾向、记忆、价值观和信念等形式存在的过去经验的具身性痕迹带入这一互动背景，与其中某些站到一边，而反对另外一些。有鉴于此，我们不仅被他人和自己的自我所评判，也评判着他人和自己的自我。

第二节　巴赫金论自我、对话主义与伦理

上文我已经指出，对于巴赫金来说，他人在互动中所说的有关我们的言语，他人做出的有关我们的评判，有关是否承认我们同属于讲求伦理的同伴的判断，以及意识形态或世界观，在这几个层面之间，存在着冲突。我们必须在这场混战当中找到自己的声音，将其与某些声音相融合，与另一些声音相区分，尤其是一些重要的声音，比如父母的声音或看护者的声音，正是从他们

的言语和声调当中，浮现出我们自己最初对于自我的意识。但是，如果我自己有关自我的意识只能通过他人的言语和态度才有可能，那又怎么可能找出"我是谁"？首先，有必要指出，有一些话语，有一些言语和声音，要与之对抗是更加困难的。有鉴于此，巴赫金区别了权威性话语（authoritative discourses）和具有内在说服力的话语（internally persuasive discourses）。前者源于在意识形态角度上具有权威性的东西（比如宗教、政治或道德上的某些制度/机构和人物）。而后者力求不求助于权威，而是直接诉诸某人思虑成熟的生活和体验。权威性话语要求我们承认它们，而具有内在说服力的话语则通过同化来获得肯认，并由此变得"与'某人自己的言语'水乳交融"。[17] 在本段上面提到的三个层面上，这两类话语之间的斗争都有发生。因此，对话就是他人的言语之间的一场持续斗争，有些具有权威性，有些不具有权威性，而对于后者，我可能觉得具有内在说服力，也可能觉得没有，再与自己所尊重的言语、伦理或世界观相同化。不妨设想，权威性话语也可能变得具有内在说服力，但并不一定非得如此，因为它们要求我们予以关注。在巴赫金看来，当思想有能力区分权威性话语和说服性话语，就表明思想开始以独立自主、勇于实验、善加分辨的方式起作用，并就此拒弃那些不具备说服力的话语。

对于一个正在发展其有关自我的感觉的孩童来说，这场斗争就更为艰难，因为对其有关自身的意象和价值观影响最深的言语，往往就是看护者的言语，而其言语就是权威性的。不过，父母能够将权威性话语和具有内在说服力的话语融合在一起："你

---

[17] Mikhail M. Bakhtin, *Dialogic*, p. 345.

得这么做，因为我（权威人物）叫你这么做"可以与"因为我们爱你"或"我们知道什么对你最好"相结合，或者被后两者所取代。孩子可能会气恼地回应道："不，我就不做，我恨你（们）"，或者会退让接受，但一肚子闷气。无论哪一种情况，孩子都可能认为其看护者的爱具有内在说服力，只是还有另一种气恼的声音。有鉴于此，巴赫金宣称：所有的对话都有两种声音，他人的言语和声调被引入我们自己的言语，表现为我们自己的解释和评估，同时伴随着我们自己反应性的言语和声调。不仅如此，我们与自身的对话也可以区分为两种声音，第一种更响亮，第二种更静默，这种区分撕裂了我们对于世界的意识和视野。在上述的孩童一例中，它心中第一种声音可能会说："我讨厌我的看护者让我这么做"，然后变成一种更一般化的观点，"我恨她们，她们也恨我"；而第二种声音则被说服道，她们的确是在爱护自己，照看自己，孩子得回报以爱。有鉴于此，有些青年人会转而对抗其看护者，将自己的声音、自我意象和伦理观念、意识形态观念与某些他人的结合起来，因为他们觉得后者的话语和价值观更具说服力，并据此重新塑造自己。其他青年人则与其根源有更紧密的结合，在看护者的话语中找到了他们自己的声音和自我意象，因为前者的言语、伦理和意识形态具有内在的说服力。

无论孩童以什么方式做出反应，它一开始都是通过与某些话语相结合而对抗另一些话语，来找到自己真诚的声音和自我意象。但它要这么对他人做出反应，这么对他人的言语和评估做出反应，只能通过（向他人也向自己）说出有关自己的属于自己的言语，并形成属于自己的评估。我在前一章已经点明，这并不是因为已经存在某种统一的、完成的自我，竭力要摆脱其外壳。相

社会性自我

反，孩童逐步被他人赋形，逐步习惯于世界，在行动、姿势、声音和言语等层面上皆是如此。通过这些塑造，自我开始形成为一种无声的对话，而这种过程永远不会完成：巴赫金已经说得很清楚，根本没有什么定论可以确凿无疑地界定世界或自我，他人始终可以就我们再说些什么，而我们也始终可以就我们的自我再说些什么。

但还不仅于此。在西方文化里，人们被期待创造出并表现出一种真诚的或个体的自我认同，那是属于他们的，或者至少是他们觉得符合他们的。我们已经开始界认孕育出这一点的一系列社会文化源泉。在古希腊罗马的文化中，要写信给老师或密友，以及要记日记，就创造出了一种特别的语言，适合用来表达私人的想法和情感。也就是说，这种语言并非用作公共陈言，而是用作私密低语，有关某人自我的言语；而如果在大庭广众之下，置身于陌生人当中。或许是不会声张的。泰勒也曾揭示道，启蒙运动和浪漫主义时期的思想家们是如何开始创造出其他的表达形式，前者的形式适合用来表达合乎情理、讲求理性的自我，能够摸索出属于自己的观点和意见，后者的形式则是用来表达另一种自我，能够关联到其情绪和"内心声音"，即对于世间取向的真诚感觉。因此，文化不仅创造出了相关的工具，供西方人将自身塑造成这世间真诚的、个体的声音，而且还要求他们如此而为：在孩童时期，在日常生活中，人们都彼此要求着有关自我性的一些标准，我们称之为文明开化、合乎情理、能够负责、能给说法、个体化等等的自我性。

不过，泰勒进一步指出，我们是在对话性关系中被他人要求如此，只能通过被他人认可是如此，才能确认自己的真诚性。真诚自我性这种观念要能存在，有赖于共享的意义视域，也就是共享的文化视域和伦理视域，而这种视域可不是什么个人的创造，而是我们被培养成的，是我们从他人那里学到的。[18] 悖谬的是，要成为一个真诚的个体自我，要做这样一种自我，只有以社会性的方式，通过与他人之间蕴含意义的对话性关系，才能实现。

但这里面还有另一种成分，可以一直回溯到欧洲的中世纪，而伴随着中世纪社会关系的终结，就更为明显，此时，中产阶级的地位不断上升，开始小心翼翼地批判贵族和教会所拥有的权威，而这种权威之前是不受挑战的。回顾彼时，这类批判不得不伪装成戏仿或讽刺的形式，往往涉及对权威人物形象进行冷嘲热讽，并间接抨击他们所代表的一切。这一点非常重要，因为一个人是不能因其社会角色或地位而理所当然享有权威的，这些东西不再因某人的角色而自动授予他，而是要看根据他人（而不再只是他们所属的阶级）的评判，他们有多么配享这样的权威。诚如伊拉斯谟在《愚人颂》（Erasmus，1511）里戏仿君主时所言：

现在，且让我照着君主通常的模样来描画一个人，他对法律一无所知，与公共福祉几乎为敌，贪图私利，耽于享乐，讨厌学识，也讨厌自由和真理……单凭自己的欲望和利益来衡量一切。然后，给他套上一条金项链，象征着一切美德集于一身；再给他戴上一顶镶嵌珠宝的王冠，提醒他应当在一切英雄品质上都秀出群伦。……如果真有一位君主依照

---

[18] Charles Taylor (1991) *The Ethics of Authenticity*. Cambridge, MA: Harvard University Press.

这些象征来度过一生，我相信他会因其荣誉之心而耻于这样的美饰。他会担心某位多嘴的讽刺家颠覆整个景象，使得原本适合高贵悲剧的景象沦为笑柄。[19]

69

伊拉斯谟的行文尽管伪装为戏仿，但却有着显白的教诲：关键并不在于君主的装饰，就是他那些奢华精美的象征及其所指代的东西，而是他的为人处事有多么配得上这些象征。他有多么博学，多么睿智，多么公正，多么勇毅，要比他的财富和地位更为重要。伊拉斯谟这里所表达的正是方兴未艾的中产阶级的价值观，他们通过经商发达，通过在新设立的大学里取得智识成就，在社会上赢得了一席之地。但他也是在刻画对我们这里来说重要的东西，即人与社会角色的分离。自我不再与自身或其外在社会形式完全符合，不再等同于某种社会范畴或类型。君主之所以受人敬重，不再因为他是一位君主，而是因为他的个人品质使其能很好地担任这一角色。实际上，君主如果作为一个人，不能担当肩负的责任，那他们这些奢华美饰，他们的权力象征和行事作派，都可能遭嘲笑为毫无真诚，纯属仪式。自我与社会角色或范畴相分离，人们在评判他人的时候，也开始基于自己眼中他人身上真诚的个人品质，它们当然可能体现在这些人所担任的角色上，但却在一定程度上相互分离。

伊拉斯谟之所以可能用这种笔法来言事著文，只是因为他已经彻底不再受雇于宫廷和教会，但他同时还属于新型城市知识群体

---

[19] Desiderius Erasmus (1511) *The Praise of Folly*. Tr. Hoyt Hopewell Hudson, New Jersey: Princeton University Press, 1941 edn. p. 95.

和神学群体。就这样，他设法避免了当时那种权威式的表达风格，批判贵族权威和教会权威。但他依然不能直接地、不加掩饰地表达自己及其所代表的群体的价值观念。他的作品并不带有教会的权威声音的印记，相反，要表达自己的批判意见，他不得不使用戏仿与讽刺这样的间接方法，用愚人的声音发言，而不是自己开口言说。按照巴赫金的讲法，正是忏悔式写作，尤其是浪漫主义者的忏悔式写作，比如卢梭的《忏悔录》，引领了一种表达更直接的、"个人性的"忏悔风格。换言之，浪漫主义者在特别的言语、音乐和绘画中找到了一种表达自身的方式，其中所有的思想、感觉和体验都不必以某种权威性话语的风格来表达。即使是斯多亚主义者，基本上也都会给哲学老师写私人信件。巴赫金宣称，如果有某个权威确立并主宰了一种稳定化的表达中介和表达风格，那么仪式化的话语（conventionalized discourse）就会大行其道。如果不存在任何此类中介，那么就会流行导向多样、双重声音的话语。

这就意味着，在这类情形下，没有任何单一话语确立起绝对权威，将会有多种多样的话语、文学风格和表达方式通行。这并不等于说没有权威性话语，只是说没有单一一种话语能支配整个话语领域。实际上，巴赫金认为，现代社会生活就属于这种情形，存在繁多话语，或其所称的众声喧哗，其中有些带着权威的印记（比如科学、宗教、伦理等方面的话语），另一些这种色彩就比较淡一些（比如日常会话风格或通俗文化）。这种众声喧哗在现代小说中可以找到明证，因为现代小说在风格上的整体性并不来自一种统合的语言，而是源于它将相对自主的日常生活语言融入作者自己摸索发展中的作品风格。因此，作者自己的风格或人格就体现在他们如何将由他人言语构成的多种话语融入自己独

社会性自我

特的声音和声调，也就是他们自己的风格。正如作者通过其作品来成就这一点，我们也通过成为自我来取得类似的成就，有一些声音和话语与我们如此相近，成为我们自己的声音和话语，通过我们的身体和经验而获得生机活力。而另一些声音和话语则始终格格不入，保持一定距离。

与此类似，小说和故事的主人公们也不再被呈现为固定的人物性格，从"外面"来看，可以说没什么发展变化。相反，他们"内心"必须是复杂的，其自觉意识的核心十分活跃，其自我对话是双重乃至多重声调的，向读者开放。只有这样，我们才能够认同他们也是和我们相仿的一种自我，由许多彼此矛盾的声音组成的声音丛表达着暧昧含混的感觉，而扼制了其他的感觉。巴赫金认为，陀思妥耶夫斯基就是现代小说家的最佳例证，因为主人公之所以引起陀思妥耶夫斯基的兴趣，是"在于他是对世界及对自己的一种特殊视点，基于这种立场，一个人能够对自己的自我和周遭现实做出解释与评估"。[20] 在这里，我们看到，一个讲求伦理的人的核心就在于，置身与他人共在的世界，与自己保持对话，并在此对话中，对自己的自我及世界做出评估。按照巴赫金的讲法，陀思妥耶夫斯基对于其小说中任何一位主人公，从未就"他是谁？"这一问题给我们提供明确的答案，因为他们和我们一样，从未最终实现，而是始终处在成为的过程中。他笔下的主人公不断提着问题，但从未有过彻底的解答，而问题就是"我是谁？"和"你（们）是谁？"后一个问题问的是主人公遇到的人。

---

[20] Mikhail M. Bakhtin, *Problems*, p. 47. ——原注
参见中译本，注 111，第 61 页，此处有大改动。——中译者注

这使主人公陷入内省，在内省中与自己展开对话，与自己相信他人对他所产生的意象展开对话，或者是在与自己展开的一场想象性对话中，自己认为他人可能会对他说的东西展开对话。巴赫金认为，在陀思妥耶夫斯基的作品里，主人公……

> ……用心倾听着人们议论他的每一个字，就好像在他人意识的一面面镜子里照见自己，看到了自己形象在这些镜子里的种种折射；他也知道自己得到的客观评价，既不受他人意识左右也不受自我意识左右的评价，他还要考虑"第三者"的看法。但是，他同样明白，所有这些对他的品评，不论是有偏颇的或是客观的，都掌握在他手里；这些品评不能完成主人公形象，其原因正在于是他自己意识到、了解到这些评语的，他可以超出这些评语的限制，并就此使它们变得不够充分。[21]

我们就像这些小说里的主人公，也相信他人永远不能对我们是谁发表定论，永远不能用他们的言语或伦理评判来对我们做出最终的品评，因为我们每一个人都不仅仅是"针对他人之我"，还是"针对自身之我"。诚如米德所言，自我被分裂为致言者和受话人，分裂为"主我"与"客我"，一个能够对自我说话，另一个能够应答。但是按照巴赫金在上面的描绘，我们不仅能用自己的言语来做这件事情，还能用想象出来的他人的言语来做，或者是基于想象出来的他人的视点。如此一来，我的言语和想象出

---

[21] 同上引，页 53。

参见中译本，第 69 页，此处有改动。——中译者注

社会性自我

来的他人的言语就在自我对话中分分合合（一种具有双重声音的意识），我可以运用他们自己的言语来回答他们，只是融入了我自己的声调，就看我怎样回应他们。因此，如果我与某人的意象进行自我对话，其实是在和他进行争辩。他说我"傻"，我就能对自己说："傻？他们才傻呢。我会让他们瞧瞧，我可不傻。"这就是巴赫金所说的对别人的言语"不屑一瞥"的言语，我们就此把别人的言语加上自己的声调，从而以彼之言，还治彼身。这样做，我们也会觉得自己超越了他们，或是让他们有所欠缺。就算是权威群体对我做出的客观品评，比如宗教上的评价或科学上的归类，也不是什么定论，不会完全界定我，因为他人总能再就我说些什么，或是我总能再就自己说些什么，可以超出这些品评。

但是，要从他人的诸多声音、诸多伦理评估之中，找到属于我们自己的声音，我们一定不能低估其困难程度，事实上，我们从个人的经验中或许已经有所体会。我们其实都受制于多种彼此竞争的声音和评估，也清楚意识到整个社会即所谓"一般化他人"会怎样看待我们，这就意味着，我们自己的声音往往存在着内部的分裂，给我们与他人的关系创造出诸般张力。巴赫金以陀思妥耶夫斯基小说中的娜斯塔西娅·菲利波夫娜这个人物为例 [22] 来谈这一点。娜斯塔西娅无疑清楚社会会怎样评判她，自认是个"堕落的女人"，但又要从别人的评判那里求得辩护。而当她真的从某些人那里得到辩护时，却又和他们争辩，觉得自己其实是有罪的。可是，别人如果赞同她的自我谴责，她又鄙视他们，排斥他们。在她的自我对话中，有两种彼此分裂的声音在起作用：支

---

[22] 出自陀思妥耶夫斯基《白痴》。以下叙述参看中译本第 315 页。——中译者注

配性的声音是自我谴责，告诉她自己是个"堕落的女人"；而第二种声音比较静默，抗拒这种看法，要在别人的言语和评判中寻求承认与确证。你几乎可以说，第二种声音是要从别人的言语中寻求力量和支持。但一旦找到了，支配性的声音又会重占上风，开始反驳。问题在于，关于她自己，娜斯塔西娅并没有找到属于自己的声音和言语，无法决定谁对她的评价是她会赞成的品评。要想解决这样的分裂，除非形成一种更为统合的声音，她可以宣称是自己的声音。

我们在这里可以看到，从巴赫金所描绘的这幅自我肖像中，如何可能界认出某种无意识的成分，因为即使是那种比较静默的声音，在娜斯塔西娅的所言所行中，在她寻求承认这种声音、确证自己的自我的方式中，显然也是积极活跃的。而且，由于它无法获得充分表达，很快会被更具支配性的那种自我谴责的声音压制而归于静默，因此是在完全觉知的层面之下起作用的。它就像某人计划自杀，但只是想获得他人的承认，而不是因为真的想干掉自己。就这样，破坏性的倾向，甚或是满怀怨恨和愤怒的倾向，遮蔽了赢得他人承认和接受的倾向。这种分裂的声音往往包含着自我掩盖，一种声音处在明面，形成了言行的内容，而另一种声音处在被遮蔽或潜伏的状态，形成了言行的结构。

实际上，我们在告白／忏悔或揭示我们身上被遮蔽的一部分的时候，往往开始通过与另一个人的对话，更加明确地表达第二种声音，也就是此前比较静默的声音，寻求另一个人对这种声音的冒头做出反应，寻求他们对我们自身这一面向的确证或否认。话说回来，与其说这是在与另一个人的对话中对自我的揭示，不如说是对自我的创造或创作：我们寻求有关的言语以赋予其形式，向我们自己也向他人更明确地表达出来，用他人表达的言语和评价为这种声音定向。通过这种关系性的方式，我们与自身对话，进入与他人共在的生存状况。反过来，他人也能够通过确证和对话，帮助我们创造并表达我们自我的这一面向，或者也可能不予承认，试图否定它的存在。这样的反应会迫使我们回过来否认那种声音，或被迫另寻他人，能用他们说出的言语，帮助我们明确表达出那声音。

因此，我们在向另一个人告白的时候，并不是在说有关自身的什么业已形成的真相，而是通过形成我们自己的声音，与某些人的声音相融合，而对抗另一些人的声音，创造出那种真相。诚如巴赫金所言，单一一种意识是永远不会自足的，因为"只有当我向另一个人揭示自身，通过他，并在他的帮助之下，才能对自身产生自觉意识，并成为自身"。[23] 如果把自己包裹在自我对话之中，变得自我封闭，其实就是自我之死，因为那种对话会变得贫乏，逐渐枯萎。要做一个人，要作为人而存在，就意味着在相互创作的最深层，与他人展开沟通。巴赫金在此呼应了詹姆斯，也认为如果无人倾听、无人承认、无人注视，就等于自我的彻底死亡。如此说来，

> 存在就意味着为他人而在，就意味着通过他人，为自己而在。一个人是没有任何内在自主疆域的，他完全而始终地置身边界。他向内注视着自己，也看穿他人的眼睛，或者用他人的眼睛来看。[24]

---

[23] 同上引，页287。

[24] 同上引，页287。

这也是马丁·布伯所称的"人际"领域，个体步出各自当下承担的社会角色，试图相互察看完完整整的彼此是谁，或各自允许对方成为其潜在的可能是谁。[25] 特纳曾经指出，这种状况往往发生在某些中介态时刻，朋友和同伴之间抛开角色和地位，此时此刻，相互达成充分的承认和理解。[26] 在这类时刻，会高度赞赏个人坦诚相见、不事矫作，人们所渴望看到的那种社会展演，也应该是旨在相互创作，而不是确认社会位置。

不过，在巴赫金的社会本体论中，告白/忏悔属于一种暧昧含混的展演，因为它既可以是一种向可信任的同伴进行自我揭示的亲密行为，也可能源于一种空气中弥漫着微妙的强迫意味的社会氛围。他再一次以陀思妥耶夫斯基的小说为例来说明，认为这些书里的主人公都遭受着某种"道德折磨"，"以此逼主人公把达到极度紧张的自我意识彻底讲出来"。陀思妥耶夫斯基在主人公周围创造出"一种极其复杂、极其微妙的社会气氛，以便逼得主人公……用对话方式袒露心迹，揭示自己"。[27] 因此，伦理关系就包含着某种强迫的维度，人们试图彼此逼出真话。"关于你自己，统统告诉我"，或是"她对我毫无秘密可言"，这都是我们日

---

[25] Martin Buber (1965) 'Elements of the interhuman', in M. Buber, *The Knowledge of Man*. Tr. Ronald Gregor, Smith. London: George Allen & Unwin. pp. 72-88.

[26] Victor Turner (1982) *From Ritual to Theatre: The Human Seriousness of Play*. New York: Performing Arts Journal Publications.

[27] Mikhail M. Bakhtin, *Problems*, p. 54.
参见中译本，第70页，有改动。中译此处为"精神折磨"而非"道德折磨"。而"社会气氛"本书英文仅为"气氛"。省略号处为"在同他人意识紧张的相互作用过程中"。——中译者注

常对话中常常听到的说法。伦理上的强迫也是社会权力关系中普遍存在的，在各式各样的情形下，都可以要求个体说出真相。在法庭上，我们被迫讲述真相，如果我们被发现撒谎，就可能面临严峻的惩罚。同时还会用到一堆专家，像是警察、精神病医生、社会工作者或缓刑官，来确证我们所说是否属实，确证我们的性格的道德品质。但巴赫金透过陀思妥耶夫斯基小说《卡拉马佐夫兄弟》中德米特里受审的一幕场景，反思了法律话语和医学[28]/科学话语中形成的被扭曲的自我观。侦查员、法官、检察官、辩护人、专家（包括心理学家）[29]都试图将职业言说的风格给客观化，以固定德米特里的性格。但他们最终都失败了，因为在他人格活跃着的核心，充盈着内在的对话、决定和危机，而这些人却要代之以根据心理法则在言行中预定的现成范畴。近些年来，这些职业话语的各个分支或许都变得更为精细，诱使个体参与，以便让他们讲述有关自身的真相。纵然如此，个体对于自己的自我，也始终能够发表某种言语，某种意见，摆脱职业的眼睛和耳朵，静默地向自身诉说。而在某些时刻，个体也很可能把这种声音和言语当作有关自己的定论，哪怕这场对话永无终结之时。

就这样，西方世界的历史和文化已经创造出一种惯习，让我们相信，我们必须找到属于自己的独特的自我和声音，任何人都不能完全化约为存在于社会结构中的人的那些角色、类型或范畴。如果我们从一个人身上抽取出这些东西，那么对于还剩下的那些东西，我们就称之为个体的自我，这是独特的人性的残余

---

[28] 原文此处为 "medial"，疑为 "medical" 之误。——中译者注

[29] 参看中译本第 81—82 页。原文此处为法医鉴定委员会。——中译者注

物。但也正是现代西方社会的性质本身创造出了这些境况，其中包含着不同的言说风格、角色和范畴化共同组成的众声喧哗，没有任何单一的权威／作者身份（authority）能够统合这些东西，使我们受制于它，让他人来创作我们，要想创作我们的自我，也必须借鉴于它。作为一个讲求伦理的自我，我在一定程度上是由他人的言语和评价创作而成的，但我也能从周遭各式各样的话语中，选择一些来联合，而力求摆脱另一些。我还能运用这些言语来评估自己的自我，哪怕他人的言语会深深地影响我，尤其是那些至关重要的人。基于上述种种，当我将他人的言语与自己的渴望相融合，或是拒绝这些言语，而与另一些具备权威性或说服力的言语相结合，我就能开始拼装关于自身的某种意象／形象，要么相信自己就是这样，要么希望自己成为这样；我就能开始找到关于自身的某种真相，找到属于自己的声音。

第三节　莱恩论分裂的自我与分裂的身体

行文至此，我试图刻画出我们需要经历多么复杂的社会性、关系性过程，才能成为讲求伦理的自我，即能够以我们所属文化中的他人可以领会、视之为合乎情理的方式，为自己的行动做出应答。不仅如此，要想获得他人承认我们是讲求伦理的自我，不仅要看理性在修辞层面上的展演，而且要看那些被视为合乎情理的行为，包括我们的举止作派和表达情绪的方式，在身体层面上的具体展示。不管怎么说，我要变成讲求伦理的自我，就必须在我与他人的关系中被赋形如此，而在我们贯穿一生的伦理对话中，这些关系始终是至关重要的。我始终觉知"针对我之他人"，这说的是其他人，是他们其实都是讲求伦理的存在，将会对我以及我做的事情给出评判。因此，我首先是作为"针对他人之我"而存在，即觉知他人对我可能具有的意象。由此可知，所谓"针对自身之我"，就是我觉知我自己，我的思想和感觉，我与自身的对话，包括我对自己做出的伦理评判。在互动的每时每刻，这些立场之间的对话性关系中都会有复杂而多维的脉动。不仅如此，自我对话（即所谓"针对自身之我"）还可能分裂为不同的声音和伦理评估，其中有些变得占据支配地位，另外一些则保持静默，在充分自觉的觉知层面之下。

有一位论家充分揭示了人与其自我之间对话中所发生的这些分裂的诸般后果，他就是 R. D. 莱恩。在二十世纪六十年代早期，这位精神病医生基于自己对"精神病患者"的研究，写出了两部颇具影响的书，《分裂的自我》与《自我与他人》。莱恩主张，有些人之所以容易被归类为"脑子有病"，是因为其所表现出的言行被大多数人视为不合情理，因此不配被当成人。这种行为的标志往往是在特定的社会场合下对身体和身体表达的使用"不合宜"，言语混乱失序或难以领会。一旦这类人被称作"脑子有病"，将进一步有损于其作为人的地位，使其化约为医学研究和治疗的客体对象，成为一名患者，而不是能够为其自我做出应答的行动者。而在精神病医生的眼里，人的一切所作所为都可以归入某种医学状态或生物状态，而不是一个试图与他人沟通的人某种被扭曲的存在维度，这就进一步化约了他们的患者。莱恩则有所不同，他不是奉行一种医学取向的精神病学，而是主张"以人为本"的思路，试图领会人的失序的沟通模式，办法就是将其放回患者的生命史及其与他人关系的背景，在其中，这样的模式是具有某种意义的。

无论如何，通过种种努力，莱恩最终就具身性自我（embodied self）的性质，就这种自我如何遭到威胁，趋于分裂，得出了一些结论。他的头两本书也描绘了具身性自我是怎样在与他人的对话性关系中，开始感觉到自己是实实在在的，富有生机的，具有积极的能动作用。当这些关系趋于扭曲，就会在自我对话中制造出难以忍受的张力和分裂，使一个人身心分离，宛如行尸走肉（disembodied, dead），没有能力与他人建立关联并有效沟通。

在莱恩看来，无论对于一个孩童还是一个成人，其自我发展中都有一个必需的要素，就是拥有受到他人关爱和注意的经验。从生命开始，我们就都需要被承认为自有其独立存在地位的人，得到那些照看我们的他人的关爱和珍视。显然，孩童在幼年如果高度依赖看护者，就比较缺乏自主。然而，随着孩童的发育和成熟，他们都需要得到更多的自由，更加摆脱父母的控制，更加被承认是一个独立存在的人。莱恩并没有把长大成人的过程看得鲜花似锦，总是充满了关爱，因为就算是最亲近的关系，也会明显表现出张力和冲突。实际上，这是任何亲近关系都不可或缺的组成部分，因为关系各方都必须维护各自作为自我的特性／身份／认同。因此，所有的关系都牵涉到同时确立亲疏远近的问题，既要维持社会生活中健康有益的互赖状态，又不让一个人觉得自己的特性／身份／认同完全被湮没。对于孩童来说，必须要有一定程度的独立，让他们觉得自己是自己行动的创作者，而不是认为这些行动是被他人逼迫的，或只是出于遵从才如此为之。用我的话来说，孩童在其日常活动中，即使这些活动主要是由他人安排结构的，也必须觉得自己习惯于其所处世界，能够在那些活动中表达出自己的需要和声音。

按照莱恩的讲法，当本来就易于受伤、尚在发展的自我感在与他人的关系中遭到威胁或扼制，或者当孩童未获确认作为独立存在的自我，有其能动力量，情况就开始糟糕了。未能承认自我是能动者，意味着孩童遭到忽视，看护者未能对其作出任何回应，或者只有当孩童遵从规则时才给予赞扬和关爱。就后一种情况而言，表现得"好 / 乖"（good）就意味着消极被动、一味遵从。在莱恩看来，当一个孩子开始破坏某些规则，被要求给出说法时，能够以自己刚刚冒头的声音还嘴，就标志着它开始变成一个独立存在的人，具备一定的自主能动力量。而如果父母对孩童的行为做出了反应，但相对于孩童的行动而言，反应不够妥当，或是纯属意外，就会出现另一个问题。在这种情况下，尽管行动已经激起了某种反应，但孩童之所为依然未获承认或给出说法，其能动力量和意向未能得到正确辨识。孩童就此可能开始觉得，自己的行动在某些方面不够妥当或纯属意外。

不仅如此，如果一个孩童觉得受到支配欲过强的权威性大人的威胁，或者，如果大人通过关爱一味鼓励遵从，那么在刚刚冒头、易于受伤的自我中就会激发出焦虑，可能导致孩童感到会被吞噬，郁积欲爆，呆钝僵化（engulfment, implosion and petrification）。当孩子或大人感到被他人强力侵犯，全面压过，就会觉得被吞噬；当他们感到他人的力量已经破坏了自己的自我感，就会郁积欲爆；当他们感到他人在回应他们时，好像拿他们当样东西，而不是活生生的人，从而把他们变成客体对象，就会呆钝僵化。孩子缺乏道德自主，得不到充分的积极肯定的伦理评价，就会撤回到自身，撤回到属于自己的自我对话，只活在自身

"内部"。由于"针对我之他人"让人觉得受威胁或被吞噬，或是因为我被拒绝给予"针对他人之我"的地位，我就只能作为"针对自身之我"而活着，只能拥有这一价值。不过，这也意味着我向他人呈现的一切，我在社会情境中的所有展演，都必然是非我的（not-me），必然是一道防护屏障，而我则藏身其后。但这会给自我带来灾难性的后果，使鲜活的身体陷入僵死，制造出自我与世界（以及世界中的其他人）之间的分隔，没有能力为自己创造出一个统合的声音。

首先，就身体而言，这会造成莱恩所称在世界上的"过渡性立场"。身体是我的世界、我的一切体验的核心、中心，没有它我就不能活，但它也是处在由他人组成的世界上的一样客体对象。他人能够看见的是我的身体，他人赖以认识我的也是我的身体。不过，同样重要的是，身体也是梅洛－庞蒂所称的"自然性自我"，活在世界上，在世界上行动，也体会着世界。如果我的身体感到鲜活、真切而有质感，那么我／主我也会如此觉得。因此，是身体让我的作为某种"我／主我"的感觉有了一定的质料，凭借这个可见的客体，我才能变成"客我"或"针对他人之我"。如果我们与我们的身体一起习惯于这个世界，我们会觉得仿佛在一定程度上属于这副身体，还会觉得与他人共在。我们的行动会让人感到富有生机活力，有时我们也会迷失其间。然而，对于莱恩笔下那些"精神病患者"来说，正由于身体可以被他人看见，它也变成帮助我们抵御外来威胁的盔甲或屏障，它变成非我的什么东西，不再是我的世界的中心。如此一来，身体就开始让人感到僵死，就像徒具其表的空壳，成了一种无生命的客体，与其他无生命的客体共存于世。所以，在"精神病"中，不仅是身体让人感到僵死，没有生机活力，整个世界都让人感到如此。世界也变成一个让人厌恶、具有威胁的地方，充满危险，随时随刻有可能抹煞容易受伤的脆弱自我。对于这种境况，莱恩称为"本体性不安定感"。

因此，"精神病患者"的自我是身心分离的，感到世界与己相疏离，对于个体而言，这样一种本体性不安定的境况使世界丧失了任何不受质疑的确定性。自我开始与他人相分离，也与世界相分离，甚至与自己的身体相分离。莱恩的患者中有两个病案就说明了这一点。有一位叫作詹姆斯，觉得他只是对其他人做出反应，却没有丝毫属于自己的自我认同。对他来说，他人看起来都很真切、牢固、有决断力，与自己脆弱的自我感形成鲜明对比，这让他人更加具有威胁，导致他撤出世界，以此作为自我保护。另一位患者叫作大卫，觉得自己总是在为他人出力，却从来不能在此过程中投入属于自己的任何东西，不能带着自己身体的生机活力，习惯于自己的展演。他觉得自己是在扮演自己，而自己"真切"的自我却"闭口不言"（shut-up），只活在与自己的对话之中。"闭口不言"这个词的用法耐人寻味，因为它似乎表明，大卫觉得自己不仅被封闭于自身（shut up in himself），从来不能与他人展开真真切切的或蕴含意义的接触，而且从来不曾真的说过什么东西，从来不能用自己的声音开口言说。

尽管这类人觉得自己只是活在与自身的对话之中，但这种对话本身却也变得分裂而纠结（tortuous）。莱恩时常发现，虽说这类人由于觉得被笼罩在受伤害的感觉中，因此从他人那里撤回，但他们又常常报告说，另有一种声音只向自身表达，这声音说的是比"真实"世界上的他人更为优越，鄙视他们，认为他们不值得结交。由于那些被视为疯狂的人往往会感到身心分离，他们也会表达出感到自己不朽，生理上不受伤害，相信无论自己的身体遭遇到什么，都不会伤害到自我。这只会让他们在自我对话中更加感到优越，并发出这样的声音，驱逐了另一种更易受伤的脆弱的声音，即需要得到他人的承认和重视。自我对话变得分裂，其方式非常类似于巴赫金在陀思妥耶夫斯基的作品里发现的那样，只是不像那些小说中的主人公，莱恩的患者没有一位能够向他人表达半分这些自我对话。他们与他人之间的互动和会话只是表现出某种自我的呈现，其中任何东西都是非我的。

当内部对话以如此极端的方式趋于分裂，就开始影响到人与其自身之间的关系，即"主我"与"客我"，或致言人与受话人。如果这些声音变得彻底分裂，就会表现出某种自主性，偶尔与"主我"和"客我"的感觉相脱离，成为准独立的"他"或"她"。莱恩的一位患者曾经告诉他，"她就是我，我老是她。"另一位患者也说过，"她就是正在找那个我／客我的我／主我。"[30]在这类情况下，

> "主我"并没有停止存在，但却没有了质料，已经身心分离，缺乏实在的属性，没有任何同一性／身份／认同，没有任何"客我"伴随着它。如果说"主我"缺乏同一性／身份／认同，从术语上来说或许属于自相矛盾，但情况似乎就是这样。[31]

---

[30] R. D. Laing (1960) *The Divided Self*. London: Penguin, 1990 edn. p. 158.
[31] 同上引，页172。

如果用我们这里的术语，不妨说，如果我只是"针对自身之我"，就不可能是真切实在的，如果不是针对我周遭的对话，甚至都不会存在。我必须有能力习惯于与他人共在的社会世界，作为一种具备鲜活的生机感的具身性自我，成为"针对他人之我"。与此类似，他人也必须作为我能够与之产生关联的真切、鲜活的自我，其中某些人还能与我共享一种交互感。做不到这一点，他人也会变成单纯的客体，或是我永远无法交往的令人恐惧的实体，迫使我从活生生的世界中撤回。

这些自我对话业已分裂，没有任何统合的声音，事实上，所说或所指的往往是充斥自我的其他角色。因此，当人们表达这些自我对话，他们的自我表达会被视作一种癫狂的迹象。他们似乎完全丧失理智，无法让人领会，无论是言语措辞，还是举手投足，皆是如此，似乎对身体及其姿势都没有什么控制。人们应对他人时的展演方式被视为不可理喻，因此证明患有某种疾病。不过，莱恩还主张，如果结合人的生命史，包括其与他人的关系和与自身的关系，这类"失序的"言语和身体运用还是可以理解的。其实，由于"精神病患者"被视为不合情理，未能符合被期待的道德行为标准，他们也就不被视为可以理解，同理也就不被视为是人。一个人一旦被贴上"有病"的标签，就被进一步剥夺了这种地位，被化约为一种医学客体，作为一名"患者"，而不是行动者。他们的行为也就此被解释为某种生物性状况的效应，而不是在其自身生活背景下蕴含着意义。有鉴于此，莱恩主张精神病学要奉行以人为本的思路，恢复患者作为可以理解、蕴含意义的道德行动者的地位。

第四节　社会关系、伦理展演性与无意识

因此，在莱恩看来，"精神病患者"之所以被拒绝享有讲求伦理的行动者的地位，不仅是因为他们在其修辞行为中没有展示出理智，而且在其具身性行为中也没有表现得合乎情理，未能以人们期待的方式习惯于这个世界，对于身体的控制有着让人接受的风格，包括能够表达出正确的言语。不仅如此，这一点不仅体现在自我与他人之间的对话和关系的分裂和脱节上，而且还体现在与某人自己的自我的关系和对话上。在其撰述生涯的后期，莱恩还提出了一个颇有争议的观点，认为这类分裂和脱节可以追溯到早期的家庭经历或与看护者的关系，据他观察，在其所考察的家庭网络中的那些人之间，沟通和依附的模式都不太正常。

我并不打算掺和或是重新点燃这场论战，而是认为，我们可以从莱恩的著述中得出一些重要的结论。首先，我们可以说，要讲求情理，涉及与他人一起并针对他人的具身性、对话性展演，而他人也将根据其所属特定社会群体的历史和文化中固有的伦理标准，对这种展演做出评判。其次，这类展演是关系性的，是针对他人而演，也必须对和我们共同演出的那些人具备某种意义。第三，我们不仅对我们当下交往的他人做出关系性的反应，而且是基于我们过去关系的经验，基于我们在这类场合中获得的已成习惯的性情倾向。我们正是基于这类性情倾向，习惯于我们的展演，而不是简单直接地对他人做出反应。肯尼斯·格根曾经指出，展演是关系的必要成分，而激发这类展演的因素，不仅是他们趋向进入的那些关系，还有他们和我们的赋形所源自的关系历史。"因此，当我展演的时候，我也承载着一段关系的历史，展示着

它们，表现着它们。它们习惯于我的一举一动。"[32] 第四，这段关系历史不仅蕴含着我们与他人的关系，还包括了我们通过自我对话与自己的自我产生的关系，其中有些声音的运作或许会超出充分表达的觉知。就此而言，我们并不总是觉知，我们究竟是如何或者为何以自己的行事方式，习惯于我们在关系中的展演，又或者这些展演为何可能在某些特定情绪下被激发。

无论如何，当我们以全副精力，全副身心，习惯于我们的展演，这些展演也会让我们感到真诚。无论我们在做什么，我们都觉得仿佛自己已经真是如此；我们在某个关系中正扮演的戏份，或是我们正在从事的行动，都变成了我们，我们也变成了这种戏份和行动。即使在可能会有所愧疚的活动中，比如为挣份工资而干活儿／展演工作（performing work for a wage），绝大多数人也能把一部分自己及其能量投入角色，过着那样的生活，哪怕只是部分的生活。无独有偶，我们通过与他人相关的展演，成为讲求伦理的自我。我们被他人赋形，影响到我们如何行事，如何做人。由于是他人的言行贯彻了这种赋形，当我们很小时尤其如此，我们有可能不曾觉知，自己究竟是如何被形塑如斯的，到底是什么在促动着我们。诚如精神分析学者让·拉普朗什所言，从生命的头几个月开始，孩童就接收着其看护者发出的各种讯息，其中有许多他们并不理解，成了"谜一般的能指"，让孩子们费心解码。我们都会看到和听见，孩童如果被给予一条指令，而它们并不完全理解其缘故，就会问其看护者这样的问题："为啥我非得这么

---

[32] Kenneth J. Gergen (1999) *An Invitation to Social Construction*. London: Sage. 页 133，着重格式为引者所加。

79

做？"拉普朗什相信，在更深的层面上，这些谜一般的能指中有许多是指涉被禁止的性行为，但我们可以把这一点扩展到更广泛的讯息，包括孩童身上各种不可取的行为，或者只是看护者带有评价意味的声调变化，标志着对特定举动的赞成与否。亚当·菲利普斯如此评论拉普朗什的观点：

> ……似乎完全有理由设想，父母所传递出的讯息远远多于他们原本的意向，至于孩童所摄取的讯息，不管是什么形式，也远远多于父母或孩童的预料。由此观之，我们的生活就成了……不断地尝试翻译和改译，要破解我们父母留给我们的这些谜一般的讯息。我们得去应对自己改译能力的局限。我们永远无法窥见这个谜题的内核。因此，在每个人的生成与发育中那无可逃避的东西，就是他们身上另一个人的在场：另一个人的心理力场，他的韵味（aura），他的气场（atmosphere），他的讯息。[33]

米德尝言，随着我们长大成人，作为道德形象的父母在我们意识中的在场也逐渐衰亡；我们身上取而代之的是关于我们自身和世界的一种一般化的道德感。就像菲利普斯上文的讲法，就是心理力场，就是韵味，就是他们的讯息的气场。[34] 之所以无可逃避，是因为无论喜欢与否，这都属于我们是谁的组成部分。我们

---

[33] Adam Phillips (2000) *Promises, Promises*. London: Faber and Faber. 页 203，着重格式为引者所加。

[34] 原文如此，其实对上文菲利普斯的措辞做了微调，"讯息"与最后一个词由"or"的并列关系变成了"of"的从属关系。——中译者注

不仅可以尝试翻译和转译那些讯息，还可能与之抗争，采用他人的言语和评价来与之辩驳，想方设法证明某些挥之不去的对于我们的不满感是错误的。纵然如此，我们依旧得回应一些东西，它有时会深深地赋形于有关我们作为一个人是谁的感觉，有关我们自身价值的感觉。我们的自我对话中的其他声音可能比较大声，因此显得更加强势，形塑了我们思想的内容；但一种相距遥远的讯息，它的韵味、气场和痕迹，则可能会确定我们的行事方式的结构，渗透进我们的所有关系。这就是娜斯塔西娅所面临的困境：她又想摆脱（她想象出来的）他人不满的一般化感觉，即"他们觉得我是个堕落的女人"，这种欲望确定其行动的结构，但心中自我谴责的声音又总是闯进来，充当了自己所言所思的内容，使其言行矛盾，与她结交的其他所有人都格格不入。与此类似，莱恩笔下的患者一方面希望自己易受伤害、业已分裂的自我能得到他人的理解、承认和肯定，但另一面又坚信自己有一种不会受伤、高于一切的虚假声音作抵御，无人可挡。

莱恩在《自我与他人》中指出，无意识是关系性的。它属于一系列关系和对话，任何展演者都没有能力予以充分表达和控制。无论是什么关系或互动，都不会是我的全部与他人的全部展开沟通，只有一部分我会参与沟通，而从他人的视点来看亦是如此。我也不曾与自我的方方面面展开充分的沟通。我们每一个人都把自我带入某种关系，即我们的赋形的内核，由种种讯息、评价和自我对话的韵味组成：过去关系的积淀，他人有关我们的言语和我们关于自己的言语之间的对抗，包括各种分裂的声音和复调的话语的积淀。因此，我试图投射给对话性关系中另一方的是一种关于我自己的意象，而这种意象不一定完全符合我在过去关系的残余中真正感觉自己的方式。与此相仿，他人也可能塑造出关于我的一种意象，不同于我正尝试投射的那种，或许也挑拣了过去关系的韵味中的某些东西，而这样的韵味已经赋形于我，承载于我具身性的性情倾向之中，与他人之间有着无意识的沟通。所以说，任何互动，哪怕只是两个个体之间的互动，都是关系与关系之间的一种复杂过程，不能单单概括为自我与他人之间的互动所呈现出来的东西。布伯曾经尝试列出彼得与保罗这两个人之间的互动所可能牵涉到的不同型构：

> 首先，有一个希望呈现给保罗看的彼得，有一个希望呈现给彼得看的保罗。然后，有一个真的呈现给保罗看的彼得，也就是保罗关于彼得的意象，整体而言，一点也不符合彼得希望保罗看到的样子；与此类似，反过来也是这种情形。进而，有一个呈现给自己看的彼得，有一个呈现给自己看的保罗。最后，还有一个身体上的保罗和身体上的彼得。一共是两个鲜活的存在，六个精神性的幻象（ghostly appearances），以多种方式在两人之间的会话中相混杂。[35]

在布伯看来，这体现出实存与表象的问题，在我们真实之所是与我们向他人呈现的方式之间存在鸿沟，也很难确立真正的人际对话，让我们能够丢掉乔装，基于自己存在的稳定内核，彼此交谈。尽管这似乎有些理想主义，但我要说，布伯上面这段话的确描绘出一些重要的东西，告诉我们互动是如何并非由自我与他

---

[35] Martin Buber, 'Elements', p. 77.

人之间的直接关系所组成，而是包含着多方向的意象工作（image-work）。不仅如此，诚如莱恩在评论布伯时所言，这段话还表明，无意识范畴，即有关我们的自我，我们在意识层面始终无所觉知的那些东西，是如何成为我们的自我的某些面向，我们与之并无充分的或真诚的沟通（就像他人的声音或其声调变化，传递着某种并非所愿的有关我们自身的意象）。就此而言，构成无意识范畴的并不是某些生物性驱力，不被允许进入文明、体面的社会的世界，由道德的防护机制团团拦住。相反，组成无意识范畴的是遭到压制或被迫静默的那些声音或意象，是参与塑造我们的行动动机的那些声调变化和性情倾向。而我们思想的内容则是由更为强势的声音所充塞的。因此，按照理查德·利希特曼的讲法，"动机和对立动机都没有任何彼此独立的存在。两者都是从某个过程中进行社会性建构的产物，而在此过程中，只是从与对方相反的角度来解读彼此的"。[36]

作为对这一点的进一步说明，俄国语言学家沃洛希诺夫曾经宣称，弗洛伊德注意到，在自我、超我和本我之类"心理力量"之间存在冲突，包括欺骗和不承认等心理作用，如果没有某种社会中介形式是不可能的。作为一名语言学家，沃洛希诺夫认识到，这类过程就是一套社会话语中各种意识形态记号之间的相互作用。因此，

　　人的心理的内容，即由思想、感情、欲望等组成的内

---

[36]　Richard Lichtman (1982) *The Production of Desire: The Integration of Psychoanalysis into Marxist Theory*. New York: Free Press. p. 192.

容，产生在意识使之定形的过程中，因而也就产生在人的口头话语使之定形的过程中。口头话语（当然不是在其狭隘的语言学意义上，而是在广泛而具体的社会学意义上）就是反映我们获得心理内容的客观环境。行为动机、思考、目的和评价在这里形成并得到外在表现。它们之间的冲突也在这里产生。[37]

在上段话中，沃洛希诺夫在广义上使用了意识形态这个术语，以涵盖社会互动和言说的整个领域，这样一来，就可以照着巴赫金所描述的方式，对一种声音或动机实施抑制，比如另一个人有关我的言语和我关于自己的言语之间的冲突，或者像另一个人对于我的伦理评判，即他们是否承认我是个讲求伦理的行动者，与我对于自己自我的评估之间的冲突。这些冲突必然是话语性的，因为审查和抑制的"无意识机制"非常灵敏地"侦测着思想在逻辑上的所有细小差异和感情在道德上的所有细微差别"。如果这是一种心理性或生物性的"机制"，就不可能出现"从逻辑上、伦理上和美学上选择种种经验"；其运作必然具有意识形态性质。[38]

但沃洛希诺夫还在更具经典马克思主义色彩的意味上使用

---

[37] V. N. Vološinov (1976) *Freudianism: A Marxist Critique*. New York: Academic Press. p. 83. ——原注
参见《巴赫金全集》第一卷，第 461 页，河北教育出版社 1998 年版，张杰、樊锦鑫译，有改动。沃洛希诺夫是他假托的署名。——中译者注

[38] 同上引，页 70。——原注
参见中译本，第 445 页，有改动。——中译者注

社会性自我

意识形态这个术语，指不同社会群体之间世界观之间的冲突。为了说明这一点，他区分了"官方"意识形态和"非官方"意识形态。所谓官方意识形态，就是在一个社会群体中地位已确立或普遍被接受的观念与价值，通常与占据支配地位的社会阶级维系在一起。而所谓非官方意识形态，就是更具日常性质的观念与价值，源于人与人之间更加局部性的互动。在这种情形下，审查的功能更加具有政治性，那些被看作不为社会所接受的观念、价值、言语或意象会遭取缔。被取缔的观念、价值、言语或意象或许依然会在人们的思想与感情中呈现，但它们被拒绝进入公共表达。沃洛希诺夫还认为，非官方意识形态也相当于某些新的观念和感情早期的尝试性表达，它们刚刚在社会中冒头，出现在科学探索或艺术努力中，尚未融入官方意识形态。因此，非官方意识是由不那么系统化的内在对话构成的，其中会出现一些游戏性、创造性的思想，不时躲过官方意识的监测之眼。

不过，最终还有一种方式，其中的无意识既是关系性的，也是意识形态性的，其中的人们对于自己的动机和行动如何适合于其所处的社会关系和互赖状态的逻辑，大致上是无所觉知的。利希特曼把这个称为"结构性无意识"，并以资本主义社会中的个体如何自视为"自力更生"的男女为例；他们自己的创造，根本上与他人相脱离，与他人相竞争，乃是出于自身的自我利益而展开行动。这一点不仅使我们看不清，究其根本，我们是如何始终与他人相互依赖，才能形成并维护我们自己的自我；而且，它也抹杀了一桩事实："自我利益与社会竞争都有赖于一种整体性的（社会）结构，这种结构赋予了自我扩张的个体行为以意义，行

82

动者对此必须有默含的理解和认可。"[39] 更糟糕的是，我们对于其他人是有需要的，但在有关个体主义、自力更生的个体和自我利益的意识形态下，这种需要似乎成了一种有待克服的缺陷，而不是人的存在的基本前提。但说到底，自力更生的个体就算取得种种成就，要是没人认识到它们的内外价值，又算得了什么？

这正是我在本章要提出的观点：作为一个有价值的人而被他人承认，是一种社会过程，涉及在人际的、伦理的、意识形态的层面上展开各种评判和价值观之间的沟通。正是在这样的对话当中，我们首先被召唤成为一名讲求伦理的行动者，有能力进行负责任的行动，能够对此给出说法，或者是被他人的言语和行动拒绝给予这样的地位。但他人的这些言行之所以说赋形于我们，还不仅是在认知的意义上，即我们如何思考我们自身，而且是赋形于我们生存于世的身体倾向，我们作为自我指引的个体的行事能力，并就此赋形于我们更深层面上的身体感觉：以富有生机、充分关联的方式，鲜活地习惯于世。在这个意义上，如果被拒绝给予作为讲求伦理的行动者的地位，就等于遭受谴责，虽生犹死（living death），因为我们作为鲜活身体从属于世的感觉会逐渐枯萎，乃至衰亡。但我也希望在此表明，在一个人的伦理形成过程中，包含着多重声音；我希望指明，人们是如何与多重声音中的某些相联合，又与另一些相对抗，发展其独特的自我感，包括他们有关自身的统合的声音。因此，尽管我们被赋形于一个社会世界，接收到有关我们自身的多种声音或意象，却从来不曾被其中任何一种所彻底决定，如果我们在所置身的社会中接触到众多

---

[39] Richard Lichtman, *Production*, p. 232.

不同的声音，情况就更是如此。在这样的社会里，始终有可能变成某种不同的人，或许更趋近于我们对自己的自我所持有的那种理想。

文献选萃

Bakhtin, Mikhail M. (1984) *Problems of Dostoevsky's Poetic.* Tr. Caryl Emerson. Minneapolis: University of Minnesota Press.

Buber, Martin (1965) *The Knowledge of Man.* Tr. Ronald Gregor Smith. London: George Allen & Unwin.

Elias, Norbert (1994) *The Civilizing Process.* Oxford: Blackwell.

Harré, Rom (1998) *The Singular Self: An Introduction to the Psychology of Personhood.* London: Sage.

Laing, R. D. (1960) *The Divided Self.* London: Penguin.

Laing, R. D. (1961) *Self and Others.* London: Penguin, 1971.

Lichtman, Richard (1982) *The Production of Desire: The Integration of Psychoanalysis into Marxist Theory.* New York: Free Press.

Shotter, John (1993) *Cultural Politics of Everyday Life.* Buckingham: Open University Press.

Taylor, Charles (1991) *The Ethics of Authenticity.* Cambridge, MA: Harvard University Press.

Vološinov, V. N. (1976) *Freudianism: A Marxist Critique.* New York: Academic Press.

第四章　权力、知识与自我

诚如我在前一章所言，米歇尔·福柯，这位法国哲学家与研究思想系统的历史学家，也描绘了具身性自我在西方世界的伦理形成过程，但比阿尔和肖特尔之类思想家给出的说法更为阴郁。他对身体规训的理解也是别具一格，将规训实践和具身体现（embodiment）与现代社会权力制度／机构维系在一起。不过，大致说来，在福柯眼里，任何有关自我的分析都必须结合有社会和历史具体定位的知识，人的体验正是在这样的知识中构成的。当我们问"我是谁？"时，我们是认为这成问题，而要解决这样的问题，要求某种特定形式的知识，能让我们更加真实地理解自身。按照福柯的讲法，在西方世界，由此构成自我理解和体验的那些知识和社会实践越来越受到自然科学和人的科学（human sicences）的影响。

我们通过某些知识和实践，来解决我们自己的自我认同的相关问题，并达成某种暂时的自我理解。但自十八世纪以降，生物学家、医学专家、精神病医生、心理学家、犯罪学家和社会学家（名单仍可继续扩充）都重新塑造了这些知识和实践。在当代西方世界，人的性态（sexuality）成了一个核心概念，我们由此探寻我们真实的自我，认为如果我们能正确地界认自己的性欲，就能找到破解令人困惑的自身奥秘的要诀。我们在试图找寻有关自身的真相时，常常会问"我是弯的（gay）、直的（straight）还是弯直通吃（bisexual）？"但福柯也指出，我们对这个问题给出的任何答案都限于特定的框架，即医学专业和精神病专业创造出的一整套问题、概念、术语和实践（"同性恋"[homosexuality]和"异性恋"[heterosexuality]都是医生在十九世纪才创造出来的术语）。与此类似，如果我们面临个人问题，个人困难，或是某种异常严重的个人苦难，我们就可能（像莱恩所指出的那样）引来某位医生、精神病大夫或相关的专业工作者的诊断：抑郁症、神经病或精神病。就算情况不是这样，我们也完全会仅仅因为好奇而想要更多地了解自身，我们从书店货架上，通常是冠以"通俗心理学"的那一架，取出的任何一本书，都可能是出自某位心理学家、精神治疗专家或咨询师之手。这就使福柯指出，任何形式的知识，甚至是有关自我的知识，都关联着某种形式的权力，关联着由种种科学话语、知识、专业、制度／机构、实践组成的整个网络，其功能就在于对人的行为进行分类、正常化／规范化（normalize）和调控。

但福柯后期也开始关注伦理问题，即在不同的历史背景下，人们如何经由某种伦理，与自身的自我形成某种关系，创造出一些自我主宰或自我支配的风格，作为权力的微观物理学机制。他相信，在西方世界，我们与自我发生关联的方式是以自我支配为特征的，因为当我们受制于规训，受制于某些形式的专家知识，也就发生了自我的伦理形成过程。因此，在这种背景下，知识、权力和自我三者之间密不可分。

第一节　福柯与主体的历史主体化 / 臣属化

在其最后某部著作的序言中，福柯全面回顾了自己过去三十年来的著述，自述其研究规划始终在于理解人的多种经验形态，比如癫狂、犯罪和性态，视之为"一块知识领域、一种规范性 / 正常性类型、一类与自我的关系模式之间的相互关联"：

> 它意味着尝试解读在西方社会，如何以某些特定形式的行为为源泉和核心，构成一套复杂的经验。这种经验融合了一块研究领域（及其独有的概念、理论、多种学科），一组准则（区分了可允许的与被禁止的，自然的与怪异的，正常的 / 规范的与病态的，体面的与不体面的，如此等等），以及个体及其自身之间的一种关系模式（使其能够认识自身……）。[1]

这段话的意思是说，福柯的作品关注的是人如何使自身变成自己思考的主题 / 主体（subjects），我们如何在集体层面和个体层面上，开始通过我们所创造的有关自身的知识来审视自身。不过，当福柯使用"思考"这个词时，他不仅指的是抽象意义上的思考，比如纯粹理论，而且还以类似于实用主义者的方式来用这个词，把思考理解为一种在实践中运用的工具，明显体现在我们

---

[1] Michel Foucault (1986) 'Preface to *The History of Sexuality, Volume II*', in *The Foucault Reader*, edited by Paul Rabinow. London: Penguin. pp. 333-339; pp. 333-334.

的言说、行事和与他人相关联的方式中。思考也是一种行动形式，明显体现于我们如何评判何真何假，孰对孰错，以及我们如何接受或拒绝我们日常实践中所应用的准则。因此，我们要想拥有关于自我的一份体验，就必须既对自身和他人有所思考，还必须对自身和他人有所作用。

不过，在西方社会，我们对于生存于世的体验，对于自我的体验，都与某些科学研究领域相关联，后者提供了形塑体验的概念、范畴和实践。体验还关联着一些特定的准则，对体验进行分类，将其划分为好的或坏的，健康的或不健康的，正常的 / 规范的或不正常的 / 不规范的。比如说，福柯的首部研究就是关于癫狂的历史，探究自十六世纪以降，体验在西欧是如何转型的。在过去，癫狂或愚行往往体现在文学人物身上，他们借癫狂或愚行为声，来讽刺或抨击地位确定的权威；而到十八世纪，癫狂被视为理性的对立面，并就此归于静默。[2] 莱恩指出，贯彻科学理性的医生和精神病专家认定，疯子毫无半点可以理喻之言，因此在理性时代势必归于失声。而在福柯看来，与理性之力量的兴起齐头并进的，是对于穷人、老人、病残、罪犯的"大禁闭"（the great confinement）：从十七世纪以后，那些流浪汉、不适应环境的人或找不到位置的人，也都被关进了济贫院等机构。这类人口中的每一部分都逐渐被归为独立的一类，分别安排到不同的机构，那些被视为理智不健全的人就被关进了疯人院。而负责掌管疯人院的就是医学专业，这主要是因为人们起初担心，癫狂可能

---

[2] Michel Foucault (1967) *Madness and Civilization: A History of Insanity in the Age of Reason*. Tr. R. Howard, London: Routledge, 1987 edn.

是种传染病。不过，医生慢慢也开始摸索出一种有关精神疾病的新观念，我们今天还延续着这一观念，而其基础就是要对各种症候进行分类，针对各式各样的状况，设计多种形式的治疗。

就这样，逐渐发展出一套辨识各种症候和行为的体系，并构成有关"精神疾病"的知识。但这也成为一套规范性体系，基于"技术、行政、司法、医学等方面组成的一整套机器，旨在孤立并监管理智不健全者"，来调控行为。[3] 它还是将自身与可能成为癫狂主体的他人关联起来的一种方式，换句话说，有关癫狂的体验已经发生了转变，从愚笨的、痴呆的、流浪的或中魔的，在不同的人口之间游荡，竭尽可能地在他人当中生活，转为一种精神疾病。也就是说，被医生、行政官或司法官归类，自愿或不自愿地被禁闭于收容所，受制于处置／治疗（treatment）。福柯简述了这种转变其实是怎样表现了一种新式的权力，而不是更为人道地处置理智不健全者。人们往往说，曾几何时，疯子被铁链锁在旧式疯人院的高墙之内，而菲利普·皮内尔的著名举动，即解开其管下疯子的锁链，则象征着疯人们的解放。不过，皮内尔的宗旨并非将疯人从收容所里解放出来，而是像英格兰的威廉·图克等人一样，使疯人们受制于一种新式的"道德治疗"，包括盆浴，淋浴，以及掌管机构的那些人的密切监管。不过，福柯指出，盆浴和冷水淋浴都是被用作惩罚的，就像把疯人封闭在一个道德评判的世界里，其设计宗旨就是要让他们为逾越了正常的／规范的、理性的行为形式而重新感到罪疚。

---

[3]　Michel Foucault, 'Preface', p. 336.

一切都组织良好，疯人们会在一个四面紧裹的评判世界里认识自己。他必须了解到，自己被监视，受评判，遭谴责。逾越了就要受惩罚，这种关联必须一目了然，成为所有人都认识到的一种罪疚。[4]

这种道德治疗的宗旨就在于让罪疚在收容所里的疯人们头脑中内化，并创造出一种懊悔感。它利用了心理内倾性，现代人力求在这种状态下，通过反思来找寻有关自身的真相，疯人也由此意识到自己的罪疚。通过这种意识，疯人们就可能重新感觉到自己作为一个自由而负责任的主体的自我，有能力以理性的方式掌管自己的行为。医生之所以有权力，并不是什么有效治愈，而是因为他们事实上充当了展示理性能动力量的权威的人物形象。从医生这里可以看到，疯人都缺少什么，又应当成为什么，可以成为什么：那就是讲求理性。在现代时期，对抗精神病专家的权力和权威的并不是病人自己，倒是致力于突破理性势力范围或探触理性界限的那些艺术家和哲学家，他们确立了一定程度的自由，以逾越理性的准则和调控。在尼采与阿尔托的作品中，可以听到不讲求理性的声音："凭借自身的力量，抵抗那个巨大的道德囚禁，而我们却习惯上称这种囚禁是……解放理智不健全的人。"[5]

福柯进一步考察了监狱和犯罪，继续分析这种风格的"惩罚理性"，这次惩罚的矛头对准了社会中不服管教的那些成分。不过，他的分析宗旨却是一样的：考察癫狂是为了揭示有关癫狂和

---

[4]   Michel Foucault, *Madness*, p. 267.

[5]   同上引，页 278。

社 会 性 自 我

健全（有时就包含了对于癫狂的忧惧）的体验如何关联着一种新式的权力和知识，蕴含着分隔和调控人口的新型制度手段与管理手段；无独有偶，有关犯罪和守法的体验也包含着类似的机制。这里的核心主题同样在于：将罪犯监禁在监狱中，似乎与十七世纪前广泛实施的野蛮酷刑和公开行刑形成了鲜明对比，但并不能视为更为人道的惩罚形式，而是以某种惩罚理性的形式来践行权力。福柯就是要揭示，惩治体制的变化，法律的变化，是如何与人的科学中知识的发展相互交叠，相互影响，以"使权力技术既成为惩治体制的人道化（humanization）的原则，也成为有关人的知识的人本化（humanization）的原则"。[6]

在十七世纪前的惩罚实践中，被定罪者的身体成为那些如今看来显得十分极端的体罚和折磨形式的焦点，比如对犯人实施鞭笞和公开行刑，并且往往是通过绞死和车裂，身体被大卸八块。在福柯看来，这是因为法律表征着君主的意志与强力，因此对于法律的任何攻击或侵犯都会被视为对于君主的人身（即强力）的攻击和侵犯。在这种背景下，惩罚就不是被理解为纯粹对犯罪受害者的补偿，也是君主针对给自己行使法律权力的王国以及给自己的人身造成的伤害而做出的报复。因此，行刑就是"一场重建暂时受伤的主权的仪式"。[7]与此同时，对于犯人身体的折磨就成了一种手段，以此获得忏悔／告白，因此也关系到求得罪行的真相。

---

[6] Michel Foucault (1977) *Discipline and Punish: The Birth of the Prison*. Tr. Alan Sheridan, Harmondsworth: Penguin. p. 23.

[7] 同上引，页 48。

　　福柯注意到，随着我们进入十八世纪和十九世纪，真理／真相与权力的关系依然还是各种惩罚形式的核心，但具体方式已经颇为不同。现在，惩罚实践试图将对于真相的探寻与任何惩罚形式都必然始终包含的暴力或强迫分离开来。随着欧洲各地的君主都纷纷开始丧失自己的权力，转到更具非人身性的治理形式和行政形式，权力也以作为整体的社会的名义来践行，并以保卫社会的名义来得到合法化。现在，人们期望能根据罪行的轻重来衡量惩罚，因为就算是罪犯也属于社会的成员，这样，惩罚才会被视为公正。不仅如此，人们希望看到的惩罚后果也变成，让那些犯了罪的人、任性妄为的人都能成功地重新整合到遵纪守法的社会身体当中，而不再是对冒犯者的身体实施报复，只是要对他或她的性格进行改良，修补其行事方式。故此，人们现在对酷刑的恐怖避犹不及，但并不是出于对犯人的人性产生了新的尊重，而是因为倾向于更为精细的正义，在整合和调控整个人口的行为的社会关系网络中，更加均衡、更加规则地展开运作。尽管人们往往认为，这类体系的优点就在于公正，力求代表全体人实施正义，但在福柯看来，它的宗旨和效果之一，恰恰是将权力的运作推广到整个社会身体当中。

　　至于监狱本身，也不再是对犯人身体实施报复的地方，而是一处制度性场所，人的性格，也就是他们的灵魂，必须在此得到改良，准备好重新整合进社会，作为一名有用的、有生产性的、遵纪守法的成员。监狱就此变成一处新型的权力"微观物理学"实施的场所，这种机制的宗旨不再是惩罚身体，而是要控制身体、规训身体：对身体的行为进行调控，以便改变身体、重塑身体，就此改变犯人的性格本身。要实现这一点，就是通过精细的调控技术，密切关注行为和习惯的方方面面。所谓规训，涉及对空间的控制，每个人都被指派一处地方，一种功能，从而可以被监管，与其他人相分隔（以防止反抗和骚动），被个体化。在这种规制（regime）下，每一个体的行为每时每刻都能得到监管、监测和评判，以便计算个体的品质、美德或缺陷。空间就此被细加分解，精心组织，以便观察、评估、记录每个犯人的行为，从而能够认识这些人，加以分类。不仅如此，还改造时间表用来对监狱中的活动进行时间控制。不过，时间表并没有被用来确保行动的效率，现在被用来强加给日常活动一种节律，并把每一件事都分解为各个组成部分，以便重新组装成新的行事方式和思考方式。

通过以上种种方式，监狱旨在创造出新型的个体，新型的自我，只是通过作用于犯人的身体，对它们进行规训，来实现这一点。

在规训的历史环节上，诞生了有关人的身体的一种技艺，不仅是要促进人体技能的增长，也不只是要加强人体的主体化/臣属化（subjection），而且还要梳理出一种关系，通过运作机制本身，让人体变得更加有用的同时也更加顺从，反之亦然。由此形成的就是一种作用于身体的强迫政策，对身体的组成部分、手势姿态和行为举止进行计算操纵。人体逐步融入一整套权力机器，接受这套机器的探索开发、逐一分解和重新安排。就此诞生了一种"政治解剖学"，也是"权力力学"。它规定了一个人如何可以掌控他人的身体，不仅是可以让这些身体做他希望的事情，而且是可以让这些身体按照其愿望运作，依照其决定的技术、速度和效率。如此一来，规训就生产出受臣属、被实践的身体，"驯顺的"身体。[8]

福柯明确指出，他觉得这种理性化的规训／纪律（discipline）不同于修道院里实践的那种制度性苦行，后者更扩展成韦伯视为新教伦理中发挥作用的那种苦行式的行为理性化。在这方面，苦行实践的纪律的宗旨，乃在于每一个体都能够把持自己的身体。而在监狱里，这更像是通过强加一种规训体制，对他人的身体进行控制和转化。

然而，对于身体的这种规训的最终产品，就是通过灌输给个体一些控制其身体的技术和习惯，创造出一种新型个体。通过分隔、分解和分异（separating, analysing, and differentiating），每个身体的"规训'塑造出'了个体；正是权力的特定技术，既将个体视为其践行的客体对象，也视为其践行的工具"。[9] 因此，权力并不是将自身强加于个体，因为"权力的主要效应之一已经就位：特定的身体、特定的姿势、特定的话语、特定的欲望，开始得到界认，构成为个体"。[10] 另一种贯彻这一点的技术就是在制度／机构中密切观察每一个体，让他们随时随刻能被监管他们的人看见。以监狱为例，守备和狱卒监督着每个人的行为，但后来有些犯罪学家和心理学家就会研究犯人的行为，力求理解据说

[8]　同上引，页137—138。

[9]　同上引，页170。着重格式为引者所加。

[10]　Michel Foucault (1980) *Power/Knowledge*, edited by Colin Gordon. Brighton: Harvester Press. p. 98.

躲在身体"后面"的心智来"进入"身体。因此，监控成为监狱中核心的规训技术，人们耗费大量精力来设计建筑物，以确保犯人能够随时被监看，这样就不会有任何活动逃脱权威的关注。有一样建筑设计完美地适用于监狱，其中的观察者变得不可见，而犯人则始终保持可见。其效果就是，犯人永远不知道自己是否被监看，因此必须始终表现得仿佛自己正处在监控之中。这样一来，犯人就必须始终留意自己的行为，就像某位无名的或不可见的他人正随时留意着他，并遵照他人的规范和标准来调控自己的行为。

这很像是米德所描述的"一般化他人"的"内化"，亚当·斯密所讨论的"无所偏倚的旁观者"的形成，或是弗洛伊德在其临床诊疗作品中详细记叙的"超我"（"above-I"）的巩固。无论哪一种情况，对于他人的一般化感觉，尤其是对于他人的价值观念及可能有的评判的一般化感觉，其功能都在于调控行动：也就是说，我们开始调整自己的行动，遵照我们觉得我们所认同的社会群体会赞许的那些方式，对它们进行形塑和设计。而福柯的不同点在于，他详细阐述了在现代社会，对于那些看似没有能力调控自己行为的人来说，以某种非人身化权威形式出现的有关他人所作出的道德评判的一般化感觉，是如何通过规训权力和惩罚理性，强加于他们。

福柯认为，还有一项技术与这一过程密切相关，那就是考查，它将个体置于监控领域，也使其处在书写之网中，也就是说，处在一系列记录、案宗和文件之中，它们都试图对个体进行记录和分类，将其转变为某种可描述、可分析的客体对象。这就使个体面临各式各样知识体系的目光凝视，而后者又都以各自特有的方式来描述个体。在福柯看来，这就代表着人的科学的诞生，后者的兴起是作为研究有关个体的案宗细节，而非有关历史的宏大观念。它还意味着，在现代世界，要找寻有关某一个体生命的故事，与其说要看那些英雄式或史诗般的叙事，不如说得找医生、精神病学者、心理学家或教育工作者的案宗记录。（福柯无疑对"成绩记录"产生了浓厚兴趣，学生们现在被要求不得放松对自己的要求，根据各自教师和督导而分组，从一开始即开始记录自己在课内课外方方面面活动上的一切成绩）。这类文件记录同时旨在将个体客观化／客体化（objectification）和主体化／臣属化（subjection），也就是说，个体既通过文件被转变成他人的凝视的客体对象，同时开始通过他人对自己塑造的知识和分类，自视为一个人，在此过程中获得有关自己的自我的某种主体感受，由此被转变成他们自己的凝视的客体对象。因此，规训权力一方面致力于塑造并调控人们的行为，但在此过程中并没有压制个体性，而是创造出某种特定形式的个体性。但这种形式并非关于哪一位值得铭记的人物，比如男女英雄／主人公，而是体现为一个"案例"。规训技术力求对行为实施正常化／规范化，但就是通过对规范周边存在的种种个体性进行研究和编目来做到这一点的。

之所以会出现这一切，都是因为权力在社会中的实施越来越均衡、越来越规则，以至于没有任何人能够逃避其势力。依照福柯所言，

> 长久以来，普通的个体性，也就是每个人日常的个体性，始终低于可描述的阈限。要受到注视，得到观察，细致

描述，日复一日，持续书写，可谓一项特殊待遇……而规训方法倒转了这一关系，降低了可描述个体性的阈限，使这种描述成为一种控制手段和支配方法。[11]

话说回来，也有人批评福柯，认为他夸大了十八、十九世纪监狱中发展起来的那种权力和规训形式的范围，扩大到整个社会。本章下文我还将详谈这一意见。监狱变成整个规训权力的一种隐喻，因为"监禁群岛将这种技术从惩罚制度／机构移植到整个社会身体"。[12] 但福柯作品的引人入胜之处，还在于他如何描述现代自我的创造。在监狱这个案例中，也就是犯罪如何被构成为一种知识客体，"罪犯"如何被从中创造出来，作为一种体验，一类自我。在监狱的规训中，一切都被细致组织，犯人可以塑造与自身之间的一种新型关系，对自己的思想、感觉和行为实施监控和调节，这在其个体化过程中扮演了关键角色。

92

福柯还进一步扩展了规训社会的观念，又提出了一点重要说法，谈的是当代西方世界中所有自我的形态／形成（formation）。尼采或许是影响福柯研究最显著的人物。福柯和尼采都相信，人诞生伊始，并没有什么给定的灵魂或自我；相反，灵魂是自十七世纪以降权力、知识与规训的某种特定历史形态／形成过程的产物。因此，

> 惩罚权力的这种"微观物理学"的历史就此成为现代

---

[11] Michel Foucault, *Discipline*, p. 191.

[12] 同上引，页298。

"灵魂"的一种谱系学，或是其中组成部分。人们不再把这种灵魂看成是被重新激活的一种意识形态的残余，而是针对身体的特定权力技术在当时的关联产物。如果说灵魂是一种幻念，或是什么意识形态效应，可就错了。恰恰相反，它的确存在，自有其实在性，凭借某种权力的功能运作，以身体为核心、场地和容器，在身边、身上和体内持续不断地生产出来。这种权力的实施对象就是那些被惩罚的人，在更一般的层面上，也针对被监管、训练和矫正的人，针对疯人，家庭和学校里的孩子，被殖民者，针对那些困于机器、工作之余也遭受监管的人……这种实实在在的、非肉身性的灵魂并不是一种实体，而是一种要素，表达出 / 关联着（articulated）特定权力类型的效应，指涉着特定的知识类型……[13]

从上文可以看出，对于能承担责任、可给出说法、会讲求理性的自我的社会形成过程，福柯的看法为什么会比阿尔和肖特尔等社会建构论者阴郁得多。这是因为，他并不认为个体只是父母与孩子之间会话的产物，在这种会话中受到召唤，觉知自身是能承担责任、可给出说法的自我。相反，有关个体的成长，乃至整个自我的形成，其微观社会权力政治学充斥着作用于身体的规训，包括在家里和学校的规训体制，涉及身体活动在场所上和时间上的规律化，与监狱颇为相似。就这样，福柯将有关成为一个自我的微观社会权力政治学联系到一种宏观权力政治学，在后

---

[13] 同上引，页 29。

者当中，通过各式各样制度 / 机构场所中的规训与知识创造出自我。福柯有一部作品对于马克思主义的态度可能是最具同情理解的，他在其中进一步指出，这些制度 / 机构的规训让个体身体准备好承担未来作为劳动力的角色：驯顺，有用，可以管理，有生产性。

不过，福柯主要奉行的依然还是尼采的立场，从上段引文中我们可以看到，福柯是如何强调了尼采的观点：在自我的核心并没有什么灵魂之类的物自体；相反，关于一种统合自我的幻念正是在"权力意志"中形成的，而这种意志才是人的身体对抗他人的一种本能或冲动。不过，福柯还是指出，自我并不是一种幻念，而是权力和知识的各种技术作用于身体的效应，使个体对自己的身体，对其行动、习惯和倾向时刻保持警惕，试图以这种思路将尼采的观点历史化。所以说，自我并不是什么对抗他人的生物性本能或冲动，而是一种作用方式，通过规训，灌输有关自我支配的实践，将人们塑造成权力主体。

93

因此，整体观之，福柯尝试做的是一种历史本体论，探讨在西方社会，人是通过哪些方式，成为主体。他用"主体"（subject）这个术语来描述现代个体的时候，利用了它的双重意义："既由于控制和依赖而臣属于（subject to）别人，又因为良知或自我知识而维系于（我们）自己的同一性 / 身份 / 认同。"[14]这种主体化 / 臣属化（subjection）的发生有三种模式。第一种的

---

[14] Michel Foucault (1982) 'Afterword: the subject and power', in H. L. Dreyfus and P. Rabinow, *Michel Foucault: Beyond Structuralism and Hermeneutics*. Brighton: Harvester. pp. 208-226, p. 212.

出现与人文学（humanities）中某些试图赢得科学的地位的探究形式有关，比如研究言说主体的语言学，研究劳动主体即财富生产者的经济学，而生物学则研究作为自然和进化之产物的生命主体。[15] 第二种与人的科学（human sciences）有所重叠，就是一些制度性、行政性和法律性的机制，试图对人口总体进行分类和个体化，以求更有效率地分隔人口，加以治理。区分出各类癫狂与理智健全互斥，辨识出各种犯罪与负责任的行动比照，分离出各色疾病与健康相对。耐人寻味的是，福柯指出，人们更常考察并加以个体化的并不是正常／规范的东西，而是偏离的东西。界定理智健全要比界定癫狂更加困难，因为我们用于后者的概念种类和辞汇更加丰富。责任与健康也是同样情形（健康这个概念是出了名的难以精确界定，通常人们会认为，没病就是健康）。

　　福柯用了一个概念来汇总这一切，就是话语。他在给这个概念做清晰界定时遇到了相当困难，不过，大致可以认为，话语指的就是主宰语言和概念辞汇的一些规则，（通过形形色色的知识门类）安排着世界的秩序，也安排着世间万物之间的关系秩序，并涉及一些特定的制度场所和社会实践，它们有助于形成并巩固有关正常性／规范性的概念秩序。因此，是话语实践限定了客体场域，界定了知识行动者的合法视角，并固定了用来阐发概念与理论的规则。如此一来，在这种话语秩序之外进行体验或思考就变得不可能了。所以，在福柯更具结构主义色彩的著述中，话语秩序经由尼采所谓"求知意志"和权力意志，在主体一切经验

---

[15]　Michel Foucault (1970) *The Order of Things: An Archaeology of the Human Sciences*. London: Routledge, 1997 edn.

（康德意义上或黑格尔意义上的经验）之前，就强加给了主体。本章结束前，我还将回过头来对这一概念有所批评。

继续谈主体化／臣属化的模式。福柯界认出的第三种模式就是与自我的关联，或者说是我们将自身转变成一个主体的方式。福柯论述性态的作品就是最佳例证，他讨论了我们如何开始将自身看成是性的主体。[16] 他认为，在十九世纪的欧洲，随着有关性态的各种科学开始兴起，这个概念开始成为有关自我的体验的核心模式。这些科学源出于医学和精神病学，但也指向生物学和人口科学。不过，此前，在十七世纪，各方权威对性问题的兴趣都渐趋浓厚，尤其是天主教中向神父忏悔的惯例。按照这一惯例，忏悔主体被鼓励尽可能细致地谈论自己的性生活，谈论自己的梦和欲望，当然也要保持体面。诚然，在中世纪，人们不可能随心所欲地谈论性行为，至少不能如此公开谈论，但权力当局却对性越来越感兴趣，怂恿人们更多地谈论它，哪怕是定下一套套规矩。神父关注的是人们应当讲述自己所受的诱惑，讲述与自己肉身之间的斗争。有一次人们问福柯，这段时期是否存在对于性的某种审查，他回答道："设置下的不如说是一种生产机器，要生产出更多的有关性的话语，能够非常经济地发挥功能，产生效应。"[17]

不仅如此，国家也开始对人口的性生活感兴趣，因为在经济话语中，人口是与财富的生产相维系的，而在生物学／医学的话

---

[16] Michel Foucault (1979) *The History of Sexuality, Volume. 1: An Introduction*. Tr. Robert Hurley, Harmondsworth: Penguin.

[17] 同上引，页 23。

语中，性又是人口再生产的手段，是可能对人口实施的控制的手段。福柯称这一点是"生命权力"的兴起，即将权力设置进生命本身。民族国家的人口总体的健康与再生产成为核心关注，并伴之以性的正常化／规范化的驱力，后者与遏制并治愈疾病、异常和倒错／性变态（perversion）的驱力相关联。至于犯罪，权威当局的关注焦点在于偏常的性行为形式，即性变态，因此，"在国家与个体之间，性成为一项议题，一项毫不逊色的公共议题；针对它设置了一整套话语、专门知识、分析和禁令"。[18] 在十八世纪，医生、教育工作者和父母开始关注孩童的性活动，尤其是男孩的手淫问题，使其受到严格禁止，并建议对身体实施规训，以使孩童的思想和精力避免执迷于性，执迷于自己身体的感觉。

到了十九世纪，医生、精神病学者和犯罪司法体系开始界认出一整套在异性恋婚姻规范之外的性实践，比如同性恋、慕男狂、施虐—受虐狂等等，竞相延揽为自己研究和处置／治疗的领地。患有歇斯底里症状的女性的身体也开始成为关注的核心，布鲁勒和弗洛伊德都将病状（个体，通常是女性，莫名其妙地丧失了四肢之一的功能）诊断为被压抑的性态所导致的心理现象，这一结论广为流传。在此我们看到，从众多方面生产出形形色色有关性态的话语，在各式各样的制度／机构中展开运作，但都旨在使个体开口言说自己的性实践，言说自己的梦和欲望。不仅如此，在这些有关性的话语中创造出来的，还不单纯是更多的有关各色性实践的知识，而是以性欲为基础、以正常／规范为核

---

[18] 同上引，页26。

心分布的一系列特性／身份／认同。比如说，在十七世纪以前，"Sodomy"之举[19]在教会法和民事法中都是非法的，但所禁止的只是行为本身，它还没有被维系于某种特别的特性／身份／认同。它可以发生在男女之间、男男之间或是人兽之间。到了十九世纪，同性恋这个词被创造出来，就此将同性恋转变成"一种人、一种过去、一种病史、一种童年，以及一种生活类型，一种生命形式，一种形态特征，有轻浮失当的（indiscreet）解剖结构，或许还有神秘难解的生理结构"。[20]在刑法中，鸡奸者变成搞同性恋的、非法的、要排斥的人。不过，尽管人们常说，现代社会力图将性态化约为合法的异性恋婚姻配偶，"但同样有理由说，它具备甚至创造出一些有着多重要素的群体，至少是装备了它们，让它们壮大繁生，……权力的作用点广为分布，呈现等级，彼此对抗"。[21]

尽管有关性态的科学茁壮成长，但基督教有关忏悔和自省的旧有惯例并没有消亡，而是在新的框架下重新得到实施，其中最有名的就是弗洛伊德在精神分析中的贯彻。现在，人们不再是向神父忏悔有罪的快乐和秘密，而是在某位治疗专家的协助和引导下，对自己进行分析，界认自己的欲望和性的本性，它们隐藏在看似奇怪的梦的象征体系中，或是在自己有意识地不愿为之的行动（consciously unwilled actions）背后深奥难解的动机之中。在这种情形下，言说我们的性态的真相就此被视为言说我们自己的真

---

[19] 最初可指鸡奸、肛交、兽奸，后来渐趋专指鸡奸。——中译者注
[20] 同上引，页43。
[21] 同上引，页45。

相。正因为如此，当我们问"我是谁？"这个问题时，往往试图通过找寻有关我们的性态的真相来做解答；但我们这么做时所装备的有关性态的概念和术语，是在三个多世纪的时间里，从形形色色的话语中发展出来的，如今它们不仅构筑了关于性的知识，而且是关于整个主体、自我的知识。

但福柯与弗洛伊德不同的是，他并不认为性态是一种生物学角度上的生命力，必须由文明的权力加以抑制，而当面临原始冲动的时候，这种抑制往往过于软弱，要力求遏制却不能成功。相反，福柯认为，生命权力其实渗透到生命本身当中，开始对性进行分析、归类、增殖和个体化。它生产性态，而不是抑制性态。因此，像二十世纪六十年代许多社会运动那样，旨在解放性欲（并得到了赫伯特·马尔库塞之类哲学家的支持，他很重视弗洛伊德有关性遭受抑制的观念），并不能实现将我们从现代权力形式中解放出来的宗旨。相反，福柯主张，对于那些希望改变社会的人来说，我们和他一样，都必须投入对某种特定的权力机制的批判性分析，因为正是这种机制生产出了我们有关性态的现代观念，也即某些形式的科学知识、治疗实践和法律实践，它们使我们成为当下之所是。

因此，权力和知识并不只是一条单向街，作为权力主体和知识主体的那些人可以用权威从未预料到的方式来运用它们，福柯所处的那些批判理性传统也可以转而针对孕育出它们的那个社会。比如说，尽管有关性态的知识，有关同性恋等各种性身份／认同的创造，都有助于权力与控制的扩散，但也出现了一种反向的话语，包含了各种性群体的要求。尤其是同性恋者开始有权要求让整个社会承认其身份／认同，并加以合法化。这场运动的高潮就是二十世纪六十年代的"同志权利"运动，并最终导致同性恋的去犯罪化，也不再被归类为一种精神疾病。权力与知识的关系并不是静态的，它们是"转化基型"(matrices of transformation)，各个社会群体和个体在其中彼此交战。实际上，福柯认为权力关系就像是战争，权威当局力图治理整个人口的行为，而其他群体则予以反击或做出抵制，采取特定的身份/认同，加以重塑，或干脆全盘拒绝。[22]

这些斗争的核心，就是"我们是谁？"这个问题，就是拒绝接受某些特定的身份/认同，即人们在现代国家中被个体化的方式，与对个体实施分类和规训的那些分隔实践相对抗。但与此同时，也必然会打造出新的联盟，有些群体在其日常社会关系中重新诉求并转化其自身的身份/认同，男女同性恋群体就是如此。本章下文以及下一章，我还将深入探讨这一点，因为关于这一点，福柯并没有始终给予应有的细致考虑。

相反，在《性史》的第二卷和第三卷，福柯的论述重点从支配技术和权力/知识的技术，转向了真理游戏，在这类游戏中，我们开始认识自身，并建构出与自己的自我的某种关系。正是通过这类"真理游戏"，成为某种自我的过程被历史性地构成为一种体验，人类尝试思考自身的本性。在现代基督教社会里，我们被引导认为，关于我们自身的真理就在于解读我们自身的欲望；我们被劝告说，要对这些欲望进行分析和表达，以便把握这种真理。在有关性态的研究的随后各卷中，福柯重点考察了古典时代的社会，即古希腊罗马社会，想要理解那些社会里的公民们是通

---

[22]　Michel Foucault, 'Afterword'.

过怎样一种伦理来理解自身的。大体而言，他们更加强调对于"针对自我的照看"的伦理关注，而不是"有关自我的知识"。因此伦理实践的焦点就在于"生存艺术"，人们通过这种艺术，旨在遵照审美价值或风格关怀，形塑并转化自身。如此一来，他们就不怎么操心道德，不怎么关注有关善恶对错的问题，而更关注正确的或让人愉快的行事方式。就这样，古代人通过寻求自我完善或自我主宰，而不是出于自我支配的目的，探寻有关其作为个体的内在固有本质的真理，来应对自我和性的问题意识。

不仅如此，尽管可以发现，在基督教对于性的态度中，有许多在异教文化和伦理中已现端倪，但性并非后者的全部关注。古希腊罗马人在性方面的实践保持着严格苦行意味的节制，但这又属于一种更为广泛的关注，即对于自我的照看，包括饮食起居的规则，家庭上下的管理，以及青年男子的求爱。关于性行为的好坏善恶，行为举止的健康与否，不存在任何严格的规则，但却有伦理准则规定，作为一个自由公民（当然这只适用于自由民，不适用于奴隶），怎样才是适宜的行为举止。比如说，成年男人与少年之间爱与性的关系并不被称作"同性恋"，因为参与这些活动的许多男人也已经结婚成家。这种关系在道德上也不被视为有错。但不管怎么说，它们还是面临一些严格准则的质询与包围，要依循这些准则来实施这种关系。通常，大叔会找少男作为爱人，而同龄男人之间的关系则被视为欠妥失当。同样，少年也不应该显得"轻浮"（easy）或娘化（effeminate），因为自我照看的伦理也包含着自我主宰、雄健有力。不过，福柯也相信，爱与求爱的艺术是以成年男人和少年为核心的，因为男人和女人之间的关系是在经济和财产中确定的，并由此创造出同性之间的自由互动。[23]

不过，福柯提出的主要观点还是说，对于性活动的关注焦点并非善恶道德，也不是我们当前有关性身份／认同的观念，而是依循伦理准则的正确的性行为形式，以及公民一切快乐的正确衡量方式，不管是饮食男女还是锻炼修行。成问题的并不是所从事活动属于哪一类，而是过度沉迷，因为这显示出缺乏自我主宰，不够雄健有力，会威胁到健康。福柯就此概括道，古代世界的伦理聚焦于审美，而不是什么正常的／规范的理性。按照福柯对希腊和罗马帝国时期有关自我主宰（self-mastery）和沉静自持（self-possession）的观念的论述，之所以要这么做，并不是为了抑制自我中的某种成分或阻制欲望，而是为了以让自己和他人都快乐的方式来塑造自我。

> ……自我在这样的自持中塑造而成，这种体验并不单单是克服暴力，或对濒临反叛的某种力量实施准则，而是体验到理解自身的快乐。个体如果最终成功把握自身，对自己来说，就成了快乐的客体。[24]

就这样，通过这些研究，福柯开始概括出一些有关自我的伦理形成过程的结论，比单纯关注性和认同更为宽广。他阐明了与自身的另一类伦理关系，不包括对于自我的不懈质询或找寻有

---

[23] Michel Foucault (1986) *The Use of Pleasure: The History of Sexuality, Volume 2*. Tr. Robert Hurley, London: Penguin.

[24] Michel Foucault (1988) *The Care of the Self: The History of Sexuality, Volume 3*. Tr. Robert Hurley, London: Penguin. p. 66.

关自我的真理的欲望，而是把焦点放在自我主宰和自我节制的规训，使人们能够把自身创造成自己的快乐的客体对象。不仅如此，没有任何权威或专家介入这一过程，对该过程进行惩罚、规训或指导。福柯并不是说我们应当仿效古希腊人，因为他也认识到，他们的社会中有些方面在我们今天看来是不可接受的。实际上，"希腊人的伦理是与一味推崇雄健并且蓄奴的社会维系在一起的，女人居于低位，备受压迫，她们的快乐轻如鸿毛，她们的性生活的唯一导向，唯一决定因素，就是她们作为人妻的地位"。[25] 不过，他其实是向读者揭示，除了我们今天有的这种伦理，还可能有一种伦理，快乐在这里面不会变成有待否弃、令人感到罪疚的秘密，要寻求有关自我的真理，也不是求诸自我分析和自我认知，而是求诸一种特别的伦理，它能使人们对自己的快乐进行掂量和节制，成为自己快乐的客体对象。

福柯在一次接受同志杂志采访时，阐述了这种思路在当代的意义，认为同志们不应当把自己的性态的问题与"我是谁？"和"我的欲望的秘密是什么？"挂起钩来，而应当自问，通过同性恋，可以创造出、确立起、增生出哪些关系？就此而言，同志并不是一种给定的特性／身份／认同，而是一项规划，必须通过打造充满爱怜、温情、友谊、忠诚、同情和志同道合之情的关系，来贯彻这项规划。可当前的社会和制度／机构却会觉得，在合法化的婚姻或享乐主义消费的框架内，难以应对上述情感。"我认

[25] Michel Foucault (1983) 'On the genealogy of ethics: an overview of work in progress', in Paul Rabinow (ed.), *Ethics: Subjectivity and Truth*. London: Penguin, 2000 edn. pp. 253-280, pp. 256-257.

为，做一名‘同志’并不等于与同性恋的心理特征和可见形貌如出一辙，而是力求界定并发展一种特别的生活方式。"[26] 换句话说，福柯提议创造一种新型伦理和美学，能促成新型关系和对于各种快乐的不同分配，超出当下的同志文化。性态就此成为我们能够共同创造的东西，而不是由有关性的科学知识所产生的特性／身份／认同，不设定去发现欲望的隐秘一面。

就这样，根据福柯的界定，伦理成了自由的实践，由此可以挣脱既定的惩罚性规范，也可以摆脱规训社会中通过科学知识被给定的特性／身份／认同而获得自由。伦理使我们能够与自己的社会和自我保持批判性的距离，基于这一立场，我们能够积极主动地着手重塑社会与自我。有鉴于此，福柯回顾了康德的《什么是启蒙？》一文，文中提问："我们今天是谁？""该做些什么？"康德认为，在启蒙运动当中，人类开始将自己的理性付诸应用，并由此走出那种不成熟的状态，即不加质疑地让自身臣属于权威。现代性是一种特别的态度，就是人们敢于去认知，敢于运用自己的理性和判断，而不是回头求诸某种权威对自己的思想和行动做出约制。在福柯眼里，康德是把启蒙运动描述成一个自立的转折环节，人类自此开始将自己的理性付诸应用："恰恰是在这个转折点上，我们需要批判，因为批判的任务正在于确定正当运用理性的前提条件，从而确定我们可以知道什么，我们必须做什么，我们又可能希望什么。"[27] 不正当地运用理性会导致教条

---

[26] Michel Foucault (1981) 'Friendship as a way of life', in Paul Rabinow (ed.), *Ethics: Subjectivity and Truth*. London: Penguin. pp. 135-140, p. 138.

[27] Michel Foucault (1986) 'What is enlightenment?', in Paul Rabinow (ed.), *The Foucault Reader*. London: Penguin. pp. 32-50, p. 38.

主义，福柯正是为了避免这一点，才不针对未来创造任何宏大设计或图式，也不把自己树立为某种权威，要想打造一个更好的社会，就得完全遵行他所开出的处方。相反，福柯希望我们利用这块相对自由的空间，在其中，批判理性和反思性可以发挥作用，对既存的权力关系，对我们自己作为历史性自我的构成，都能够做出分析和批判。这将导致我们摒弃某些东西，因为我们要想独立自主地构成自身，有些东西就不再是不可或缺的了。

不过，与此同时，这种批判性的本体论不仅是从否定性角度出发，致力于分析强加给我们的那些历史性限制，而且也必须是一种肯定性的实验，探索超越那些限制的可能性。为此，福柯回到了波德莱尔，后者提议，现代的个体要把自身打造成艺术品，就像浪荡子（dandy），把自己的身体、行为和风格变成自己独特的创造。福柯借波德莱尔之口，宣扬一种自我创造的美学，而不是自我探寻和自我评判的道德，也就是说，不是去发现自我，而是去发明自我。这也体现在对癫狂的研究中，福柯相信，非理性的声音只能在艺术和哲学中被听到，展现出对于当下规则的逾越，要重塑出作为一个人独有创造的自我。在这里，福柯又一次宣扬一种生存美学，与现代各种主体化/臣属化形式作斗争。

不过，关于这一点的实践可能和可取程度，还有许多问题悬而未决。尽管福柯已经就现代西方社会中自我的创造问题提出了许多洞见，但他的著述中还有一些方面需要进行评述，予以重构。

第二节　重评福柯式自我

我在本章前文已经提到，对于福柯著述的主要批评之一，是认为他把在收容所和监狱中发现的那种风格的规训实践和惩罚理性扩展到了整个社会，而这类体制在后者当中的运作并没有如此高的强度。爱德华·萨义德借鉴英国文化理论家雷蒙德·威廉斯的研究，作为福柯的对立参照，提出了如下主张：

> 无论一种社会体制可能占据了怎样具有支配性的地位，这种支配的意义就是在于对其所涵盖的活动做出某种限制或选择。所以说，根据定义，这种体制不可能穷尽一切社会体验，因此也始终蕴含着潜在的空间，留给尚未明确表达为社会制度甚或连规划都算不上的可供替代的行为和意向。[28]

因此，尽管福柯努力揭示，在西方世界，体验是如何通过结合各种科学知识的场域和正常性／规范性准则而构成的，但这并不能穷尽一切体验，因为始终还是可能留有一席之地，以互动性的方式，创造出可供替代的知识形式、体验形式，以及与自身关系的模式。在上一章，我们看到沃洛希诺夫是怎样把这些称为非官方意识形态的，这种有关世界的体验和知识，只能存在于社会里面更具中介态性质的空间。这些空间会在社会中更具形

---

[28] Edward W. Said (1986) 'Foucault and the imagination of power', in David Couzens Hoy (ed.), *Foucault: A Critical Reader*. Oxford: Blackwell. pp. 149-155, p. 154.

式性的结构之间或内部出现，我们在其中会体验到特纳所称的反结构（anti-structure），里面的社会和自我对于威胁和重构都更为开放。比如说，福柯本人就曾经指出，同性之爱是如何接受男女同性恋的重塑，而这一点又是怎样威胁到社会的官方结构，尤其是对军队这样的制度／机构。[29]

而在查尔斯·泰勒这样的论家看来，福柯未能认识到，规训／纪律权力（disciplinary power）在西方社会中的意义是暧昧两可的，规训／纪律不仅是强加于他人的支配的结构，也是自我控制的模式，为平等参与社会行动奠定了基础。泰勒这样评论这种规训／纪律："它们不仅有助于孕育控制体制，也呈现为真正的自我纪律的形式，促成了以更具平等色彩的参与形式为特征的新型集体行动。"[30] 现代社会通过以公共身份／认同为基础的共同规训／纪律，确立了它的结合力，促成了芸芸众生的参与，而不是整个人口受到国家强加调控的总体管制。所以，在福柯的著述中有一个问题悬而未决：生存美学的焦点如果说放在作为艺术品的个体自我，而不是与他人取得公共的认同，那么是否能为芸芸众生的集体参与提供更为牢固的基础？

实际上，诚如我在第一章所言，亚当·斯密以更具民主意味的方式，为现代个体重新诠释了自我主宰的斯多亚伦理，与我们

---

[29] Michel Foucault (1982/3) 'Sexual choice, sexual act', in Paul Rabinow (ed.), *Ethics: Subjectivity and Truth*. London: Penguin. 2000 edn. pp. 141-156.

[30] Charles Taylor (1986) 'Foucault on freedom and truth', in David Couzens Hoy (ed.), *Foucault: A Critical Reader*. Oxford: Blackwell. pp. 69-102, pp. 81-82.

的自我的关系不再由某位哲学师傅作为中介，因为商贸社会扩大了我们与之互动的他人的数量和范围。因此，我们不仅通过特别敬重的或享有权威的他人的反映来看自己，而且通过来自不同背景、文化和族群的更广泛人群的一般性反映来看自己，他们都可以成为我们的老师，我们的法官。因此，现代商贸社会拓展了我们能够对自己的自我采取的观点，而不是限制在权威的观点。这种社会也为与他人之间更具一般性的认同形式奠定了广泛的公共基础。正因为如此，在当代社会，我们才能够以更加无所偏倚的方式，甚或用米德的话更准确地说，更加一般化的方式，来看待我们的自我，而不是从特殊化的权威形象的角度出发来评判自身。

迈克尔·沃尔泽也指出了西方现代性中权力的暧昧之处，认为像法治之类的话语应用于社会全体人员，有权势者用之，无权势者同样可以用之。比如说，当犯人抱怨监狱状况糟糕恶劣，或投诉所受惩罚超出司法定罪要求，就是在使用基本的法治观念。因此，

> 福柯当然可以说，有关道德、法律、医学和精神病学的已成惯例的真理都与权力的践行有牵连……但同样这些真理也调控着权力的践行。它们设限规定了做什么是合适的，塑造了犯人提出的主张的形貌与理据。[31]

[31] Michael Walzer (1986) 'The politics of Michel Foucault', in David Cou- zens Hoy (ed.), *Foucault: A Critical Reader*. Oxford: Blackwell. pp. 51-68, p. 65.

所以说，福柯并没有说清楚，对整个社会的规训安排进行调控的自由主义国家和法治究竟是怎样的。这固然属于权力关系网络，但也提供了一种批判视角来看待所有约束网络，那些最感到受权力约束、致力于突破限制的人也可以利用。我们由此可以看到，特定的自我是如何能够使用话语来表达自身在特定背景下对于正义的体验与认识。所以，不应当把自我理解为只是权力的产物，因为它们尽管受到社会性的创造和调控，但显然具备一定程度的自主性，可以改造施用社会的话语和准则，对作用其上的权力提出批判，并在此过程中重构自身，重构社会。

这就导致了福柯著述中一个核心悖论，其实也是受尼采式自我思路影响的许多社会理论风格的核心悖论，因为它想要解构个体自我性这一观念本身，仅仅视之为现代权力的一种创造，但它最终又要诉诸某种自主个体自我的观念，至少是有能力独立进行自我创造的自我，以此为手段，克服据说构成整个自我的权力。自我的美学这种观念似乎让人想起这样一类意象：一个个体享有根本的自由，可以随心所欲地打造自己的自我，不受任何外在权威的约束。这就要求简·弗拉克斯所称的"深度主体性"，即具备美学体验或神秘体验能力的自我，作为社会变迁的一项前提条件。[32] 然而，诚如泰勒所言，这种自我观自有其属于西方思维的历史本体论，根植于我在第一章中所描述的哲学与艺术中那种浪漫主义或"表现主义"的传统，在自我发现和艺术创造之间塑造

101

---

[32] Jane Flax (1990) *Thinking Fragments: Psychoanalysis, Feminism, and Postmodernism in the Contemporary West.* Berkeley: University of California Press. p. 204.

出一种关联。艺术家被视为英雄，创造出某种新颖的东西，因此也注定要对抗各种形式的既定传统和社会遵从。他们这类人既会挑战既定的艺术惯例，也会质疑更一般层面上的社会道德，力图突破何者可说、何者可做的限制，就此提供了新的方式来观看、思考和生活。但不管福柯这样的思想家本意为何，这种自我观也符合真诚性的伦理，因为自我作为一种新颖的、个体性的创造，被视为对于那个人是真诚的，而不是社会遵从的产物。泰勒进一步指出，如此一来，自我界定和原创就与道德和遵从形成对立，以至于：

> 自我真理的要求，与自我的接触，我们自身内部的和谐，与我们被期待恰当应对以符合他人的相关要求都可能非常不同。实际上，原创性的观念本身以及与之相关的另一个观念，即社会遵从可能就是真诚性之敌，都迫使我们认为，真诚性将不得不与某些外在强加的准则展开斗争。[33]

因此，"在真实面对自我与坚守主体间性正义这两种要求之间，存在观念上的某种差异"。[34] 在福柯后来的著述中，当他说男同性恋者应当通过塑造与他人之间的新型关系和互动，力求变成自己之所是，我们可以看到，这两种要求都起着作用。但是，自我美学是以个体风格化为焦点的，而他人又必然会对我们提出一

---

[33] Charles Taylor (1991) *The Ethics of Authenticity*. Cambridge, MA: Harvard University Press. p. 63.

[34] 同上引。

些关系性的要求，我们又如何将这两者相协调？实际上，在塑造新型关系的时候，我们不仅是遵照自己的设计，也是在与他人的对话中，通过这样的对话，来重构自身。按照泰勒的评论，真诚性伦理要求有一定的意义视域，能使其可以被领会，而自我创造则要求一种对话背景，可以让这种创造活动发生。换句话说，要成为我们自己的自我创造，我们就需要他人认识到这一事实，并且也高度重视我们的原创性。正因为如此，现代人才力求成为独立存在的个体，有了来自他人的积极肯认，他们就能取得这方面的进展。

诚然，福柯在研究古希腊罗马社会的时候，的确简要讨论了社会互动，提到了人们在他人协助下转化了自身。就对于自我的照看而言，顾问、指导、朋友和教师都被认为担任着重要角色。然而，按照巴里·斯马特的观点，福柯并没有做出什么努力来详细阐发这一点，探究作为社会生活之核心的与他人之间的关系，而这种关系的伦理意涵并不能仅限于与自我本身的关系。[35] 照看自我与照看他人必须以某种方式相携以行，但福柯的著述很少讨论这一话题。还有论家批评道，福柯误读了伦理在古典时代的功能，它主要并不在于自我形塑，好像真有什么正常化 / 规范化力量在这方面起作用，就跟现代社会的情形似的。路易·麦克奈，[36]

---

[35] Barry Smart (1998) 'Foucault, Levinas and the subject of responsibility', 收于 Jeremy Moss (ed.), *The Later Foucault: Politics and Philosophy*. London: Sage. pp. 78-92.

[36] Lois McNay (1992) *Foucault and Feminism: Power, Gender and the Self*. Cambridge: Polity Press.

柯亨与萨勒，[37] 以各自不同的方式提出，不管古希腊罗马人享有怎样的自由权利来控制其日常活动，在更广泛的层面上，这些自由权利也必须被置于他人、国家、法律所要求的一系列社会政治义务中。不仅如此，戴维森还刻画了斯多亚伦理如何趋向于普世理性的规范，可以通过内省定位于自我当中的更高领域。[38] 或许为了说明可能存在一位苦行者，不要求遵从某些一般规范，福柯在看古代社会的时候，眼光是颇具筛选性的。

不过，我在这里想要重点谈的对福柯著述的批评意见，还在于他未能充分重视与他人之间的关系，夸大了各种形式的科学、医学和法律知识与实践在构成整个体验和自我中的作用。当然，福柯分析当身体进入权力、知识和规训的成套体系时构成了体验，确实颇具价值。它有助于我们理解，在梅洛-庞蒂所称我们具身性的稳定的性情倾向中，即各种运动、习惯、姿势和感知中，有多少其实是由我们在各种制度／机构中被培养出来的规训所构成的。比如说，在学校里，孩童的身体被塑造成端坐于凳，专心听讲，只有在教师或课堂助管的指导下，以特定的方式对他人做出反应，与他人合作共事。在家庭、中小学、学院或是其他机构里，我们都将对这类规训有某些体验。但诚如我所言，规训权力并不在所有关系中，或是体验中的随时随地，都属于主导因

[37] David Cohen and Richard Saller (1994) 'Foucault on sexuality in Gre-co-Roman antiquity', in Jan Ellen Goldstein (ed.), *Foucault and the Writing of History*. Oxford: Blackwell. pp. 35-59.

[38] Arnold I. Davidson (1994) 'Ethics as ascetics: Foucault, the history of ethics, and ancient thought', in Jan Goldstein (ed.), *Foucault and the Writing of History*. pp. 62-80.

素。比如马克·波斯特就曾指出，我们的生活中，尤其是我们的性关系和家庭关系中，那些情感维度，福柯在分析中却是避而不谈。情感并不只是由强加于个体的外部话语所构成的，也是通过一系列互动的架构从内部构成的。[39] 因此，有些地点和时间的体验和感知并不完全是在规训权力里构成的。

例如，另有些历史研究表明，在十九世纪，性态被医学化之前，基于性取向的有些身份/认同形式就已经开始发展了。兰道尔夫·特鲁巴赫细致阐述了在 1700 年前后的英格兰、法国和荷兰共和国，有一群男人开始冒头，被界认为"娘娘腔"（mollies）或"鸡奸者"（sodomites），因为他们只对其他成年或青少年男性有性欲。特鲁巴赫提出，在此之前，古希腊那些男人之间基于类似理由也有性关系，年长男子向青年男子尤其是少年郎求爱，甚至与之性交，并不是什么异乎寻常之事。在这里，年龄是性关系中的决定因素，与其他男人有性关系的男人往往已经娶妻成家，或是同时与女人有性关系。然而，到了十八世纪，在欧洲西北部，有些男人因为其只对其他男人有性感魅力，并有往来性的活动，被单挑出来视为娘娘腔或鸡奸者。这样一来，他们几乎变成了第三种社会性别，与已婚男人和已婚女人都不一样。实际上，人们认为，可以根据女里女气的行为作派，或是有些人穿着女人的衣服，来界认这些娘娘腔。在伦敦，由于鸡奸者遭到身体上的攻击，就围绕自身建构起一种保护性的亚文化，有专门的集会地点和仪式行为。只有到十八世纪末，与其他女人搞性活动的女人才开始被

---

[39] Mark Poster (1986) 'Foucault and the tyranny of Greece', in David Couzens Hoy (ed.), *Foucault: A Critical Reader*. Oxford: Blackwell. pp. 205-220.

称为"萨福款儿"(sapphists)[40]或"大兵范儿"(tommies)，以其性取向和据说具有男性特质的特征或行为来界认身份 / 认同。[41]

至于为什么这种状况是从十八、十九世纪之交在欧洲西北部开始的，没人能说得确凿。尽管特鲁巴赫也提出，这一点牵涉到社会和家庭中男女两性之间发展出了新型的关系，两种社会性别之间更加趋向平等。在此基础上，奠立起订婚伙伴之间的浪漫求爱，夫妻之间的亲密友谊，以及对于孩子的关爱。但对于这些安排，人们也开始担忧，觉得男女两性的特色变得越来越不显著，在此过程中，男人越来越女性化，如果把男人界认为只对女人有性欲，会减缓这种忧虑。如此一来，虽然不少成年男子依然对男女两性都有欲望，有些人还亲身推动，但对于大多数成年男子来说，这已经不再是可以允许的事情了。在造访"娘炮房"(molly-houses)的常客中，不乏已婚男人。但娘娘腔或鸡奸者本身都是女性化的，因此和大多数男性都不类似。不过，我认为，在这方面，有一点很重要：各种特性 / 身份 / 认同之间社会关系、行为和范畴化的这种变化，以及随之而来的对于性欲的重新塑造，正是十八世纪日常生活性质变化的产物，而并非主要是由专家话语造成的。个体在日常生活中的互动有其社会和历史的形成背景，从中生发出各种范畴化，无疑正是在此基础上，从十九世纪开始，在欧洲西北部，出现了这些变化。实际上，正如乔治·昌西所言，"倒错的男人和正常的男人，同性恋者和异性恋者，这些

---

[40] 萨福是古希腊女诗人，同性恋者。——中译者注

[41] Randolph Trumbach (1998) *Sex and the Gender Revolution, Volume One: Heterosexuality and the Third Gender in Enlightenment London*. Chicago: University of Chicago Press.

并不是精英的发明，早在成为精英话语的范畴之前，就已经是大众流行话语的范畴了。"[42]

就这样，在十八、十九世纪的欧洲西北部，似乎有一批不同的因素，塑造了人们体验其性态的方式的变化，在认同角度和欲望角度皆是如此。简·勒夫斯特伦写过一篇文章，评述了对于这场变化的一系列历史说明，并且提出，主要有四点因素导致了现代意义上的同性恋的出现：竞争性资本主义的兴起，专家知识的发展，社会性别秩序中的张力，以及城市的匿名性。竞争性资本主义与男人之间的亲密友谊格格不入，置身于非人性化的市场经济，男人们现在不得不彼此竞争。男人之间情感上的亲近就此变得颇为可疑，按照特鲁巴赫的说法，被布尔乔亚家庭中夫妻之间的新型亲密关系所取代。不过，这种趋势又制造出社会性别秩序中的张力，尤其是越来越强调，男性和女性是两种完全分离的社会性别，必须让男人和女人有明确的分界，来确立这些差异。而这种分界就成了明确的异性恋取向。城市生活的兴起也创造出多元主义的、相对匿名的生活世界，各具特色的亚文化有可能冒头，比如在伦敦的娘炮房可以看到的情形。最后，在十九世纪末，对于同性恋和异性恋的命名与分界，医学和法学中的专家分类确实产生了重要影响。福柯和杰弗里·威克斯对此都有详细的描叙。[43] 但福柯在《性史》第一卷中的讲法并不完全准确，他认

---

[42] George Chauncey (1994) *Gay New York: Gender, Urban Culture, and the Making of the Gay Male World, 1890-1940*. New York: Basic Books.

[43] Jeffery Weeks (1977) *Coming Out: Homosexual Politics in Britain from the Nineteenth Century to the Present*. London: Quartet Books, revised edn 1990.

为，这种分类创造出作为一个物种的同性恋，也就是说，其自我的根本取向就是性态。但在此前，娘娘腔，兔儿爷（fairies），脂粉男（queens），鸡奸者，萨福款儿和大兵范儿，这些已经在伦敦及其他一些欧洲大城市的大街小巷上存在了几乎两百年（稍后又出现在了纽约）。按照勒夫斯特伦的概括：

> 在多元主义的城市社会的生活世界里，组织起同性恋体验的框架的参数有许多，法学和医学界的学术话语只是其中之一。从某种意义上说，是有些人以新的方式安排自己的生活这一现实，引发了有关"同性恋病状"的学术性理论。当然，学术性概念常常还会回过来影响人们的身份／认同和体验……[44]

因此，如果宣称，是被编织进权力和话语的网络的多种权威和专业建构了同性恋身份／认同和体验，也并不完全属实。它们或许是围绕一种新的规范／正常，以异性恋婚姻为核心，重新分配了同性恋的位置，将同性恋重新归类为医学或精神病学上的病案，明确视其为偏离正常／规范。在此过程中，它们降低了对于普通同性恋个体特征的官方描述的阈限，而后者已经在城市日常生活的社会关系和互动之中，以非官方的方式塑造成了。官方描述无疑改变了同性恋的体验与自我认同，但并非全盘塑造出后

---

[44] Jan Löfström (1997) 'The birth of the queen/the modern homosexual: historical explanations revisited', *The Sociological Review*, 45 (1): 24–41, pp. 33–34.

者。正由于这一点，男女同性恋者自有其社会基础，在其与他人的关系中，在其不断变化的亚文化中，要抵抗官方的分类，要为权利而战。因此，在家庭、友谊、结交、工作、街头、集会，以及各式各样的机构中，构成了活生生的体验与自我，而这样的体验与自我也因此包含着话语的众声喧哗，既有官方的，也有非官方的。在这些背景下，组成性态的既有身份／认同的范畴，也有爱欲的成分：性态事关对他人的欲望，对身体快乐、相互满足、兴奋以及幻想的欲望，这些幻想涉及自我意象和对他人的意象。性态还蕴含着爱这样的情感，以及对伙伴关系的需要。我们并不是自己创造了我们的性态，因为有关自我的某些体验只有在特定的社会历史背景下才有可能，比如在西方世界，五百年前不会有任何人是"同志"。但是，我们习惯于性态，可不仅仅是作为一种身份／认同：我们这么做的时候，是作为一种身体自我，以其肉身度日、做梦。因此，作为一个娘娘腔、同性恋或同志，不仅仅受制于某种官方分类，也在某些特别的地点实施着某种欲望或幻想，在这些地方，具有类似性情倾向的人汇聚一处，分享肉体的快乐。梅洛－庞蒂认为性态是对于世界的一种身体感知形式，这种看法很贴切。

如果开始采用这种思路，也就可能对自我有更复杂的理解，就像我这里试图发展的那种，将自我理解为在许多社会背景下，通过话语的众声喧哗而构成，在这片众声喧哗之中，自我必须竭力找到自己统合的声音。如前所见，特别是通过巴赫金的作品可以看出，成为自我并不只是关系到权威性话语的影响，这种话语要求得到倾听，力图强加价值与规训；也不是说自我以其独特的自由风格构成自身。相反，我们是在与他人关系和与自身关系的对话式绞缠中成为自我的。始终会有"针对我之他人",而我也只有作为"针对他人之我"才能存在,在这种状况下,我也会(在特定条件下)成为"针对自身之我"。因此,如果没有与他人之间的基本关系,与自身的关系永远也不能存在。实际上,不妨认为,与自我的关系对于我们现代人与对于古希腊罗马人是同样重要的,它使我们在国家中享有更大程度的自由与自主,而国家老想着强加某些规范上的规律性。在这种场合,尤其是在与朋友或同事之类基本平等的他人之间的对话式关系中,自我的打造是在并不纯属自我分析的互动场合下发生的。

比如,我在前一章已经提出,忏悔这样的实践对于忏悔者的意义,并不仅限于其与神父、医生、心理学家或顾问的关系中创造出来的那些面向。忏悔始终有某种强迫的意味,总是萦绕着一种微妙的道德拷问的气氛。不过,面对亲朋好友,它也能发挥真正揭示自我或打造自我的功能。福柯在晚期一次讲演中曾经修正其学说,不再认为忏悔是强迫榨取真相,更倾向于认为它是一种特别的言语行为,个体由此"宣示自己"。[45] 即便如此,这种观念仍有近一步发展的余地。按照巴赫金的理解,当代社会有一种相互创作的语言,并不完全由官方的科学话语、医学话语或法律话语所决定,因为自我表达的语言风格属于众声喧哗,在体验的构成中,难以确立任何单一的权威性话语。始终可能有其他话语可用,是我们觉得更具有内在说服力的。现代小说、流行音乐、

---

[45] Michel Foucault (1993) 'About the beginning of the hermeneutics of the self, in J. Carrette (ed.), *Michel Foucault: Religion and Culture*. New York: Routledge, 1999 edn. pp. 158-181.

影视节目，尤其是肥皂剧，也为我们提供了表达自己的自我、性态和情绪的话语，在这方面的重要性可能毫不逊色于科学、医学和法律话语。当然，不同的话语或言语体裁之间其实没有多少分离之处，因为它们往往会相互渗透，彼此影响。因此，我们会在小说和电影里看到精神分析观念的运用，但这些传媒采用的话语形式还不止这些。流行文化（以及"高雅"文化）都既利用了街上、家里、工作和闲暇时发展出来的日常语言，也从各门科学中借取了概念。由此观之，波斯特的意见回想起来就耐人寻味了：对于我们的性关系和社会关系中的情感内容，福柯大体上是忽略的——这会不会是因为，赋予这类关系以形式和内容的那种语言，在福柯谱系学考察的科学、哲学、法律及其他任何形式的官方文献中都找不到，而只在于日常生活，在于小说和其他娱乐形式中能够捕捉到的那种语言？

诚然，在官方文献中，在各种机构或国家政府拥有的医学、教育、金融、法律或其他任何形式的案宗中，能找到绝大多数现代人的生活。但是，我们只是通过这种文献记录来构成为自我的么？我们总是承认这类文献中对于我们自身的描述么？就像上一章所描述的，陀思妥耶夫斯基的小说《卡拉马佐夫兄弟》中接受审判的德米特里那样，我们可能会觉得，这类描述忽略了我们自身内心的对话、决策和怀疑的鲜活内核，取而代之的只是一些范畴，而它们其实并不能组成／谱写（compose）或描述我们的体验。我们对自身总能说上一句，哪怕是无言自语："你并不了解我，我其实不是这样的。"在这种情形下，我们会基于日常语言，基于与显著他人的互动，对自身产生另一种界定，提供有关自身的另一种看法。实际上，如我所言，我们通过与自我的对话和与他人的对话，创造出有关自己的自我的意象，这种意象就包含着多种话语的或语言的体裁与实践的众声喧哗。我们通过这种众声喧哗式的对话与自己的自我产生特定关系，使我们有可能与官方的分类形式保持一定的距离。它们可能笼罩着我们，让我们置身于一个评判的世界："你疯了"，"你病了"，"你犯罪了"，"回到正常／规范"，但我们自有办法，无论是官方的办法（比如法治）还是非官方的办法（我们的日常言说体裁），挑战和对抗这种状况，对强加给我们的那些权力本身做出评判。

要反驳这样的批评，可能的回应之一是指出，福柯已经领会到现代权力的诱引（seductive）性质，权力不再表现为权威性话语的形式，而是作为更具内在说服力的话语。现代社会中的权力存在于一些特别的话语形式，它们力求说服我们，它们是为我们好，它们可以帮我们。医学打算让我们更健康，心理学想要发掘我们的潜力，教育期望提高我们的就业能力，犯罪司法体系力求使我们更负责任。这一切都是实情。即便如此，我也认为依然可以吐槽：在我们自我的构成过程中，有许多具备内在说服力的话语发挥了作用，并不只是这些。归根结底，诚如巴赫金所言，任何形式的话语都不能穷尽描述我们自身，因为我们始终处在成为我们之所是的过程中，因此永远不会最终落实或完成。

如果我们接受了这种自我观，那就可以说，要在这种话语的众声喧哗之中找到一种统合的声音，或者确定什么关于自身的真理，往往是很困难的。不过，在我前一章描述的那些承认、揭示和相互创作各种特性／身份／认同的时刻，我们或许能找到这样的东西，在这样的时刻，我们尝试向他人讲述关于自身的真相，并倾听他们坦诚的回应，认识他们正在成为什么样的人。就此而言，有关我们自身的真相并不存在于什么终极揭示，即关于我们是谁的绝对的、最终的描述，而在于与他人的关系中所贯彻的具有伦理意味的实际表现。这是一种在与他人的互动中发生的持续过程，其中有些是权威人物，有些并不是。在此过程中，我们找到了对自身的某种理解，能够在我们自身的体验中具有意义。因此，有关我们自身的真相与其说是一种揭示，不如说是一种伦理实践，一种与他人发生关联的方式。诚如法柏尝言，"我认为，竭力真诚交流相比于矢志说出真相，是一种更为合适的抱负。"[46] 对于这种更具实践意味与平和立场的真相观，福柯无疑也是持同情理解的态度的，不过，我在这里要指出，这并不一定包含着某种自我美学，而是要打造与他人之间充满关爱的关系，是我们在自己日常生活中可以随时践行的，能够挑战表面具备权威性的那些社会规训和自我规训形式。

就此而言，忏悔／告白依然可以理解为一种真理游戏，但按照加德纳的意见，在巴赫金看来，这种真理游戏

> 标志着强度和深度都达到两人之间可能有的极限的对话。忏悔／告白撕裂了那些强塞给我们的外部的、"二手的"界定，向他人的目光凝视揭示了一个毫无遮掩、容易受伤的自我，并就此暴露了"人的灵魂的深层"。[47]

---

[46] Cited in Adam Phillips (2000) *Promises, Promises*. London: Faber and Faber. p. 313.

[47] Michael Gardiner (1996) 'Foucault, ethics and dialogue', *History of the Human Sciences*, 9 (3): 27–46, p. 39.

因此，在巴赫金的社会本体论中，忏悔／告白是暧昧两可的：它可以是向某个得到信任的他人进行自我揭示的亲密之举，也可以出自一种特别的社会氛围，弥漫着很微妙的强迫意味。忏悔，讲真话，在与他人的关联以及与自身自我的关联当中形成自我，在现代，这些都很复杂，充满暧昧。

比如说，斯特罗齐尔提出，福柯要是再多活几年，或许不得不重新评估自己早期有关启蒙传统的作品，因为笛卡尔之类的思想家其实已经在描绘一种新式的自我关系，在这种关系中，自我不仅仅是知识的主体，并因此臣属于知识，而且把知识作为自身批判性反思的客体对象。所以，"个体现在能够诉求一种独特的内在性，办法就是宣称这种内在性不再是知识可以触及的"。[48] 现代主体有能力通过与自身之间的反思性关系来认知自身，正是这种能力，形成了现代自我的历史性构成的"本质"，构筑起我们的能动作用的基础。话说回来，尽管在二十世纪六十年代，许多法国思想家，不仅包括福柯，也包括德里达之类的哲学家，都将认为主体臣属于知识和语言的观念作为解构的对象，但往往忽略了另一种观念：启蒙运动历史性地生成了不同程度地发挥自主能动性的能力（福柯的遗文"什么是启蒙？"是个例外）。

不仅如此，我在第一章已经指出，对于自我的这种解构或许被完全误解了，将对于个体主义的政治批判和形上批判与日常自我的存在混为一谈。对于那些批判主体的人来说，批判的目标

---

[48] Robert M. Strozier (2002) *Foucault, Subjectivity and Identity: Historical Constructions of Subject and Self*. Detroit: Wayne State University Press. p. 19.

在于形上主体，不再认为自我是先验的，先于社会、历史和文化而存在。我们已经看到，长期以来，这种哲学上的主体观念一直遭到批判性的审视，不仅来自尼采，也来自实用主义传统及其追随者。不过，尽管尼采和福柯都认为，对于主体的批判导致了主体这个概念本身的解构，但实用主义者却往往将自我解释为来自日常生活互动的实践建构。这不是笛卡尔和康德笔下的先验主体，而是日常互动中的实践自我。在这里，自我并非福柯所描述的知识主体，也就是说，只通过各种探究领域来确立与自身关系的主体，这些领域各有其话语，包括各自的认识论概念和规范性准则。由此观之，自我就成了启蒙理性和哲学的产物，启蒙认知型（episteme）的产物，唯有那些逾越并解构这种话语的先锋派知识分子，才能拯救自我，使其免于此种命运。按照弗拉克斯的说法，这种观点可能无非是一种自证幻念。[49]

与此不同，实用主义，现象学，以及巴赫金的对话思路，都试图创造一种新的理解，将自我定位在社会情境中，尤其是看如何在日常世界中与他人一起形成、维持并不断重构特性／身份／认同的。可以说，这就是福柯在《规训与惩罚》中提到的那种“日常个体性”，它越来越臣属于生物科学和人的科学中各种分类形式和描述形式，以及各种相互交叠的制度／机构中对于身体的规训。不过，我已经指出，这里的关键问题在于，这种状况发生的程度如何，我们又如何确立并巩固人与人之间那些自由联合，其中会浮现出经过重构的自我形式？

在我看来，米德、梅洛－庞蒂和巴赫金等思想家的著述表明，

---

[49] Jane Flax, *Thinking*, p. 204.

可以既批判个体主义和关于自我的形而上学，又不必把这种批判混同于彻底否弃一种自我概念，即认为自我是在对话和社会关系互动中构成的。这些思想家认为，在与自身的反身性、反思性关系中形成的自我，具有一定程度的自主能动性，是在特定的社会本体论和历史本体论中呈现出的一种日常现实。福柯著述有一点过人之处，就是他准确揭示了自我如何只能在这样一种社会本体论和历史本体论中形成。但他对于规训理性的观念推广过甚，意味着我们只应当批判性地应用这些观念，以便更全面地理解当代西方世界中的自我。

文献选萃

Foucault, Michel (1977) *Discipline and Punish: The Birth of the Prison*. Tr. Alan Sheridan. Harmondsworth: Penguin.

Foucault, Michel (1979) *The History of Sexuality, Volume. 1: An Introduction*. Tr. Robert Hurley. Harmondsworth: Penguin.

Foucault, Michel (1986) *The Use of Pleasure: The History of Sexuality, Volume 2*. Tr. Robert Hurley. London: Penguin.

Foucault, Michel (1988) *The Care of the Self: The History of Sexuality, Volume 3*. Tr. Robert Hurley. London: Penguin.

Foucault, Michel (2000) *Ethics: Subjectivity and Truth,* edited by Paul Rabinow. London: Penguin.

Hoy, David Couzens (ed.) (1986) *Foucault: A Critical Reader*. Oxford: Blackwell.

Löfström, Jan (1997) 'The birth of the queen/the modern homosexual: historical explanations revisited', *The Sociological Review,* 45 (1): 24–41.

Jeremy Moss (ed) (1998) *The Later Foucault: Politics and Philosophy*. London: Sage.

Robert M. Strozier (2002) *Foucault, Subjectivity and Identity: Historical Constructions of Subject and Self.* Detroit: Wayne State University Press.

Trumbach, Randolph (1998) *Sex and the Gender Revolution, Volume One: Heterosexuality and the Third Gender in Enlightenment London*. Chicago: University of Chicago Press.

第五章 社会性别、性态与认同

在我们可以用来界认自身的所有东西里面，我们的生理性别和社会性别似乎是最基本的，最不容辩驳的了。如果我们被要求回答"我是谁？"这个问题，最起码可以说"我是个男的"或"我是个女人"。在两种生理性别当中，我们要么是这种要么是那种，这似乎是最基本不过的生物学事实，将我们的特性／身份／认同奠基于生理学意义上的男性或女性。事实上，如果有人快要做父母，我们问的第一个问题往往会是"你知道是男孩女孩了么？"，原因或许在于，这个问题会给我们提供头一份线索，了解这孩子的特性／身份／认同可能是什么。然而，无论是生理性别还是社会性别，都远非如此简单明了。从向准父母们问出的问题就可以略窥一二，也就是说，生理性别和社会性别在现代被赋予的这种意义，自有其文化维度和历史维度上的深厚意蕴。其实，我们在前一章已经看到，福柯认为，对于现代西方人来说，"有关个体的最隐秘、最深层的真相，我们必须到性的领域中去寻找。正是在那里，我们最有可能发现他是怎样的人，是什么决定了他如此"。[1] 因此，一个孩子是男是女，就形塑了我们预期它会有怎样的行为、活动、兴趣、感觉、情绪、性态、自我认同、与他人的关系方式，乃至它整个的未来。

不过，也正因为这一点，并不是每个人都被认为称得上一个男人或女人，或者至少不是每个人都被认为称得上一个"够格的"男人或女人，因为有的时候，孩子未能达到文化上的这些期待。我是在二十世纪六十年代长大成人的，那时我常常听人说某人"他是个真正的男人"，这似乎是指一个男性体格健壮，积极活跃，热爱运动（通常酷爱足球），擅长实践，而不是太靠脑子思维的东西，也不会公然多愁善感。而我这个男孩不喜欢足球，对运动不感兴趣，倒是喜欢音乐美术，在学校里喜欢语文而不是科学，被认为安静而敏感，我很确信自己不被认为一个"真正的男人"。但如此一来，一个人还剩下什么呢？如果你既不是"真正的"男人，也不是"真正的"女人，那你是什么？由此可见，生理性别和社会性别与其说是无法避免的自然事实，不如说更像是我们不得不达到的某种状态，或者由我们自己和他人所赋予的某些特性／身份／认同。但问题比这还有意思，因为它的核心在于被究问特性／身份／认同的人的身体，聚焦于我们与自己的身体如何关联，我们如何理解它、对待它，我们如何习惯于这个世界。有鉴于此，我们把生理性别和社会性别看成是对我们来说自然而然的东西。

　　不仅如此，生理性别（sex）和社会性别（gender）还与性态

[1]　Michel Foucault (1980) *Herculine Barbin, Being the Recently Discovered Memoirs of a Nineteenth-Century Hermaphrodite*. Tr. Richard McDougall, New York: Pantheon. pp. x-xi.

（sexuality）有着密切关联，因为男性与女性之间的区分会直接投射到同性恋与异性恋之间的区分。我在前一章已经指出，是在历史上某个特定的时间和地点开始，人们试图在男性与女性之间做出严格区分，也正是在这个历史时空，有些男人和女人被界认为只对其他同性具有性的兴趣。只有在一个毫不含糊地区分男人与女人的世界里，当你产生欲望的对象显然要么是男性要么是女性的时候，这种范畴化才是有意义的。然而，麻烦的是，我们所生活的世界并非如此。最近十五到二十年来，社会科学家越来越清醒地意识到，有些个体是兼性的[2]（intersexed）。也就是说，有些人生下来就具有某种特别的生理特征和生物特征，既非明确的男性，也不是明确的女性。这样的个体现在对社会性别二分提出了耐人寻味的挑战。因为他/她们表明，现代生物科学面对这些无法确定的案例，是多么难以真正维持明确的区分（无论是从解剖学、荷尔蒙还是染色体的角度）。也因为有些兼性人现在开始公开声言，说自己既不想成为男人，也不想成为女人，而是要当"第三性"（third gender），只想"做自己"。如此一来，她/他们就使我们不得不重新思考我们有关生理性别和社会性别的观念。

---

[2] "intersexual"，即所谓雌雄同体，不同于"变性者"（transsexual），而"bisexual"既指"先天的"雌雄同体，也指"后天的"双性恋。——中译者注

第一节　作为认同与展演的生理性别和社会性别

1972 年，安·奥克莉出版《生理性别、社会性别与社会》一书。自那以后，社会科学家就习惯于区别生理性别和社会性别这两个术语。生理性别被当成某种生物学上的给定范畴，因为人们认为，无论何时何地，人们总归是生而为女人或男人，也始终有能力如此界认自身，以便进行生理性别上的再生产。与此相反，社会性别指的是男人和女人所分别担当的角色、实施的行为和具备的特征，而我们知道，在不同的时间里，不同的文化中，这些都有着巨大的差异。因此，生理性别指的是生物学意义上的事实，而社会性别则有赖于文化，是可变的，可塑的。话说回来，这种泾渭分明的区分业已遭到了一批思想家的质疑，因为社会性别和生理性别之间的相互关联是非常密切的。当我们遇到某人，认为他是男人时，我们不仅相信他的社会性别是男人，而且相信他的生理性别也是男人。这就使得社会心理学家苏珊娜·凯斯勒提出，我们应当抛弃生理性别这个术语，只使用社会性别这个术语，因为当我们将某种社会性别指派给某人，在这种指派中，其实也已经包含了作为一种核心要素的生理性别。

凯斯勒与温迪·麦克纳一样认为，社会性别是我们指派给他人的某种东西，依据的是他人在社会互动中的展演方式，即某种"社会性别展示"，而不单纯看此人的生理特征。比如说，当我们遇到别人，通常会指派给他某种社会性别，假定其要么是男人，要么是女人。但我们是如何知道的呢？对于我们所遇见的绝大多数人，我们都并没有看见其生殖器官（而这通常被当作决定此人在生物学意义上究竟是男是女的唯一因素），而是根据其他因素，

社会性自我

比如运动、行为、言语、服饰、发型、脸型、体型、体格及其他物理特性，指派给他一种社会性别。我们把所有这些综合在一起，才决定某人是男是女。凯斯勒和麦克纳基于其常人方法学研究而指出，一旦人们指派给某人一种社会性别，对于其他有可能质疑这种指派的特性，就准备不予重视了。因此，假如我们根据众多因素，判定一个人是女性，那么即使她的声音比其他绝大多数女人低沉，我们也准备好忽略这一事实，而认为她是个"嗓门低沉的女人"。换句话说，如果我们权衡各种因素，已经决定某人是男人或女人，那我们就准备好允许出现某些通常与另一种生理性别相维系的特性，而不怀疑我们最初的社会性别指派。如此一来，我们就有了嗓门低沉的女人，声音柔和的男人，或者强大有力、敢于决断的女人，消极被动、优柔寡断的男人。实际上，这倒是常态，因为所有人都兼具男性特质和女性特质，保持某种平衡。

我们在指派社会性别的同时，也指派了生理性别，假定我们已经指派其为男性或女性的那些人具备正确的身体形态，包括生殖器官。比如说，在凯斯勒和麦克纳的研究中有这么一例，给一个小男孩看一幅具有男性特征的人像，穿着商务正装，然后问他，这是个男人还是女人。小男孩毫不费力地说这是个男人，但当被问到为什么这么认为时，他如此回答："因为他长了个小鸡鸡。"[3] 哪怕人像画的是全身穿戴齐整的男人，只露出一张脸和两只手，情况还是如此。凯斯勒和麦克纳把这个称为"文化生殖

---

[3]　Suzanne Kessler and Wendy McKenna (1978) *Gender: An Ethnomethod-ological Approach*. New York: John Wiley & Sons.

器"（cultural genitals）的赋予，而这个小男孩所做的事情，我们其他人在日常互动中也是如此而为的：当我们依据文化生殖器，指派给某人一种社会性别时，我们就是在假定，在他们的衣装之下，外表背后，他们的生理特征（因此也就是他们的生理性别）是符合我们已经指派给他们的社会性别的。

同样，在指派社会性别时，人的生育能力也并不总是很重要。如果我们遇到一对没有子女的夫妇，会照着通常的方式指派他们的社会性别，而如果他们的展演支持了男性和女性的有关指派，我们也会指派他们是异性恋，哪怕我们可能根本没有证据来证明其生殖器官或性生活。就算我们发现，其中有一位出于生物学原因不能有孩子，我们依然会根据其整体的展演，而不是其生物性身体或生育能力，指派给他们一种社会性别。因此，凯斯勒和麦克纳主张，社会性别是一种社会建构，社会性别的指派取决于社会互动。进而，这种指派又涉及两个关键因素：其一，我们所遇到的人的展演，以及他们为了向他人传递有关其社会性别的适当线索而呈现自身的方式；其二，我们每个人都自幼学习的那些文化规则，基于这些规则来决定什么是男性特质，什么是女性特质。这些因素在社会互动的复杂过程中合在一起发挥作用，社会性别的指派在此过程中既被召唤出来，也得到了进一步的塑造。不过，作为常人方法学家，凯斯勒和麦克纳相信，有关社会性别指派的规则在此过程中至关重要，因为它们就是用来塑造一个社会性别化的世界的文化手段（即常人的方法）。

不过，在社会性别的指派中还有一点很重要，那就是我们指派给自己的自我的那种社会性别。这与其他人为我们指派的社会性别可能完全不同。比如说，父母双方以及负责的医生、护士或助产士可能认为，他们刚刚目睹了一个男婴的诞生，依据是孩子的生殖器或别的什么生物学标志。但那个孩子长大以后，可能会觉得自己其实应当做个女孩。在此例中，他／她是在参照自己的自我指派一种社会性别，与他人为其作出的社会性别指派相异。实际上，对于凯斯勒和麦克纳这样的常人方法学家来说，像变性者决定自己其实属于与出生时相反的那种生理性别，并在自己人生的某个时刻力求变性，这类情况就进一步例证了生理性别也是一种社会建构。这种案例取自哈罗德·加芬克尔所做的一项常人方法学经典研究，一位名叫"阿格尼丝"（Agnes）的由男变女的变性者，研究时，此人正接受生理性别重塑手术。[4] 加芬克尔在研究阿格尼丝后得出结论，认为她是一位杰出的"实践方法论学者"，甚至在做变性手术之前，就自觉培养技能，有能力在与他人相处时生产出理性的、例行的社会情境，能成功地"被误认为"一个女人。这往往意味着提前细致计划大事小情，尽可能多地获取有关特定情境的信息，比如自己求职的那份岗位所要求的体检有多么细致，这样就可以不受怀疑地装扮成一个"自然的女人"。就这样，通过社会生产出、建构出的一幕剧本，看起来却像是发乎自然。

加芬克尔继续指出，阿格尼丝以一种自觉控制的方式所做的事情，并不比我们每一个人在日常生活中之所为多出什么，只不过我们是以不假思索、想当然的方式来做的。这就是生产出由男女两性组成的世界的"自然性"。然而，这绝不是什么自然事实。

---

[4]　Harold Garfinkel (1967) *Studies in Ethnomethodology*. Cambridge: Polity Press, 1984 edn.

加芬克尔相信，男女两性的生产是一种"道德事实"，我们在日常生活中加以严格管控，对那些不遵从的人实施约制。实际上，阿格尼丝本人就谴责两种人，一种是有些变性者，因为这些人不打算给自己明确指派一种社会性别；另一种是同性恋，因为这些人不遵守异性恋爱的规范。她自认是一位"自然的女人"，虽为男儿身，却只是个错误，因此以这种方式来将自己的社会性别和性态都正常化/规范化了（在做变性手术之前，她甚至有一位男朋友）。在加芬克尔看来，阿格尼丝能够帮助我们了解，在日常互动中，针对寻常琐事的背景，也就是我们都想当然地视之为自然事态的那些情形，如何通过言谈举止的展示，实现"正常的/规范的"性态。

尽管凯斯勒和麦克纳也同意加芬克尔的观点，即"自然态度"的生产在装作男人或女人的过程中很重要，但她们认为，在这个过程中，指派比完美的社会性别展演更加重要。她们这么说，意思是一旦人们给某人指派了一种社会性别，并作为一种自然事实，那么即使社会性别展示中出现了某些细节，可能与最初的指派发生矛盾或不尽符合，他们也会不予重视。需要通过互动来维持的并不是社会性别，而是自然态度。因此，我们会把互动中有关的人所展示的社会性别当作自然的，生物学上给定的。不过，凯斯勒和麦克纳没能告诉我们，在现代社会生活中，生物特征为何会被视为有关社会性别之自然性的问题中的决定性因素。为此，我们需要回到福柯及其有关性态的历史研究。他的研究勾勒了在十九世纪欧洲的性态与性的再生产这一领域，生物医学话语是如何获得了知识上和管理上的权威地位。此后，在有关生理性别、性态和社会性别的问题上，医生以及后来的遗传学家拥有了最终的权威，能决定是什么因素使一个人成为男性或女性。实际上，医疗手术也发展出一些技术，真的能够把人塑造成男性和女性，关于这一点，本章稍后我还将来谈。

尽管凯斯勒和麦克纳并没有一种历史视角，但还是认识到生物科学和医学在现代社会的力量，并理解这一点如何影响对于社会性别的"自然态度"。也就是说，在西方世界，我们现在相信，在社会互动中装作一个"真正的"男人或女人还不够：我们还感觉自己必须有正确的解剖结构，能符合我们指派给自己的社会性别，也是我们希望他人指派给我们的社会性别。有鉴于此，许多由男变女的变性者注射雌激素，想让自己乳房发育，其他女性特征也有显著发展，并接受手术，切除阴茎和睾丸，然后造一个阴道。而由女变男的变性者则通过注射睾丸素来培养具有男性特质的身体和体征，并通过手术造一个阴茎。不过，纵是如此，凯斯勒和麦克纳还是提出，正是日常互动中对于社会性别的社会建构，为有关社会性别和生理性别的所有科学研究奠定了基础。这是因为，要让科学家说出男性和女性分别具有哪些生物学特征，并以此来区别两性，无论是依据解剖学、荷尔蒙还是染色体，他们都必须首先能够区分男女两性。那么他们又是基于什么样的依据呢？凯斯勒和麦克纳说，就是基于社会性别指派的日常文化过程。

对于生理性别和社会性别的生物医学研究起步伊始，就有这样的指派。比如说，福柯在研究十九世纪法国的阴阳人（hermaphrodite）埃居莲·巴尔班（Herculine Barbin）时发现，当时的病案显示，医生试图通过解剖检验来确定此人"真正的"生理性别。然而，当这些检验证明无法得出定论时，医生们开始求诸行为、品味和性取向，以确定埃居莲是否其实该是埃居尔

（Hercule）。[5] 在给埃居莲（也以亚力克西莉娜 [Alexina] 之名行于世）做体检时，一个名叫谢内（Chesnet）的医生注意到，她身体瘦削，形似男人，胸部平坦，胸毛发达，但她的生殖器官却令人难以定夺。谢内医生这才进一步探问，应当由此得出怎样的结论：

> 亚力克西莉娜是个女人么？她有阴门，有大阴唇，还有一条女性尿道，独立于某种没有开孔的阴茎，后者似乎是一种畸形发育的阴蒂。她有一条阴道。当然，它很短，很窄，但不管怎么说，它要不是阴道，又能是什么？这些都是彻彻底底的女性属性。是的，可亚力克西莉娜又从未来过月经。她整个上半身都是男儿身，而我探查的程度也无法发现是否有子宫。她的品味、性情都趋向于女人。在夜里梦遗之后她会有猛烈的感受，床单上留下浆硬的污迹。最后，总结来看，在分离的精囊中可以摸到卵体与精索。这些才是生理性别的真正证据。我们现在可以得出结论：亚力克西莉娜是一个男人，当然他具有双性特征，但男性特质的特征显然占了上风。[6]

因此，谢内尽管对埃居莲（亚力克西莉娜）分泌精液这一点信以为真。不过他同样认为，甚至更加笃信，是她的品味和

[5] 在希腊神话中，赫拉克勒斯（Hercules）是主神宙斯之子，力大无穷，创下十二项伟业，正是男性特质的象征。——中译者注

[6] Michel Foucault, *Herculine*, pp. 127-128.

性情使其倾向于女人。他把这些因素解释成"证据"，证明埃居莲"其实""真的"是个男人。尽管她作为女人，在学校里和女修道院里长大成人，过得其实挺快乐。福柯对此有何评论？他注意到，在医学主导有关生理性别的事务之前，像埃居莲这样的阴阳人是被认为兼具男女两性的，享有法律地位，因为事实上他们最终可以选择偏向某一种生理性别。只有当科学力图控制并决定生理性别时，医生才具备了权力和权利，为某人指派某种生理性别，而不考虑其自身的愿望或选择。实际上，福柯从埃居莲的回忆录中发现，在医学介入之前，她似乎过得快乐无忧，以一种"无关特性／身份／认同"（non-identity）的边缘状态[7]，生活在自己的女伴和恋人当中。然而，当我读完埃居莲的回忆录，我觉得她并不怎么像是生活在无关特性／身份／认同的快乐边缘，因为她具有某种明确的人格，其他女人也对此作出了积极正面的回应。相反，她似乎是个无关生理性别的存在（non-sex），因为不可能明确界定她是男是女，是同性恋还是异性恋；她不是无性的，因为她显然对女人有性欲，但又不能简单地说她是女同，因为她本人非男非女。埃居莲显然不能契合于生理性别、性态与社会性别这些当代范畴，而当被迫要做出这些选择，作为一名男人生活时，埃居莲结束了自己的生命，年仅29岁就自杀了。在此之前，或许更为准确地说，埃居莲有其自身的认同，但既不是明确的男性，也不是明确的女性，直到那灾难性的一天到来，她／他被迫做一名男人。

凯斯勒和麦克纳考察了生物学研究中界定人们"真实生理性

---

[7] 原文此处为"limbo"，特指濒临迷失的地狱边缘。——中译者注

别"的一些更为晚近的尝试，注意到这也是基于此前有关社会性别的预设和指派。在生物化学研究中，为了区分男女两性不同的染色体模式，科学家比对了已经被界定为男性与女性的人的染色体。总体而言，据说绝大多数女性都有外表类似的成对染色体，称为 XX 染色体（因为其形状如此），而男性有一个染色体看起来像女性的染色体（X 型），与另一种形状像 Y 的染色体配对。因此，绝大多数女性拥有 XX 染色体，而绝大多数男性拥有 XY 染色体，这就意味着 Y 型染色体一般被视为决定生理性别为男性的因素。不过，随着研究的推进，人们发现，这只是一种典型状态的安排，而社会性别方面的染色体模式是存在某种变异的。在特定的遗传条件下，有些男性也被发现拥有 XX 染色体，而有些女性也可以具备一种 Y 型染色体。不过，由于 Y 型染色体被认为属于男性，内分泌学专家又是如何知道，有些具备两个 X 型染色体的人是男性，而有些具备一个 Y 型染色体的人却是女性呢？答案似乎在于，就像十九世纪检查埃居莲的那些医生一样，今天的生物化学家和遗传学家在指派社会性别时，也是基于一系列的因素，其中并非所有因素都是身体因素或生物学因素，还包括一个人的外表、行为、社会展演和生活方式。哈里森和胡德-威廉斯对于遗传研究有如此评论：

> ……我们希望提请读者注意，这些研究的首要特性，就在于这种研究明显存在循环论证，并且遗传学家可能永远摆脱不掉。如果我们问，科学家是怎么知道，（有些）具有 XX 染色体的主体是男性，就暴露了一个简单但却扎眼的问题。如果说染色体学说提供了确定生理性别的标识，那么这些人

117

必然是女性。既然（科学家）有能力把这些人描述为异乎寻常的男人，我们由此可见，他们在能够从遗传学角度确认这一点之前，必然已经知道什么是做一个男人。……我们不妨借用凯斯勒和麦克纳的框架说，这算是力求将已经通过社会性别指派而确定了的东西，奠立在"生理性别"之中。[8]

实际上，用染色体检验来确定生理性别会产生各式各样的异常现象，体育竞赛中进行的检验就涌现出许多很好的例证。到了二十世纪中叶，运动员已经有可能通过接受手术和注射荷尔蒙激素来实施变性，由男变女的变性人就可以参加女子比赛，并由于拥有一副更为强壮的身体而可能占据不公平的优势。有鉴于此，在二十世纪六十年代，体育赛事就引入了"性染色体检验"。在 1967 年的欧洲田径锦标赛上，爱娃·克罗布科夫斯卡（Eva Klobukowska）未能通过检验，被宣布没有资格作为女性选手参加比赛，并被剥夺了她在 1964 年奥运会上获得的奖牌。[9] 根据凯斯勒和麦克纳的叙述，她可能具有某种 XXY 型细胞。但在赛后，她

---

[8] Wendy Cealey Harrison and John Hood-Williams (2002) *Beyond Sex and Gender*. London: Sage. p. 122.

[9] 克罗布科夫斯卡在 1964 年东京奥运会上获得女子 100 米铜牌，并代表波兰队获得女子 4 乘 100 米金牌；1965 年在布拉格创造女子 100 米世界记录（11 秒 1）；在 1966 年布达佩斯欧洲田径冠军赛上代表波兰获得女子 4 乘 100 米金牌，个人获得女子 100 米金牌，200 米银牌。1967 年的事情作者这里说了，但是故事还在发展。1968 年，克罗布科夫斯卡怀孕并产下一个男婴，以此向世人证明了自己的清白。这位历史上首例未能通过性别测试而被永久剥夺参赛资格的选手的具体检验结果始终未能公布。——中译者注

依然作为女人生活，无论是她自己还是别人都是这么看的。[10] 在这个例子里，通过某种生理性别染色体检验，宣布某人不再是一个女人，然而事实上，她们就是作为女人生活的，也是这么看待自身的，而她们周边的人同样如此。那么，爱娃到底是个男人还是女人？究竟有没有什么依据，可以做出某种绝对而客观的评判？按照凯斯勒和麦克纳的讲法，"生物性、心理性和社会性等方面的差异并没有使我们如此看待两种社会性别。而是我们如此看待两种社会性别，导致我们'发现'了生物性、心理性和社会性等方面的差异。"[11]

这个问题最清晰地体现在兼性婴儿的例子里（这是像埃居莲这样的阴阳人今日会有的称呼），医生和父母都会基于孩子令人难以定夺的生殖器官，以及某种形式的遗传基因检验，努力做出判断，究竟这孩子是男是女。但这是因为我们觉得，生殖器官、染色体或其他什么生物因素享有某种客观地位，能够告诉我们有关这个孩子应当属于哪个范畴的真相。我们还会假定，一个孩子必须清楚表明是男是女，这样其生活才能过得下去。正因为如此，当一个兼性婴儿出生后，医生会建议父母如何管理孩子的发育：要么就选择把它们当男孩或者女孩来养大，要么就实施手术把它们变成男性或女性。就像凯斯勒所言："医生持有不容指摘的信念：女性和男性是唯二'自然的'选择。这种矛盾凸显并质疑了人们通常的观念：女性和男性是生物学上的给定范畴，并必

[10] Suzanne Kessler and Wendy McKenna, *Gender*, pp. 53-54.

[11] 同上引，页 163。

社会性自我

然促成由两种社会性别组成的文化。"[12]

换言之，当我们在这种情形下使用"自然的"这个用语时，究竟是什么意思？当然，是有些婴儿呱呱落地时，难以根据其生殖器官和身体形态来确定其生理性别。而我们当中很多人更容易在出生时就被指派属于男性还是女性。但这两类婴儿在同等程度上都是自然的产物。有时候人们可能会说，这些属于自然的"错误"或"反常"，但人们这么说又有什么根据呢？不妨回答，所谓应当只能有两种生理性别，只是根据某种文化信念或宗教信念。其他文化就允许存在一些人，其生理性别既非明确的男性，亦非明确的女性。比如某些美洲土著部落，它们不仅承认男性和女性这两种社会性别，还承认人类学家所称的"双体人"[13]。这种"第三性"通常包括出生时是男性或兼性的孩子，他们在成长过程中要学习男女两性所承担的传统工作，打扮成女人，日后却还能尽丈夫之责。像美洲土著部落这样的文化，对双体人还很尊崇，实际上还欢迎我们现在称为兼性婴儿的诞生，相信它们是普遍的灵魂，是男女两性的具身体现。在往后的生活中，这类孩子常常成为部落的萨满，在社会群体中位高权重，而不是像在今天的西方文化中那样，发现自己受到社会的排斥。在后者这里，这类孩子的诞生被视为一种医学问题，必须加以处置：这是自然出了毛病，必须通过生物医学的介入加以矫正。就这样，这个由两种社会性别构成的世界，也就是我们宣称首先存在的那个"现

---

[12] Suzanne Kessler (1998) *Lessons from the Intersexed*. New Brunswick:
      Rutgers University Press. p. 13.

[13] 原文是 "berdache"，源于法语。鉴于下面谈到的意涵，在当代英语中已经
      可以泛指女人气的男人，或指男同性恋。——中译者注

实",其实是我们生产出来的。

然而,就像凯斯勒在研究兼性人及其医学治疗时发出的追问,如果我们不考虑什么"社会性别含混性"(gender ambiguity),这听起来像是某种应当采取什么措施来应对的问题,而是思考"社会性别变异性"(gender variability),是包括我们所有人在内的自然事态,又会怎样?从这个意义上讲,我们所有人在接受评判时,在评判自身时,依据的都是有关何为"正常的"生殖器官的非常狭义的标准界定。如果认为阴蒂过大,或者阴茎过小,医生往往会建议做手术,或者个体会要求这么做。在这类情形下,或是当兼性个体可能拥有混合型的生殖器官时,之所以要实施手术,并不是因为生殖器官不能顺利发挥功能,而是出于整容的考虑,以改进生殖器官的外观,或是让它们看起来像是一个"正常的"男人或女人的生殖器官。实际上,许多兼性人已经发现,自己在做完手术后,从生殖器官获得性满足的能力反而不如手术前了。不管怎么说,有些兼性人现在针对自己儿时以来接受的医疗处置,提出了更广泛的问题。这些问题不仅限于医疗手术的性质,也不单是为何要做这种手术,而是扩展到追问:是否任何手术都应当等到一个年轻人长大成人,足以决定自己希望成为谁,成为怎样的人。

诚如凯斯勒所言,许多兼性人的确会在自己人生的某一时刻,想要成为男人或女人,但现在有些人选择既不成为男人,也不成为女人,而是努力争取以兼性身份/认同生活于世的权利与承认。从二十世纪九十年代涌现出的各色群体开始,比如北美兼性协会(Intersex Society of North America),并通过互联网相互联

119

络，一批兼性人开始"出柜"[14]，为自己作为兼性人生活的权利奔走鼓呼，包括要求除非是医学上不得已而为之，否则不应对孩童的性器官实施任何手术。有些人谈起自己儿时接受的手术时，痛苦不堪，愤愤不平，并说自己"不该被指派为男人"或"不该被指派为女人"。还有些人谈论自己的"变性"，想表达对于儿时兼性地位的失落感。有一位兼性人说道，"我曾经对那帮专家恨得要命，现在算是按捺住了，但我可能再也没法儿原谅爹妈是怎么待我的，他们想把我一杀了事。"还有些人试图摆脱由两种生理性别构成的世界所具有的那些语言和范畴，来表达一种兼性身份／认同和兼性身体的体验。有人说，"我希望能有一种说话方式……不会从根本上歪曲事情，不是男人就是女人，这样的解释是错误的。"基于这种精神，一位兼性人提到自己儿时因为比一般都大而遭到手术切除的阴蒂时，称之为她的"阳蒂"。[15]

这些兼性人其实是在诉求自己有权利作为一种身份／认同，与其他身份／认同一起共存于现代世界，而不是作为一种医学角度上的失序。这些人效仿同性恋运动，也在将曾经一度的私人议题，即其社会性别指派的"问题"，打造成有关社会性别的公共议题。这些人提出，人们不应当被强迫选择非男即女的生活，应当承认有些人是兼性人（intersexuals）、变性人

---

[14] "coming out"，这个词通常是用于同性恋者向亲朋好友袒露自己的性向。——中译者注

[15] 同上引，页85。——原注
原文此处为"phalloclit"，系"阳具"（phallus）和"阴蒂"（clitoris）拼合而成。——中译者注

（transgender）或跨性人（transpeople）。[16] 就这样，一场斗争方兴未艾，要争取公众承认这类范畴，争取人有权利就手术问题自行判断，究竟是想要被重新指派为男人或女人，还是作为超出二元范畴化的另一种社会性别生活。有鉴于此，凯斯勒宣称，作为兼性人，既是一种自然事态，也是医学和社会旨趣的建构。也就是说，它涉及一个人出生时的身体，也承认其与其他身体之间的差异，但究竟如何处置，在社会角度和文化角度上可以是千差万别的。基于这些理由，凯斯勒主张，我们应当抛弃既有观念，不再认为生理性别根植于身体，根植于生殖器官，支撑了生物化学，相反，只是信奉这样一种社会性别概念，认为社会性别是在社会互动中展演的东西，而不考虑衣装之下那具肉身的型构如何。这样一来，我们就会让人们不再感到有压力要遵从严格的身体规范，并虚心接受兼性人能够给我们的教益。

　　这个教益就在于，自十九世纪以来，西方世界在界定有关生理性别的"真相"时，过于局限在生殖器官、荷尔蒙或染色体上，只是不自觉地认识到，一个人的社会性别展演，各自从诸多自我意象中创造出一种来扮演，这些自有其价值所在。话说回来，如果我们恪守目前社会科学中存在的生理性别与社会性别之分界，生理性别就指生物特征和身体，而社会性别就指男人和女人之间、男性特质和女性特质之间这类社会文化角度上的差异，

---

[16] 由于这些范畴及其所代表的群体的具体认同、实践和诉求都尚在不断发展变化之中，具体的区别并无统一界定。大致上，兼性人是出生时即有"阴阳同体"特征，变性人和跨性人都可能是在后天选择改变性别，但"transgender"改变的可能只是心理、行为方式，并未做真正的生理变性手术。——中译者注

如果还是这样，上述认识是不会起效的。按照凯斯勒的说法，社会性别是一种互动展演，身体纵然穿着衣装，也是始终呈现。有鉴于此，社会性别这个术语就必须涵括我们目前说到生理性别时的全部意思，是我们被他人以及自身界认的方式的要素之一。但在实践中这可能难以维持，因为生理性别这个术语直抵以下问题的核心：我们如何通过自己的身体习惯于世或生存于世。我在前一章已经指出，这不仅涉及作为一个具备同一性／身份／认同的自我而生活，还牵扯到我们如何通过具身性的幻想、意象、欲望和兴趣来体验生理性别。因此，生理性别和身体、性态与自我都有关，而社会性别身份／认同只涉及其中一部分。

凯斯勒思路的另一难点在于，尽管它充分认识到医学专家与兼性人之间的权力斗争，但在她的作品里，权力完全未经分析。这是所有贯彻常人方法学或互动论思路的社会科学的通病。尽管它有助于人们看清社会实践的细微之处，可谓弥足珍贵，但却往往不能在权力关系与社会阶序的更广泛框架中，将日常生活的这些细节关联起来。这并不等于说，这种风格的社会科学没有意识到更广泛的社会背景，只不过它往往难以在局部社会背景与更具全局性、历史性的权力斗争图景之间构建关联。

比如说，在凯斯勒和麦克纳的第一本书出版后仅仅一年，社会学家欧文·戈夫曼就发表作品，其分析思路与前者惊人的相似，也认为社会性别是由特定社会场景中的仪式化展示（displays）或展演（performances）生产出来的。不过，戈夫曼也认为，在更具一般性的社会结构（比如男女之间的权力与支配关系）和仪式化社会性别展演的特定场合中的具体情形之间，也有着"松散的关联"。对戈夫曼来说，在这一点上，绝大多数女性和许多居于臣属地位的男性都几乎被置于仰仗他人的孩子的角色，由更具权势的权威人物（通常是男性）来支配他们。这种支配往往体现在细枝末节上，譬如一个眼神，一个姿势，或是一种腔调，而这些东西不仅象征着既存的社会阶序，其实也是在构成社会阶序。戈夫曼认为，日常生活中的社会性别展演既是社会阶序的外在迹象，也是社会阶序的实质内容，意味着它们既是被这种阶序塑造的，同时，它们其实也通过各种社会情境中的仪式化展演，组成了这种阶序。在具体的社会背景下，再生产出来的并不是标志着一个社会中的社会性别关系的整体权力结构，而是互动各方认为该结构中与正面临的情境相关的那些特定属性。因此，在有些情境里，社会性别展演开来，会再生产出有关男性特质行为和女性特质行为的一些老套意象（比如男人会在军队或橄榄球俱乐部中"发挥"男性特质）；而在另一些情境里，社会性别展示的特色就不那么明显（在城市夜生活里，男女朋友混杂，社会性别的展示就可能比较模糊）。所以说，特定的社会情境，以及其中蕴涵的社会性别展演，对于既存权力关系的生产与颠覆来说，并不是什么偶然意外，而是核心要素。戈夫曼觉得难以说明的是，既存权力关系为什么会具备现在这些特征。但要回答这一点，我们就需要对两种社会性别内部以及之间变动不居的权力平衡态势进行全面的历史分析，这就超出了本书的讨论范围。不过，自有别的学者已经尝试探讨这一问题，其途径与我在本书中聚焦的问题也有关联。

第二节　生理性别与社会性别的生产中的展演、权力与背景

近些年来，有关社会性别和性态的阐述中，朱迪丝·巴特勒的要算最具影响的一项。她和凯斯勒及麦克纳一样（但在其早期作品中从未引述过），也与戈夫曼相仿，都从展演性的角度提出了一套社会性别理论。也就是说，把社会性别理解为无非就是具有社会性别化的特征的行动、行为和姿势的展演。在我们自己的自我的核心，根本没有什么男性或女性的本质，通过这些展演表达出来。是展演本身创造了一种幻念：我们每一个人都拥有一种自然的生理性别。巴特勒在其最具影响的著作《性别麻烦》中，提出了一个关键问题："做一个女人，是构成一桩'自然事实'，还是一种文化展演，还是通过从话语角度上约束的展演性行为，以生理性别范畴为渠道和场所，生产出身体，由此构成某种'自然性'？"[17] 根据巴特勒阐述这一问题的方式，我们就有了线索去了解她是如何着手回答它的，因为她自己解读了福柯的话语概念，并以其为社会性别展演之生产和再生产的核心。福柯在《规训与惩罚》里揭示了权力如何作用于囚犯的身体，不是压制本能或欲望，而是迫使他们的身体去意指禁止性的法律，把后者塑造成本质、风格和必需；无独有偶，巴特勒也希望点明，主导身体的是一种社会性别的规训技术。它会表现为规范调控的形式，迫使身体从社会性别话语的角度来

---

[17] Judith Butler (1990) *Gender Trouble: Feminism and the Subversion of Identity*. New York: Routledge. p. viii.

意指。

巴特勒的整体目标在于，用话语这个概念来将社会性别展演与权力紧密关联，揭示生理性别，也就是我们当作本体实在的东西，是如何作为受到话语调控的展演被生产出来的。这项研究规划也体现在她希望回答的另一个关键问题："语言本身是如何生产出这种虚构的'生理性别'的，正是后者支撑了丰富多样的权力规制（regimes）？"[18]巴特勒在其近著中重申了自己的研究规划，即要搞清楚为何"社会性别并不只是人之所'是'，也不就是人之所'有'。社会性别是男性特质与女性特质的生产与规范化／正常化赖以进行的机器……"。[19]要生产并维持一种清晰可辨的人性，社会性别也是一项前提条件，因为如果别人不能清楚辨认我们是男是女，我们作为人的地位就会出现问题。如果我们非男非女，那我们是什么？不过，使用"社会性别"这个术语也有漏洞，因为我们已经看到，谈论"变性人"或"跨性人"，就已经超出了有关社会性别的话语所设立的自然化二元对立。展演性范畴也存在这种漏洞，异装癖（drag）就体现出这一点，不妨认为，异装癖以悖谬的方式，注释了如何通过主导意指男性特质和女性特质的那些身体行为和姿势，生产出社会性别与生理性别。作为一种悖谬的注释，异装癖可以具备颠覆性，因为它不仅体现出社会性别的展演性质，也揭示了男性与女性、异性恋与同性恋等据说界限分明的范畴可能有的漏洞，从而间接点出了这种性质的不稳定性。

---

[18] 同上引，页 ix。

[19] Judith Butler (2004) *Undoing Gender*. New York: Routledge. p. 42.

在更广泛的层面上，巴特勒主张以社会建构论的立场来理解主体，意思是说，我们对于作为"我／主我"，即作为一个积极活跃、动机明确的能动者，所拥有的任何认识，都是后来才存在的，先有的则是一个文化中的意指作用和语言实践的结构，这才是我们能够以这种方式言谈、思考和行事的前提条件。不仅如此，我们进入世界的时候，并不是一个未经社会性别化、生理性别化的"我／主我"，后来才获得某种社会性别身份／认同。相反，自从生命伊始，我们就被迫依照自身所属文化的调控规范，作为男性与女性加以展演，是这些规范预先指定了实际应当如何做男人和女人。巴特勒与凯斯勒、麦克纳及戈夫曼一样，也认为展演创造出一种认识，视男性和女性为自然事实；但她又借用福柯的思路进行分析，主张展演是由调控规范、由相互交叠的知识和权力网络迫使的。我们不妨这样看：社会性别的游戏性和实验性，在小孩子身上往往是被容忍的，他们可以扮作异性，易装穿着，当然，得是在家里，别人瞧不见。但也就这么点时间可以容忍了，随着孩子长大，就会被期待更加严格地按照被指派的社会性别和生理性别的规范来进行展演。因此，对于巴特勒来说，其实正是这种规范调控生产出了社会性别展演，既有重复的意味，也有即兴的性质。也就是说，它们始终会以某种方式重复社会性别规范，或是对这些规范即兴加以创造，就好像表演／展演（performance）中的音乐人，可能径直弹奏"标准"曲调，也可能在此基础上即兴演绎属于自己的旋律。我们在日常生活中作为女性或男性进行展演时，做的就是同样的事情，既可能援引在社会中充当标准的社会性别规范，也可能将男性能指与女性能指混在一起，以某种方式实施"社会性别转变／掰弯"。[20]

不过，对于社会性别和生理性别，巴特勒希望创造出的新理解比这还要复杂，因为她认识到，我们并不只是以自觉或犬儒的方式一味遵从一套规范调控，而是在一定程度上被这些规范深切铭刻，在展演中激活我们的身体，创造出我们自己的认同感，即我们真的是个男人或女人，并塑造我们的性欲和性态。用我的话来说，巴特勒希望搞清楚，我们是如何用自己的身体习惯于社会性别和性态的。不过，与此同时，她也认识到，特性／身份／认同的二元范畴化是不稳定的，因为这种认同等于是被迫进入一套规范框架进行身份确认，而这套框架说你必须在非男即女、非弯即直之间做出身份确认，从而蕴含着对于其对立面的否弃，当这种对立面遭到禁止时就更是如此。因此，男人往往会对自己比较女性化的倾向和感觉感到羞愧，认为这些倾向和感觉有损于自己的男性特质（不像个"真正的"男人）；女人也会觉得，自己身上比较男性化的特点会招人不满，因为这些特点使自己不那么有女人味儿了。而无论是男人女人，都会觉得自己必须否定任何同性恋的欲望。如此一来，社会性别、生理性别和性态就相互关联，由调控机器生产出来，在异性恋秩序中各守其位。

话说回来，在其《权力的精神生活》一书中，巴特勒也对福柯提出了批评，认为他只把灵魂理解为某种外在的囚禁框架，而没有探究成为一个主体所揭启的内在感觉。不过，巴特勒并没有

_123_

---

[20] 原文是 "gender-bending"，"bending" 既可以按传统意义泛指改变、扭曲、转形，也可以按当代特定意义指将异性恋（直）转变为同性恋（弯）。——中译者注

将精神生活与成为一个自我或一个人维系在一起。她倒是希望探究如何成为福柯意义上的一个"主体"（subject），也就是说，在权力关系上臣属于（subject to）他人，并且借助良知或知识维系于我们自己的身份／认同，创造出某种内在精神感。巴特勒基于福柯／尼采式的风格，希望揭示权力如何不仅蕴含着臣服于（subjugation to）他人，而且也蕴含着臣属于／作为主体相对于（subjection to）自己的自我这种关系。就像尼采所说的那样，这里涉及通过某种恶的良知或有罪的良知，一个人开始"转而"对抗自身。在巴特勒看来，当我们被塑造成臣属于／作为主体相对于规范调控，尤其是我们的性态和社会性别方面的规范调控，就会发生这种转向。她借鉴了弗洛伊德的精神发展学说，认为当孩童开始臣属于／作为主体相对于性态方面的禁忌和调控，比如乱伦禁忌，就会出现这种转向。所谓乱伦禁忌，就是禁止父女之间、母子之间、兄弟姐妹之间发生性关系。不过，在此之前，弗洛伊德相信，孩子与其看护者之间，无论看护者是男是女，由于孩童在身体上的需要，也因为孩童依赖他人来满足这些需要，就会产生肉体感觉和性的感觉，后来会变成充满充满温情的、去性别化的情感纽带。因此，弗洛伊德认为，"孩子会把它所爱的人变成它尚未找到恰当核心的全部性趋向的客体对象"。[21] 女性主义论家盖尔·鲁宾指出，这必然意味着乱伦禁忌还得预设某种先

---

[21] Freud (1921) 'Group psychology and the analysis of the ego', in *The Pelican Freud Library, Volume 12: Civilization, Society and Religion*. Harmondsworth: Pelican, 1985 edn. pp. 91-178, p. 171.

在的禁忌，以防止有可能出现的同性恋欲望。[22]

所谓权力和规范调控对抗既存的欲望，无论是性欲还是侵犯驱力，也就是尼采所称的古老而可怕的本能，这是一种讲法。与此截然不同，巴特勒再次采取福柯的立场，认为权力生产出主体和欲望。因此，是异性恋秩序本身的权力通过禁忌发挥作用，以求将某些特定的欲望概括为"异性恋的"，而将另一些欲望概括为"同性恋的"。后者被贬损为"异常的"，个体如果被界认为具有这类欲望，就会低"异性恋"一等，被排斥出属于异性恋的主流生活。如此一来，用来调控社会性别和性态的话语，实际上是通过以规范为核心，对特定的欲望进行命名、归类和分配，来生产欲望。

巴特勒认为，如果用福柯的视角来梳理弗洛伊德的作品所刻画的东西，那就是某种话语调控，当它发挥作用时，就会设立特定的社会性别秩序和生理性别秩序。在这样的秩序里，我们就变成话语形态里的主体或占位者，基于其术语和范畴的框架，来认识我们的特性/身份/认同，认识我们的欲望。巴特勒追问道，如果说我们属于十分脆弱、易于沦为从属（subordination）的存在，该如何理解？（用第三人称）指出，主体"注定要以并非属于自己打造的范畴、术语和名目来承认其自身的存在"，因为"主体是在自身之外，在一种特别的话语中，寻求有关其自身存在的标志。这种话语既充满支配意味，

124

---

[22] Gayle Rubin (1975) 'The traffic in women: notes on the "political economy" of sex', in R. R. Reiter (ed.), *Towards an Anthropology of Women*. New York: Monthly Review Press.

又对其漠不关心。社会范畴同时意指着从属与存在"。[23]

不仅如此，还通过强加禁忌和限制引发臣服，在此过程中，主体性／臣属性既得以形成，也受到限制。也就是说，通过在男性和女性之类的规范性话语范畴当中承认自身，也就形成了主体及其精神。但与此同时，主体的自我认知也受到了这些调控所作出的"预斥"的限制。尤值一提的是，对于同性看护者会产生肉体感觉和情欲感觉，并因此对同性的其他人产生性的感觉。巴特勒用"预斥"（foreclosure）这个精神分析术语来为之命名，因为不仅是当欲望被命名为同性恋后，性爱的客体对象必须被放弃，而且连爱本身也必须永远被否弃。这种爱存在时既不能被人承认，失去后也不能为之忧伤，因为它从来就不曾获得存在的权利。主体就此被迫重复有关其社会性别展演的生产的那些规范，因为社会性别也是由对于同性依恋的预斥来建构的。所以说，一个男人要是觉得对另一个男人产生了一丝爱或欲望，不仅绝不能允许这种情况发生，而且还会觉得需要在其社会展演中凸显他的男性特质。巴特勒就此提出，单单像她在《性别麻烦》中那样主张社会性别只是一种展演还不够，因为社会性别的有些运作并没有在这种展演中显现出来。一个很有女人味儿的女人不单单是在对女性特质进行展演，还是在对男性特质做出拒斥，对同性恋做出否定。因此，所有的认同立场都是通过拒斥生产出来的。

巴特勒原本认为，社会性别化和生理性别化的主体的形

---

[23] Judith Butler (1997) *The Psychic Life of Power: Theories in Subjection*. California: Stanford University Press. p. 20.

成／形态是忧郁型的，之所以说忧郁（melancholic），是因为这些主体的基础，正是对于同性的情欲依恋失落之后却不能忧伤（ungrieved）。不过，她后来不得不承认，这种观点属于其所称的夸张建构（hyperbolic construction）。之所以说它夸张其词，或者说言过其实，是因为它并没有捕捉到，实际的自我可以通过许多方式体验社会性别和性态，用现象学的术语来说，并不能还原为一种明确的等式，就说社会性别是通过牢固的异性恋而获得稳定的，这种异性恋是通过规训体制得以确立的，而这种规训体制又要求预斥和拒斥。实际上，巴特勒正是基于这些理由，为自己对于社会性别的夸张建构做辩护，因为她的目的是要对那些要求做出拒斥以实现稳定的主体立场提出批判：异性恋要求对同性恋欲望做出预斥，并拒斥认同于对立的社会性别（男性特质就是对女性特质的拒斥，反之亦然）；而同性恋则要求否定异性恋。巴特勒想要对这些有限制的主体立场进行批判，并对使这些主体立场各安其位的异性恋秩序做出解构，为人与人之间更加流变不居的依恋和认同开启可能。晚近一股学界思潮，即人们所知的"酷儿理论"，就采取了这种立场。它重新采用了"酷儿／怪异"这个术语（queer），意指任何超出有限的异性恋秩序的性态形式。不过，与此同时，它又并不打算限定并巩固一些性态形式，将其置于弯与直、男与女之类的刻板范畴之中。[24]

巴特勒如法炮制，采取这种立场来刻画语言范畴之间的漏洞，这种漏洞也给主体留出了一些回旋余地，让他们即兴发挥甚

[24] Steven Seidman (ed.) (1996) *Queer Theory/Sociology*. Oxford: Blackwell.

或颠覆语言所支撑的异性恋秩序。不仅如此，我们确立起与自身之间的一种反身性关系，虽然是一种令人愧疚的有限关系，但也借助这种"转向"，形成为主体。这种方式使主体有可能赢得一定程度的权力，并由此确立其在话语调控系统中拥有一份属于自己的能动性。尽管作为主体，我们都是由权力生产出来的，但我们既然作为主体，也必然表现出[25]一种权力，我们就是在其中被赋形的。巴特勒还承继黑格尔的风格，试图更进一步指出，尽管主体只有在社会和历史角度上被确立之后才能得到承认，但作为主体的我们与作为自身的我们并非同一。反身性关系始终呈现出某种鸿沟或差异，主体在其中能实现一种权力，可以不同于其所是，或确立一种批判性的视角来看待它已经成为的样子。因此，我们不仅注定要无尽重复自己主体状态／臣属状态的规定，而且，在话语和语言所确立的权力结构中，还存在诸多鸿沟和裂缝，使我们有可能发挥批判性、转化性的能动作用。

不过，在我看来，巴特勒的思路中还存在一些重大问题，其中之一便是，她对于福柯的话语概念的解释是从狭隘的语言学角度切入的。在福柯的作品里，话语不仅指语言，指知识的各种概念和范畴在语言学角度上被建构而成的方式，而且指与既有话语相互交叠的各项制度与实践的局部情境。话语正是在这些制度情境和实践情境中不断发展，得到实施，遭到抵抗，而这些在巴特勒的作品里付之阙如。因此，在她那里，话语和语言之类的术语往往表现出抽象性，仿佛在人类实践之前，始

---

[25] 原文此处为"assume"，有"具有""承担""呈现""假装""设想"等意，这里兼而有之。——中译者注

终已经确立，作为实践和主体性／臣属性的先在条件。此外，由于巴特勒在其他方面如此紧随福柯的立场，也就把我在前一章点出的福柯立场中的许多问题一并纳入了自己的研究。比如说，巴特勒和福柯一样，几乎只关注那些"地位稳固的"或"官方的"话语形式，以及它们所生产出的那些知识、概念和范畴，我们由此认识到自身和他人是主体。所以，巴特勒忽视人与人之间"非官方的"日常对话，对于如何通过都市景观中的各类亚文化，对种种形式的身份／认同进行命名、建构和重构，也是重视不够。就像我在前一章所预想的那样，一方面是科学、医学和法律等形式的话语，另一方面是日常对话，自有其对于各种社会特性／身份／认同的命名与范畴，两方面之间有着非常复杂的相互关系。

将话语视作语言的这种解释显然失之狭隘，也影响到巴特勒对于主体性／臣属性的理解，因为主体被概括为依赖不曾由自己选择的话语，但还能发起并维持自己的能动性。这样一来，主体就不会与自我或个人（person）混为一谈，因为主体无非只是一种语言范畴，话语中的占位者。不过，就像福柯一样，这意味着主体只能结合话语、语言和规范来理解，而不是放在与他人的关系当中来理解。诚然，巴特勒的确说过，如果没有满怀情感地依恋他人，任何主体都不会凸显，[26] 我们只能通过亲近而鲜活的交流接触到规范，在这些交流中，我们就自身给出说法。[27] 但是，

126

---

[26] Judith Butler, *Psychic*.

[27] Judith Butler (2005) *Giving an Account of Oneself*. New York: Fordham University Press.

这都是些一笔带过的随兴之论，而作品主要还是致力于从比较抽象的、非人身性的方式切入，将主体理解为通过语言和规范而开启。所以说，巴特勒关心的是主体与规范和语言的关系，而不是与他人的关系。

比如说，当巴特勒谈论受到语言"询唤"（interpellated）的主体时，是借用了法国结构主义者路易·阿尔都塞提出的那种概念意涵。阿尔都塞说的询唤，指的是主体被意识形态所"呼唤"或吁求，而在应求之后，被置入物质实践，支撑着资本主义社会结构。[28] 在巴特勒眼里，主体受到语言的询唤，进入生理性别与社会性别这一对二元范畴的虚构。但她所说的我们受到询唤，意思和米德、阿尔或肖特尔等人不一样，并不是说被他人要求给出说法。这一点很重要，因为如果我们认为自我（而不是主体）受到看护者、家人或朋友等特定他人的询唤，那么规范就会针对特定的背景，根据与他人之间的鲜活交流而可能出现相当的差异，因为这些人自有其个人历史和生平轨迹，从而在规范性行动和期待中带入各自的具体特点。根据我们与之相互依赖的那些人的社会阶级、代际、文化或族裔，这些具体特点也会有相当的差异。尽管我也同意巴特勒的讲法，即不能把规范完全化约为它的具体表现，仿佛它完全符合科层权力和规训权力的规范化／正常化运作，[29] 但我同时还觉得，可以说，在当代社会里，我们通常都会遭遇到不同的制度背景，其中的规范有相当大的变异。同样，如

---

[28] Louis Althusser (1971) *Lenin and Philosophy and Other Essays*. London: New Left Books.

[29] Judith Butler, *Undoing*.

果我们拿巴特勒的立场与米德和巴赫金之类思想家做对比，他们都想要反驳认为先于语言而存在某种先验自我的理论观念，认为自我是在与他人之间的鲜活互动和对话中创造出来的，并通过赞同某些人而反对另一些人，找到属于自己的声音。但米德和巴赫金也认识到，在当代社会，不存在任何单一权威性话语，因此也没有任何自我与某一个社会范畴、角色或属性指派完全同义。相反，自我是通过许多他人的眼睛来看自身的，而这些他人所具有的视角可谓纷繁多样。因此，就任何一个人而言，对于种种范畴、名目和规范的体验都不是始终如一的，从意指系统的角度来说，这种漏洞不仅是语言上的，也是互动性和对话性的。

至于社会性别和性态的范畴，巴特勒不得不承认，从现象学的角度来说，人们并不是采取像她的夸张理论中那种严格刻板的方式/术语，通过拒斥、预斥和否斥（repudiation, foreclosure and disavowal）来经历和体验这些范畴的。比如说，我们该如何说明，事实上，有许多男人对自己身上的女性特质也感到蛮自在，而当今也有不少女人觉得有能力以更具男性特质的方式进行展演？同时，如果说大家在幼时都早早预斥了对于同性的欲望，那又如何可能存在男女同性恋和双性恋？巴特勒始终可以说，这样的变异正好例证了规训体制想要在每个情况下都生产出它们所要求的主体的努力归于失败。但这等于只是从否定性的角度来看社会性别和性态，视之为从预斥、拒斥、否斥或失败中建构而成。即使当同性恋的性态真的凸显，巴特勒也宣称，其标志可以概括为不可能性、罪疚和隐秘。这当然也没错，但同样可以说，有关社会性别和性态的规范也是变动不居，因此，这同样不适用于每一个人的体验。在某些文化里，对于同性恋的禁忌已经大大放松，乃至于现在有可能更加自由地表现同性恋的性态，而不再感到罪疚和羞耻。这或许是巴特勒的学说未能捕捉到的最重要的事情之一；在表达社会性别和性态时固然可能发生种种困难、斗争与冲突，但也可以找到表现身体幻想和欲望的快乐，包括与他人共度的欢愉与放纵。

巴特勒运用弗洛伊德的学说，探究"建构"社会性别与性态的规训禁忌和禁止，这种思路当中也有暧昧不清之处。这是因为，尽管它同时勾绘了性的"正常化/规范化"及其不可避免的"偏常"这两方面一系列戏剧性事件，但依然未能说明性态和社会性别方面的诸多变化和变异。比如说，按照弗洛伊德的理论，在"正常的"异性恋发育中，孩童对于同性父母之爱会转变成敬爱，他们希望自己像他们；同时，他们的性欲会转向生身家庭外部的异性成员，那些他们希望拥有的人。然而，我们如何说明一个具有女性特质的男人，假定他在生命的某个时点开始认同于母亲，希望自己像她，同时也希望拥有一个女人。换句话说，从弗洛伊德的角度上，我们如何说明一个男人既具有女性特质但又是异性恋？既然所谓同性恋男子必然女里女气的刻板印象终于已经不复存在，那我们又如何说明一个具有男性特质的男人爱上另一个男人，换言之，希望既做一名男人，又拥有一名男人？这种男人（或者是女人，就像具有女性特质的女同性恋）不仅反驳了弗洛伊德的框架，而且也摆脱了对于同性恋的预斥，我上文已经提到了这一点。由此观之，巴特勒的立场似乎存在悖论：她既认识到了弗洛伊德学说的问题，但又依靠它来阐述自己有关通过异性恋规范进行社会性别建构的夸张理论。

不过，弗洛伊德的重大发现在于，孩童并不是无性的存在，在孩童看护的安排当中，在孩童与其看护者之间，有着复杂而暧昧的感情，包含着肉体和情欲上的依恋，构筑起这些相互依赖的关系。诚如哈里森和胡德—威廉斯所言，在孩童早期，这些情欲依恋并没有被指定为是异性恋还是同性恋，这类术语要到青春期才开始具有显著意义。在孩童早期，先于任何乱伦禁忌，这些依恋和感情就属于弗洛伊德所称的孩童尚未找到恰当核心的性趋向，因此，在这个阶段，任何对于同性恋的禁忌都是没有意义的。我还想指出，我们今天在西方世界能够找到的家庭结构更具多样性，至于不同的文化之间也是如此，孩童能够对其看护者产生多重情欲依恋，同时也伴随着施用于这些欲望和社会性别展演的规范调控在风格与内涵上的变异。因此，从人际关系之中，始终有可能涌现出多种多样的性欲和社会性别展演。有鉴于此，我想提出，尽管社会性别展演会在不同社会背景之间发生转变，而在有些情形下，性态也会更为流变不居，但过去的情欲关系依恋的残余依然会作为性的欲望和取向始终伴随着我们。就像鲁宾所言，获得社会性别和性态就像是习得我们生于斯长于斯的语言和文化，"绝大多数人都有某种家庭语言，而家庭内部生理性别和社会性别让人感到舒服自在的区域范围也没有多少改变"。[30] 就此而言，我们获得了其他一些比较稳定的性情倾向，指导我们在所处世界中以及面对他人的取向，相比这些性情倾向，社会性别和性态或许也没啥不同。因此，就用我们开始习惯于世界并将自

<hr>

[30] Gayle Rubin (1994) 'Sexual traffic (interview with Judith Butler)', *Differences: A Journal of Feminist Cultural Studies*, 6 (2-3): 62-99, p. 66.

身与世事人情相关联的方式来谈论"性取向",或许也挺合适。

　　就看护者而言,暧昧不清的情感依恋会使我们以复杂的方式建立对他们的取向,认同与不认同兼而有之。不过,诚如戈夫曼所言,亲子情结中的社会性别展演和展示的重要内容就是意象,因为孩童渴望效仿父母或看护者所释放出的那种男性特质或女性特质意象中的要素。[31] 不仅如此,这些仿效的社会性别展演具备了陈述—应答式的对话结构,一方做出展示,要求另一方有所表现。在这种情况下,询唤就被理解为一种人际对话过程(差不多就像我在第三章刻画的那种在他人的众多声音中找寻属于自己的"声音"),孩子及其看护者都在对彼此的社会性别展演做出回应,孩子要么积极要么消极地回应社会性别展示中的意象。而看护者的意象也不会是孩童所接触到的唯一的社会性别展示,今日之世,传媒普遍渗透,就更是如此。因此,孩童还会有其他的社会性别展示,其他的意象,并以此为中介来决定如何回应其看护者。所以,在成长岁月所遭遇的代际微观社会权力政治里,孩童或青年会在培养过程中采取某种立场,拒绝其看护者所展演的那种男性特质或女性特质,不想成为那种男人或女人。这样一来,年轻人就会拒绝某些询唤,选择自己这代人发展出来的新型社会性别展演模式,觉得在这里面可能找到属于自己的声音,找到习惯于自己的社会性别展演和性态的方式,并且以感到更加真诚的风格。

　　至于权力这方面,戈夫曼的观点也与巴特勒针锋相对,耐人寻味。因为在他看来,在特定的社会情境中展演的与其说是

---

[31]　Erving Goffman (1979) *Gender Advertisements*. London: Macmillan.

社会性别化权力结构的整体特征，以及其关于男性特质和女性特质的理想意象，不如说是这种权力结构中针对具体受众的某些具有背景特定性的特性。从社会性别展示中也能看出集会中展演者的结盟，即与受众中哪些部分发生关联。要说明这一点，不妨看看当代英国都市同志酒吧中，有关男性特质和女性特质，存在多少种不同的展示。潮男（fashionable young people），伪直男（straight-acting men），清纯男（college boys），娘炮（camp boys and men），熟男（more mature men），以及更为新近的"熊男"（"bears"，larger，hairy men），分别汇聚于不同的酒吧或混合型酒吧。还有专门面向少女、运动女（sporty looking women）、熟女（older women）、男角女同与女角女同或 T/ 婆（butch or 'fem' women）。巴特勒会说，这些社会性别展演都是对于规范性的男性特质和女性特质的原样照引或即兴创作，但它们也是针对某一群受众的展演，要求得到特定他人的回应，包括人身魅力和性感魅力，并与他们可能建立友谊、爱和性的关系的特定群体展演者结盟。同志酒吧中的规范期待就具有鲜明特色，不属于严格的异性恋规范，在男女身上都展示出各式各样的男性特质和女性特质，在工作场所之类的其他生活范围内是不会昭显的。因此，对于展演的意义和风格，对于特定框架内社会性别展示中所使用男性特质和女性特质的理想意象或偶像般意象的选择与融合，背景和结盟都极其重要。对于调控展演的那些规范，背景也很重要，因为在不同的社会活动背景内部和之间，规范都会有很大的差异。

　　不过，说到男女同性恋的场所，以及其中发生的那些社会性别展演，性态并不是唯一的因素。乔恩·宾尼和贝弗里·斯科格斯研究过英国曼彻斯特的同志村，并从中发现，同性恋人士对"场景"（scene）是否感到自在，觉得容身其中，社会阶级也是个重要因素。[32] 宾尼和斯科格斯在研究中访谈的那些人能够清楚指明哪些社会阶级经常出没于哪些酒吧，并且认为，对于同志活动区域的主要威胁，不仅来自异性恋人群派对也凑到这边上饮酒享乐，而且还来自工人阶级男女的特定群体，尤其是"母鸡会"[33]，认为这些人酗酒无度，粗鲁无礼。因此，很显然，时常出没该区的许多同性恋在对那里的人作明确区分时，不仅基于性态，而且基于社会阶级。种族也是一个因素，村内很少能找到适合黑人女性的地方。宾尼和斯科格斯就此得出结论，认为同志社群／社区（community）往往不仅再生产出了性别分隔和种族分隔，而且如实映射并再生产出了阶级阶序。就我在此关注的话题而言，这意味着影响同性恋的展演和自我认同的绝不单单是性的规范性／正常性，而且还有社会阶级的影响，后者尤其会促成展示出正确的世界主义品味和态度，而这是都市同志身份／认同的核心要义。这就牵涉到社会阶级对于自我认同的影响，我在下一章将会谈到这一点。不过在这里，不妨先行指出：男女同性恋身体在展演中所展示出来的符号不仅指涉性态与社会性别，而且也指涉着阶级与种族。

回到巴特勒有关社会性别具有展演性的学说，她在一部近著

---

[32] Jon Binnie and Beverley Skeggs (2004) 'Cosmopolitan knowledge and the production and consumption of sexualized space: Manchester's gay village', *Sociological Review*, 52 (1): 39-61.

[33] "hen parties"，当然这个词也会特指女性告别单身行将成家前的派对。这里的译法是要突出其贬义。——中译者注

中进一步发展其观点，阐述了他人对于展演的作用，并把重点放在对社会性别的消解（undoing）而非践行（doing）上。当兼性人之类的群体诉求承认，既有的社会性别范畴就趋于松动，扩大了"人"的界定，超出既存的二元对立范畴。[34] 在这里，她尝试在自己的作品中融入更多的黑格尔传统的成分，将欲望理解为渴欲赢得他人承认。巴特勒就此开始主张，我们在展演范畴中之所为，始终是与他人共为或为他人而为。不仅如此，我们能够与规范之间确立的批判性距离，始终在于发展替代性规范和理想的集体能力。在此过程中，女同性恋、男同性恋和兼性人之类的群体不仅在确认其性的权利，也是在力争被视为人，也就是说，被纳入人的范畴，和其他人一样，既有权利生存，也有权利按照自己的方式过值得过的生活。然而，这样来理解赢取与既定规范之间批判性距离的集体能动力，并不怎么符合巴特勒早前的立场：批判性的能动作用乃是居于主体——即语言中的占位者——与精神之间的不可共度性（incommensurability），正是这种不可共度性，促成了具有反身性转向的批判性反思。后一种立场显然是对能动作用的个体性理解，实际上是以精神的本质为基础的。

不仅如此，尽管巴特勒试图思考整个建立承认的过程，但这依然有赖于从既定的社会维度和历史维度的语言范畴来思考承认，包括这些范畴是如何被消解的。不过，由于缺乏某种互动性或对话性的思路，强调重点依然落在语言范畴上，聚焦于它们如何提供用来承认人的框架。她讨论到大卫·雷默（David Reimer）的病案，这个美国男人童年遭遇事故后被手术切除阴茎，此后被

---

[34] Judith Butler, *Undoing*.

社 会 性 自 我

作为女孩抚养长大，但其社会性别却始终悬而未决。巴特勒提出，雷默的欲望并不是始终臣属于按照其生殖器官来范畴化，而是要被承认为具有自己独立地位的一个人。她揭示了他作为人的性质是如何从某种特别的方式中凸显而出，即他不能被充分范畴化，从而超出了关于可理解性的那些规范。但这也可以不超出这类规范，只要我们考虑到，在浪漫主义话语里，如果我们当中任何人要求凭自身独立地位而不是作为一个社会范畴得到评价，也完全可以理解。这并不是超出语言边界的某种漏洞，因为雷默援引了一种科学话语或法律话语之外的话语，以求伸张一种真诚的自我感。他还诉求马丁·布伯所称的"人际"，因为这种历史上业已确立的自我之间的对话能力会排除范畴化的作用，开始以更为坦诚也更易受伤的方式，彼此创作，就像平等众生之间的忏悔／告白。

不仅如此，事实上，成年兼性人已经有能力公开表达并重新阐述其特性／身份／认同和身体，这就表明，他们作为人，已经感到，在这个不仅限于自己的性态和社会性别的世界上，自己具备在场呈现、能动作用和具身体现。在这里，有必要重申，莱恩尝言，从幼时开始，我们对于世界的本体存现感和实在感就既有赖于具身体现出某些特定的规范约束，也同样依赖于对抗这些约束。实际上，在莱恩的研究中，那些具有极度的本体性不安定感的人，恰恰是一贯过度遵从，愿意顺从有权势他人的一切期望。那么，是否有可能既作为一个人存在，又不具有稳定的社会性别特性／身份／认同，或者对于自己的生理性别不拥有某种特定的认识呢？兼性人的例子似乎表明是有可能的，就像埃居莲·巴尔班在被迫作为一个男人生活之前的情形。而巴特勒则以设问的形式来谈这一点："生活于世界，呼吸天地间，并尝试去爱，而这种存在却既非遭到充分否定，亦非得到充分承认，这究竟是怎样一种情形？"[35]

如此一来，这里就出现了一个问题，但主要不是社会性别与生理性别作为我们自我的维度，究竟有多么至关重要，而在于如果提出，人从诞生伊始就具备社会性别，而其能动力也是被社会性地构成的，这种讲法是否正确。弗洛伊德似乎并不把社会性别或生理性别看成一种身份／认同，而是认为，男性特质和女性特质只是两种"态度"，无论男孩还是女孩都可以采纳。哈里森和胡德－威廉斯指出，在弗洛伊德看来，婴儿的身体自我并不具备某种社会性别，它与性态都只是在后来某个阶段才开始成为核心的，或许是在青春期。况且，弗洛伊德的认同作用概念（identification）相当含糊，他虽然明确指出，认同作用并不一定要投向整个人（父亲或母亲），而可以投向某项特性、某种行为、某类言语、某个器官，或者（在自大狂的情形下）整个世界。[36]而我还想追随戈夫曼的立场补充一点，也可能认同于有关人的特定意象，或是他们的展演的特定维度，又或者维系某人对我们如何回应。但正像我在第三章所指出的那样，还不止于此。当我们被父母询唤投入道德行动时，我们既是作为特定的社会性别、也是作为一般意义上的人而受到询唤。尽管对于男孩和女孩的道德要求具有实质差异，但也有相当大的相似之处，比如诚实可信，能有说法，能为自己的行动负责。诚如康奈尔所言，在研究

---

[35] Judith Butler, *Undoing*, p. 58.

[36] Wendy Cealey Harrison and John Hood-Williams, *Beyond*, p. 207.

　　　　　　　　　　　　　　　　　　　　　　　　社会性自我

社会性别差异时，人们往往忽视了，男女之间在许多方面是同大于异的。[37]

当然，我们可以像巴特勒一样认为，一个人要在这个世界上维持生存，其生理性别就必须能够以某种方式被他人所解读、所领会。否则，他们就很可能陷入某种无足轻重或不被他人承认的境地，甚至是最糟糕的情况，遭受暴力和杀害，这正是不少跨性人和男女同性恋的遭遇。在那些被分派到性存在之边缘境地的人当中，有许多人诉求自己的存在权利，并由此诉求自己有权获得他人承认，将自己纳入"人"或"人际"的范围，从而获得维持生存的权利。性别维度上的少数族群通过这种方式，不仅挑战了两种生理性别这一本体性实在，而且，如果说"人"就是被他人承认为人的人的话，他们还致力于拓宽这种"人"的定义。话说回来，他们在这么做的时候，如何认识作为自主能动者的"主我"？这当然有赖于他人承认其作为人的存在，但并不只是依赖于他人承认其社会性别，因为他们既诉求基于其他理由得到承认，事实上也获得了这样的承认，比如看他们是否有能力作为人来表达自己的立场，并重新界定何以为人。诚如米德所言，作为"主我"的能动感并不指涉某种特性／身份／认同，无论后者是否具有社会性别的意味，而是一种行动形式和言说形式，有赖于在各色活动背景中发生微妙变化的不同社会基础。不仅如此，巴赫金也曾经指出，这还意味着作为"主我"的体验也伴随着对话中的超越感，即"我"始终能够成

---

[37]　R. W. Connell (1987) *Gender and Power: Society, the Person and Sexual Politics*. Cambridge: Polity Press.

为不同于我当下之所是，或不同于我当下被界定之所是。

不过，最终看来，巴特勒的作品纵然颇具影响，耐人寻味，但也有一些重大问题，关系到对生理性别和社会性别的理解缺乏历史特定性和背景特定性（不像是福柯对性态的阐述）。身份 / 认同的这些维度是从具有制度特定性的实践的社会定位中凸显出来的，身份 / 认同就是在这种社会定位中得以形成并重构。这也使得巴特勒在语言、权力和行动之间构筑的那种关联呈现出先验性，因为调控性、规范性的话语机制在理论上被阐述为特定的权力，通过反复的展演建构行动和身份 / 认同，但却没有给出什么线索让人看到，这种权力究竟如何能够形成，并在关系和互动已经发挥作用的历史性、社会性的动态过程之外，创造出它的主体。悖谬的是，尽管她夸张的社会性别理论能够说明并批判异性恋规范的既定体制，但对于如何可能有各色性态的人反对它，或在这种体制之外取得自身的认同，我们并没有了解到什么。与此相关的是，她也不怎么认识到，在许多社会中，规范调控可能变化多样，而不是如出一辙，因此，作用其间的权力也可能是些彼此分裂、相互矛盾的力量，生产出各式各样的自我。我现在就来谈谈这个话题。

第三节　社会性别秩序、社会性别规制
与辩证实用主义

R. W. 康奈尔的社会性别研究的核心问题，就是社会中的权力的局部背景和整体结构之间的关系。他试图就构成不同的社会性别的那些社会关系，提出一套其所称的"结构清单"。它们的

构成作用既体现在具体位置或机构的层面上，比如学校、工作场所和街头巷尾，也体现在国家政府的各个部门中。不过，无论在区域层面还是局部层面，都找不到任何社会形态真正包含如此紧密整合的关系框架，编织在一起，形成一套协调统合的系统。相反，结构清单全面盘点了给定情境的所有层面和各个维度上的种种复杂和矛盾之处，以及其中能发现的各色社会关系，这些都反映了该情境的"社会性别规制"（gender regime）。与之相对，"社会性别秩序"的概念（gender order）旨在捕捉这些社会性别规制之间的关联，把握它们如何汇聚成一种观念霸权，主导有关特定社会中究竟何者构成男性特质行为或女性特质行为的那些观念，而这种霸权既受到支持，也遭到对抗。

康奈尔借鉴了意大利马克思主义者安东尼奥·葛兰西的作品，用"霸权"这个术语来指某个社会群体或意识形态所占据的优势地位，但这种地位是通过文化、制度／机构和说服而取得的，而不是通过暴力或身体强迫来实现的。在康奈尔看来，如果用这些术语来讲，霸权式男性特质的观念指的是某种特定文化及其各个制度／机构中固有的实践模式，使男性可以支配女性（至少在西方世界是如此）以及其他居于从属地位的男性。这并不等于说所有男人和女人都遵从霸权风格，因为会有多重的男性特质和女性特质；只是说，在某些特定的历史局势下，出于某些社会学方面的原因，某些类型的男性特质比其他类型更受尊崇，或授予某些男性更多的权力机会。不过，这种倍受尊崇的男性特质还会变成规范性的。比如说，在十八、十九世纪，国家权力发生转变，从基于身体强迫，转向一种新型治理，基于理性计算和技术知识。伴随这一转变，开始涌现出一种霸权式的男性特质，强调理性思维和技术知识，将"桀骜狂放"的旧有武士型男性特质赶到从属地位。不过，在某些特定背景下，依然残留着这种旧式的男性特质的某些成分，传统上像是军队和警察部门，虽说现在这一点也遭到了挑战，因为这些建制招募了越来越多女性。而在工人阶级里，多年以来，体现身体力量和运动精神的那种男性特质典范始终不受撼动。这或许是因为，传统工人阶级的工种属于体力劳动型，尽管无独有偶的是，在那些渐趋去工业化的社会里，这种状况也像是正在改观。《搏击俱乐部》（*Fight Club*）这部小说及其改编电影，讲述一群男人组建了一个地下网络，即一些不带拳套的搏击俱乐部。不妨认为，这是在悲叹，曾经以身体强壮、坚韧不摧、不在乎痛痒为基础的那种"桀骜狂放的"或极度的男性特质，如今似乎渐趋消逝了。

不过，康奈尔其实说的是，霸权式男性特质和"受强调的女性特质"都不是什么自然的，天生的，而是从社会和历史的角度创造出来的，因此在各个文化、族裔、社会阶级和局部背景之间，各见差异。不仅如此，这些霸权式的形式是由一个文化中有关男性特质与女性特质的那些理想化意象和幻想组成的，但却几乎没有什么男性或女性可以亲身体现。话说回来，无论女人男人，女孩男孩，在各式各样的制度／机构和实践中，都会体现或反抗霸权式男性特质和受强调女性特质的某些方面。比如说，在学校里，对于男孩，会强调玩运动，力量和技能由此宣泄到足球或橄榄球之类的竞戏里，这正是一个青春期男孩生命中欲力高度投入（strongly cathected）的那些方面，也就是说，身心两方面的能量都以此为焦点，对于那些擅长运动的人来说就更是这样。按照康奈尔的讲法，对于有些人来说，"它已经成了身体行动的一种典范，其相关意义已经远远超出了具体竞戏本身。这样的勇猛成了评判某人男性特质程度的一种手段"。[38] 而在另一方面，艾丽斯·玛丽昂·扬则提出，女孩学习用一种更具约束性的方式来运用自己的身体，在运动的时候就更是如此，而这又导致她们低估自己的力量和身体能力。[39] 其结果，许多女性对于空间的使用要比绝大多数男性来得拘谨，后者往往会大摇大摆地闯进房间，坐在那里也是摊手摊脚。当然，落实到具体的男女个体，这些趋向会有相当的变异，许多女性也有可能在举手投足之间更加随意，运动起来也可能比有些男人更加勇猛。但具身体现的整体风格还是表明更具霸权性的男性特质形式和受强调的女性特质。

康奈尔和扬等思想家的研究使我们有了许多新的思考可能，其中就有一点：社会性别不只是一系列受调控的展演，我们在身体上和情绪上都对自己的具身化展演有欲力投入，因为这些展演不停地形塑和重塑着我们对于生理性别与社会性别的体验。因此，人们觉得，在自己对于生理性别和社会性别的体验中，核心就是"快乐，痛苦，身体意象，唤醒，青春，衰老，身体接触，育儿，哺乳"，[40] 也就是我称之为我们习惯于世界的所有那些具身性方式。有鉴于此，如果说社会性别的种种风格和意象都只是虚构或幻念，也不完全恰切，因为虽说它们是些

---

[38] 同上引，页85。

[39] Iris Marion Young (1990) *Throwing Like a Girl and Other Essays in Feminist Philosophy and Social Theory*. Bloomington: Indiana University Press.

[40] R. W. Connell, *Gender*, pp. 74-75.

强有力的幻想，但总归通过各式各样的实践，比如运动、锻炼、工作或饮食，得到具身体现，并在本体层面上成其为实在。如此一来，"将人视为权力持有者这种社会界定就不仅是被转译成精神性的身体意象和幻想，而且被转译成肌肉紧张、站相坐姿、身体感觉与构造"。[41] 跨性人或兼性人不仅会致力打造自己的身体，让身体发生转型，而且有可能在转型不可能或弊大于利的时候，遇到那些身体的限制，不得不逐渐接受它们，以新的方式表达自己有关生理性别和社会性别的具身体验。

康奈尔的作品尽管很能帮助我们思考有关权力关系与身体之间关联的问题，在社会性别秩序和各色社会性别规制方面尤为突出，但我们要用霸权式男性特质这个观念时必须十分小心。这是因为，这种霸权会不断发生移位和转化，并可能由有关男性特质的不同典范和风格构成，在不同的社会性别规制之间，其流通范围也各有差异。有鉴于此，德梅特里奥最近提出，用"辩证实用主义"的思路来探讨霸权式男性特质，因为目前受尊崇的那些男性特质形式不仅变化多样，而且也借鉴并融合了一些比较边缘的男性特质类型。[42] 比如说，在二十世纪五十年代，受尊崇的男性特质类型不仅是由约翰·韦恩或加里·库珀这样的人物形象所代表的，而且还由马龙·白兰度和詹姆斯·迪恩之类所补充，后一

---

[41] 同上引，页85。

[42] D. Z. Demetriou (2001) 'Connell's concept of hegemonic masculinity: a critique', *Theory and Society*, 30 (3): 337-361.

类形象在定位反叛的年轻人当中愈益走红。[43] 不仅如此，当韦恩这样的人物形象的男性特质会积极摆脱任何牵涉到女性特质或同性恋的迹象，而白兰度和迪恩之类的偶像则会摆弄乃至诉求同性恋男性特质的幻想和意象。过去半个世纪以来，霸权式男性特质和较为边缘的男性特质之间的这种辩证关系业已趋向强化，同性恋文化在男性时尚和风格中更具影响之后，情况就更是这样了。随着"混合型"社会空间越来越流行，这个过程就更加强化了，乃至于男人无论是同性恋还是异性恋，都有意无意地越来越彼此借取各自的外观、风格和作派。尽管康奈尔和梅塞施密特都怀疑，无论在区域层面还是全球层面，这种混杂化的趋势究竟有没有获得霸权地位，[44]但是，考虑到同性恋文化的影响，考虑到同志在时尚界和娱乐界的势力，这种怀疑也显得令人惊奇了。许多年轻人

---

[43] 此四人俱为美国好莱坞电影男星。约翰·韦恩（John Wayne，1907—1979）：以西部片和战争片中的硬汉形象著称，《关山飞渡》《血战硫磺岛》等片不仅为他赢得影坛卓誉，而且使其成为美国文化偶像。加里·库珀（Gary Cooper，1901—1961）：以《约克军曹》《日正当中》《富贵浮云》等获得两次奥斯卡最佳男主角及一次提名。马龙·白兰度（Marlon Brando，1924—2004）：以《欲望号街车》《巴黎最后的探戈》《码头风云》《现代启示录》以及《教父》等不朽影片流传后世，从最开始的硬汉形象逐渐走向宽广戏路，银幕性格多面一如其戏剧般人生，英雄般地创造了"反英雄"的格调，传递或者说引领美国青年的心声。詹姆斯·迪恩（James Dean，1931—1955）：《伊甸之东》（又译《天伦梦觉》）中塑造的浪子形象，代表了"垮掉的一代"，热爱跑车运动，因车祸而亡。他的温柔与暴烈创造了新的男性性感典范，并留下了诸多双性恋或同性恋的传闻。多年以后，王家卫执导与迪恩片同名的《阿飞正传》，向五十年代致敬，主演就是张国荣。——中译者注

[44] R. W. Connell and James W. Messerschmidt (2005) 'Hegemonic masculinity: rethinking the concept', *Gender & Society*, 19 (6): 829-859.

对于时尚和风格很感兴趣，定位于男性时尚、修饰和健康的杂志蓬勃发展就是明证，有鉴于此，这种势力尤显重要。

那么，在生理性别和社会性别的相关研究中，这又将置我们于何地呢？有一个观点得到了历史研究的支持而比较有力，认为当代西方虽然坚信，生理性别是决定我们的特性／身份／认同的根本真理，但这其实只是晚近的一项文化发明（自大约十八世纪以降），并且具有地理特定性。有证据表明，将生理性别分为男性与女性，视之为互斥的生物学范畴，这种二元模式同样是晚近才有的，并且具有地方性，和生理性别作为真理的观念一样，也有赖于生物医学的发展。[45] 不仅如此，讨论生理性别的二元模式，也不能脱离另一种不断壮大的文化区分，今天我们会称之为男同性恋与女同性恋，后两者也都是伴随"同性恋"和"异性恋"这两个医学术语的创立，起自十九世纪晚期的都市日常生活。只是有了将生理性别视为关于我们自我之本性的真理这一观念以后，人们才会思考，一个人对于同性爱人的取向能够界定其整个特性／身份／认同。所以，不妨从历史的角度，将生理性别、社会性别和性态理解为社会性和文化性的创造，并因此具有社会角度和文化角度的多样性。对于我们当中生活在当代西方世界的那些人来说，当下正在创造着历史，跨性人和兼性人正在挑战我们已经伴随着生活了二百多年的真理，即有关生理性别与社会性别的二元模式，主张应当还有别的社会性别可以获得承认作为完整的人，并得到允许维持生存而无需进行手术改变。但这只是再一次

---

[45] Thomas Laqueur (1990) *Making Sex: Body and Gender from the Greeks to Freud*. Cambridge, MA: Harvard University Press.

说明，人们是如何并非简单地生而作为某个既定的生理性别、社会性别或者性态，而是被塑造成遵从于斯。可是，问题还有其反面，那就是还有其他做男人做女人的方式，还有其他表达自己的性与爱的方式，各自有其历史脉络，也都挺过了霸权力量的调控，哪怕已经受到了这些力量的影响。

有鉴于此，在思考我们"自己的"社会性别时，再要视之为始终指涉并即兴发挥某种具有社会脚本的展演，戏份在我们出生之前早已拟就，而不是由我们出生时的性质所构成，或许就有些让人惊讶了。我们就好像习得我们的母语一样，习得生理性别和社会性别，这不应当那么让人困扰，因为就像"我们的"语言一样，虽说我们并没有发明出它，但这一事实丝毫无损于它属于我们，或是能被我们所习惯，这里指的是我们在与他人发生的互动中度过其间的生活，乃至于可以感到，它是我们的一部分，同样也是我们自己身体的一部分。实际上，通过我们的实践和展演，我们的身体被重新塑造，在相当程度上成为我们在社会世界中变成的那种自我的一部分，后者赋予我们每一丝体验以形式。但凯斯勒对于兼性人的研究又说明了另一些东西：作为一个生理性别化和社会性别化的人，我并不只是作为"针对他人之我"而存在的，他们同样也不只是"针对我之他人"，在这个互动过程中，我们彼此指派社会性别；作为"针对自身之我"，我也为自身指派某种社会性别认同，它是从我所属文化中目前可用的一系列社会性别选择中挑出来的，但与其他人对我做出的指派可能不同。因此，在社会性别上，就像在所有认同上一样，会有一定程度的自我塑造，因为我们周遭存在一系列意象和声音，我们置身其间，都遭到询唤，得出认同，做出结盟，其中有些意象和声音相比其他显得更易习惯，更可生活。之所以做出这些结盟，无疑是基于此前遭到的询唤和得出的认同，它们并非我们自由选择而得，但这丝毫无损于它们属于我们自身。

文献选萃

Butler, Judith (1990) *Gender Trouble: Feminism and the Subversion of Identity.New* York: Routledge.

Butler, Judith (2004) *Undoing Gender.* New York: Routledge.

Connell, R. W. and Messerschmidt, James W. (2005) 'Hegemonic masculinity: rethinking the concept', *Gender & Society,* 19 (6): 829-59.

Connell, R. W. (1987) *Gender and Power: Society, the Person and Sexual Politics.* Cambridge: Polity Press.

Goffman, Erving (1979) *Gender Advertisements.* London: Macmillan.

Harrison, Wendy Cealey and Hood-Williams, John (2002) *Beyond Sex and Gender.*London: Sage.

Kessler, Suzanne and McKenna, Wendy (1978) *Gender: An Ethnomethodological Approach.* New York: John Wiley & Sons.

Kessler, Suzanne (1998) *Lessons from the Intersexed.* New Brunswick: Rutgers University Press.

第六章　社会关系、社会阶级与自我

　　曾几何时，每当人们试图回答"我是谁？"这个问题时，社会阶级很可能在其答案之中。人们很可能明确地说，自己是个工人阶级或是中产阶级。而到了晚近，当学界已经研究了社会阶级，并进一步访谈人们的阶级认同时，许多人再要想明晰地界定自己属于具体哪一个社会阶级，却似乎有些犹豫不决，或干脆不能判断了。乔夫·潘恩和克莱尔·格鲁指出，这或许是因为社会阶级已经变成一种非常复杂的现象，通过社会地位的许多不同维度来辨识。[1] 而在研究自我与身份／认同的心理学家那里，却很少把阶级作为考虑的因素，认为它是个社会学范畴，并没有触及一个人的心理生活或其个人认同的"内在"深处。不过，当我们初次邂逅某人，绝大多数人都还是会问或被问道，"您是干哪一行的？"这个问题要了解的信息，就是我们大部分时间是怎么打发的，是有薪劳动还是无薪劳动，又或者是失业。这个问题几乎

---

[1]　Geoff Payne and Clare Grew (2005) 'Unpacking class ambivalence: some conceptual and methodological issues in accessing class cultures', *Sociology*, 39 (5): 893-910.

无处不在，因为如果我们搞清楚某人与就业市场的关系，就会了解到他们生活的大部分时间所从事的活动，他们所具有的技能与能力，甚或是他们的兴趣爱好，以及这人可能赚多少钱，他们属于什么社会阶级，社会地位又如何，有怎样的生活方式。换句话说，它能告诉我们有关此人特性／身份／认同的许多重要事情，以及他人会以怎样的方式，对他们做出观察、判断和评估。姑且不论对错与否，如果你告诉某人自己是个医生，相比于你告诉他们自己靠扫大街为生，会得到更大的尊重。

就此而言，社会阶级的意涵远不止是你靠什么谋生和挣多少钱，而是事关本书中我始终在界认的社会互动中其他所有要素，比如我们如何对他人做出回应，如何对他们进行判断和评估，而他们又怎样对我们如法炮制。它还事关幻想和想象：我们渴望做什么样的人，我们渴望成为什么样的人，我们又如何想象他人把我们当成人来看待和评估。但社会阶级也事关我们降临于世即已面对的那些物质约束，并通过接受教育的渠道和重要的社会接触等事情，影响我们的生活机会。如此一来，社会关系就在某种历史的意义上成为先在于个体体验的东西。也就是说，我们的家庭 *139* 背景、地域位置、住区邻里、社群关系、宗教信仰和地方文化等等，都会在许多重要的方面影响我们的未来。这里面既有积极正面的影响，比如开启新的机会进行认同、得到同化、自我发展或解脱逃避；也有消极负面的影响，比如封闭获得某些个人资源和物质资源的渠道，限制生活机会，束缚自我发展空间，消除解脱逃避的可能，以及对于认同他人的消极影响。如果这样看问题，社会阶级就绝对属于我们是谁、我们能够成为谁等方面的核心要义，因为它在如此众多的重要方面影响到我们的生活机会，并长时间、大范围地确立我们的生平结构。我想就从这种对于生平的结构安排开始谈。

第一节　社会关系、生平与自我

在法国马克思主义者吕西安·塞夫看来，个体的生平是由其在社会生产关系中的位置所决定的，当然，正是在那种生平轨迹之中，形成了自我或人格，即人的能力、技能、需要和特征。这种立场使得塞夫强烈抨击传统的人格心理学，因为根据后者的理解，自我的基本维度，比如特性、能力和需要，都是生物学上给定的，是整个人类物种普遍都有的。对于塞夫来说，个体如何发展属于自己的自我，完全有赖于他们生而承继的社会遗产，他们又要通过劳作吸收这种遗产。我在第一章指出过，马克思认为，人类通过集体劳动力生产出自己的生活方式，正是在分工之中，在人们所实施和发展的不同活动、能力与技能的基础上，开始形成人与人之间的差异。人们能做什么事情，他们如何认识到自己的身份 / 实现自己的认同（realize their own identity），在相当程度上有赖于他们的劳动活动，有赖于他们在分工中分担的角色。一个人的工作可能就其身份 / 认同给出某些大致线索，比如建筑工、木匠、教师、护士、医生、电脑程序员、商人等等。

因此，在马克思看来，人类并不是通过纯粹的思考或沉思冥想塑造世界或其自我的，而是通过实践活动和实践智慧，我们在其中介入世界，转化世界，并在其过程中转化我们自己的自我。要理解作为"我"的感觉，并不是通过思考，而是通过我们在社会世界中的所作所为，即我们与他人之间的行动、会话和关系。

不过，与此同理，人类也不是生而置身于一个无立场、无定形的世界，可以对其进行随心所愿的塑造。相反，我们出生时所置身的世界，已经是在前辈先人的劳动下形成了的，我们就和这样一个世界打交道。即如马克思的名言所道："人们自己创造自己的历史，但是他们并不是随心所欲地创造，并不是在他们自己选定的条件下创造，而是在直接碰到的、既定的、从过去承继下来的条件下创造。"[2]

使我们能够展开行事，并且又限制我们的行动范围的，就是通过社会关系的总和传到我们手中的遗产，包括我们自己在劳动分工中、在社会阶级等级秩序中的具体位置。因此，无论是马克思还是塞夫，都认为人始终是一种社会存在，因为要想理解人的本质与自觉意识，只有看他们如何利用并改变社会遗产，而这些社会遗产就是通过社会关系在历史中渐次展开而传承到他们手中的。在这种定位于历史中的活动过程里，社会存在也改变了自身的本质和自觉意识。如此一来，马克思就能够说"人的本质不是单个人所固有的抽象物，在其现实性上，它是一切社会关系的总和"。[3] 这就意味着，有关我们是谁的本质，并不是我们出生时就作为某种内在的精神或灵魂而给定的。按照塞夫的讲法，它始终"外在于"我们，寓于社会关系之中，被不同个体以不同

140

---

[2] Karl Marx (1852) 'The eighteenth Brumaire of Louis Bonaparte', in David McLellan (ed.), *Karl Marx: Selected Writings*. Oxford: Oxford University Press, 1977. pp. 300-325, p. 300.

[3] Karl Marx (1845) 'Theses on Feuerbach', in David McLellan (ed.), *Karl Marx: Selected Writings*. Oxford: Oxford University Press, 1977 edn. pp. 156-158, p. 157.

方式所吸收，就看这些个体在社会关系和劳动分工中处在什么位置。

塞夫受马克思的影响，也相信，无论是社会科学，还是人格心理学，其核心问题都在于社会通过历史的整体运动与个体生活之间的中介机制。个体的发展始终会在某种社会逻辑中占据一席之地，而这种社会逻辑是由社会关系的总和构成的，后者形成了某种活动母型，个体的生平轨迹在其中发生，自我也在其中形成。塞夫这里并非主张，单纯把个体看作是社会结构的产物，因为按照他的理解，（一）我们这些生物都不是什么社会产物，但又受到与社会结构之间的复杂关系的束缚；（二）我们发展出某种实践智慧，它从不完全顺从于社会意识形态，而是紧扣实践性的生活现实，紧扣其种种矛盾与问题。在这里，塞夫的观点与反人道主义的马克思主义者阿尔都塞（前一章谈到巴特勒时我们简单提过）的立场针锋相对。阿尔都塞认为，通过意识形态的作用，人与其所处社会现实之间的关系始终是想象性的，意识形态将我们以一种特别的方式置入社会实践，使我们沦为社会结构的区区支撑。与此截然相对，塞夫希望打造一种科学的人道主义，既不落入本质主义和唯心主义的陷阱，即在理论上把人阐述成在世界上享有绝对自由，同时也不陷入结构主义的谬误，即将人化约为历史戏剧中的舞台道具。相反，按照塞夫的理解，人与社会之间处于一种"并置结构的"（juxtastructural）关系，一方面始终困于社会关系之网，但又从来不会只是后者的毫无思考的单纯产物。因此，要想充分理解人的自我，科学人道主义就必须揭示，对于特定个体生活的考察必须始终扣合社会关系的背景，否则，个体就会从确立其生活的那个具体历史条件中被抽象出来。

社会性自我

所以说，任何真正的心理学的研究对象，都应该是塞夫所称的"社会个体性"（social individuality）。我们不妨以上一章的生理性别为例，来说明他努力指出的观点：一方面，我们的生理性别化的身体，并不是真的被理想化的男性特质或女性特质的种种规范与幻想所生产出来的，因为如果每个人都遵从身体上和行为上的规范，在性的方面就不会有多少变异，甚至根本就不会有，也就不会有任何兼性人了；但另一方面，又的确存在兼性人及其他一些性的变异，规范和幻想只是创造出前提条件，我们在其中体验生理性别，兼性人也由此与自己的身体、与其本人和他人产生关联。这就是一种并置结构性关系。

141

照我看来，我们应当认真对待塞夫的主张。倘若我们真的如此，并努力探究社会关系与活动是如何转译成个体生活的逻辑，由此切入去理解社会个体性，那么，社会关系到底能告诉我们什么关于个体的事情呢？首先，它们能够让我们在一定程度上了解塞夫所称的个体性的一般形式，那是在社会关系的基础上，在各个历史时期发展起来的。比如说，在资本主义社会关系中，我们有作为资本家和工人的个体性一般形式，在权力关系中体现为两性之间，在性别分工中又体现为男性与女性、异性恋与同性恋。然而，这种一般性范畴与其说是许多属于这些一般化形式的人的特定身份／认同，不如说是对社会群体的活动的描述。不过，它们依然有助于我们理解这些活动中存在的某些矛盾，后者将会转译成个人所面临的两难。比如说，资本家会在积累资本的驱力和支出资本的欲望之间倍感煎熬；工人会在工作挣钱谋生的需要和从事自己觉得更有意思或更有回报的其他活动的欲望之间左右为难。

其次，在塞夫看来，马克思的成熟期作品也表明，异化并不是一种特定的个体心理状况，人在其中变得与自己内在的自我感相疏离。这是因为，人的本质现在被视为社会关系，而异化则被理解成构成工人阶级的数量庞大的个体与他们协助创造的社会遗产相分离。他们要想吸收社会遗产会受到限制，因为有一种持韧的驱力，要积累更多的表现为利润形式的资本，而不是把焦点放在每一个人的才智和能力的发展上。在资本主义阶段，资本积累的需要始终压过个体自我发展的需要。这就导致了一种特别的情境：一方面，我们拥有高度发达的生产力，表现为技术和科学应用的形式；而另一方面，在有史以来最发达的一些社会，大批工人却陷入贫困和异化。塞夫认为，随着人们充分认识到，无论是自己生活中存在的那些矛盾，还是困扰着他们的那种异化感，都不是什么"个人"问题，而是特定社会经济体制所造成的诸般压迫，是能够加以转化的，如此一来，社会变迁也就更近一分了。

时至今日，资本主义社会关系还将继续确定个体自我的生平的结构。它们确定了组成个体生平的活动与时间的结构，由此达成了上述后果。由于我们绝大多数人都不得不工作挣钱，花费大部分时间在工作上，因此我们受雇从事何种活动，就在很大程度上决定了我们的能力、技能、素质、知识和自我认同。对于自我认同来说，重要的不仅仅是落入个体性的某种一般形式的范畴，比如当一名工人，而主要在于工作所提供的自我发展空间（或者缺乏这样的空间）。与此同时，留给人们从事有薪就业之外的其他活动的时间，或是令人异化的失业体验，塑造了人们的生命体验的背景，有助于我们理解"人的真实人格的整个结构与发

社会性自我

展"。[4] 福柯考察了话语体制如何确定工作场所与制度／机构中微观社会权力政治的时空组织结构，并在此过程中形成了个体对于自我和世界的体验；而塞夫却尝试研究资本主义社会关系是怎样确定了一个人定位在多个场所的生平中活动与时间的组织结构。这就为我们描绘了一幅更为广泛的画面，让我们看到，在一个人生平的核心，多种场所的活动和时间是怎样确定特定结构，形成人们对自我和世界的体验的。

照塞夫的讲法，在资本主义社会关系中，人们不得不耗费绝大部分时间去工作，挣一份薪水，但就算是工作，其中绝大多数工人的时间也会花在单调重复、令人厌烦的活动上，要持续不断地将业已学会并熟练掌握的任务反复实施（塞夫称之为"第二类行为"［sector II acts］）。这些行为运用的是工人已经发展出来的能力，而不涉及通过学习新的活动和技能，发展出新的能力（"第一类行为"［sector I acts］）。不仅如此，在工作的时候，绝大多数工人的时间都投入到"抽象活动"，实施这种活动的唯一宗旨就是要积累资本，而不是"具体活动"，即发展或使用对于个体有意义的能力，增进个体的自我发展。尽管塞夫的观念主要是在二十世纪六、七十年代形成的，但我们依然可以用他的思路来看现代的工作背景，比如电话客服中心。在这种情景下，工人／劳动者（workers）都接通在一套电话系统上，拨通人们的号码后，劳动者都得摆出一副昂扬欢快的推销员声调，不管她们卖的是什么产品或服务。一旦电话中心的劳动者熟悉了自己在卖的产品（往往得读一份事

---

[4]　Lucien Sève (1978) *Man in Marxist Theory and the Psychology of Person-ality*. Brighton: Harvester Press. p. 299.

先准备好的相关脚本），以及电话系统的运转原理，她们的日常惯例就都是将所要求的活动反复实施了。宗旨并不是教育或发展雇员的能力，而是卖掉公司的产品，这样公司就能赚更多的利润。

总之，不妨说，劳动者如果从事的是更具中产阶级性质的行业，会在一定程度上摆脱这种伤及灵魂的工作，因为他们的行业，比如医师、中小学教师、大学讲师、律师等等，都会让他们从事更多的"第一类"活动，即学习新的知识、活动和能力。整体而言，这会使他们的活动显得更为具体，较不抽象：如果这些活动让人觉得有意义，有意思，有回报，那就更是这样了。在这些条件下，中产阶级的人们可能会觉得对自己的工作更加投入，后者的确能够使自己的生活和自我更加充实。不过，没有任何人能够彻底摆脱抽象活动，每个人的活动中都会有某些方面投入于此，比如推销员必须提高自己的销售业绩以挣更多的利润，医生也必须做更多的手术以提高自己所在医院的效率。考虑到工作的压力，或是失业给人带来的单调乏味，许多人要到自己的休闲时间里找寻一些能给自己带来回报或快乐的活动。对于这类活动，塞夫称之为"中介性"（intermediary）活动，会导致自我发展或个人满足。它可以是一种业余爱好或活动，比如玩运动，听音乐，和亲朋好友一起消磨时间，或是出去吃个饭、喝一杯之类的。汤姆·雅德利指出，和朋友一起打发时间会让人沉迷其间，这为许多人提供了维克多·特纳所称的反结构的时刻，人们在此时摆脱了例行工作的那些结构和规训，体验到中介态时空所蕴含的种种可能，所带来的诸般快乐。[5]

143

---

[5]　Tom Yardley (2005) 'Sacrificing the rational body: a phenomenological approach to voluntary intoxication', PhD Thesis. University of Portsmouth.

不过，在资本主义条件下，花在个人消费和娱乐消遣上的时间只是被体验为暂时的休息，往往更多的是为了让人们做好准备，回到劳动过程当中，而不是自我的长线发展。

不过，按照特纳的说法，在工业资本主义体制下，休闲时间不仅是摆脱制度／机构义务约束、工作时间、例行常规和纪律规训而获得的消极自由（freedom from），被体验为一种恢复元气的空间，而且是一种积极自由（freedom to），进入由娱乐、爱好、运动和游戏等组成的符号世界。这种随意摆弄各种观念、幻想和材料的积极自由，使人们面对社会结构性的约束，能够体验到某种超越感，并与朋友之间结成更为平等、更为互惠的社会关系。这里，在这种自发的平等中，人们能够在互动时不必戴着一副面具或者一套预定的社会脚本，尽管这样的互动不可能长久维持。话说回来，特纳也承认，这只是休闲的理想，而在现实当中，它还是会受到原本从中分裂出来的那个工作领域的影响。比如说，娱乐与运动对于某些人成了一门职业，但对许多人来说只是一项旁观活动。特纳为了描述这种状况，区分了中介态（liminal）现象与类中介态（liminoid）现象：前者在所有社会中都会发生，整个社会群体都参与仪式表演，标志着不同的秩序化社会世界之间的鸿沟，比如生命不同阶段之间的过渡仪礼（rites of passage）；而后者则主要发生在工业资本主义阶段，"在核心的政治经济过程之外发展，在边缘地带发展，在中央机构和公共服务机构的交界和缝隙中发展"。[6] 剧院就是工业社会中的类中介态现象的一个

---

[6]　Victor Turner (1982) *From Ritual to Theatre: The Human Seriousness of Play*. New York: Performing Arts Journal Publications. p. 54.

例证，因为它既属于所谓"娱乐工业"，但在这里，又可以凸显日常生活的戏剧，探索并批判集体经验和张力的根本原因。剧院以这种方式提供了一块类中介态空间，日常生活的仪式可以被摆弄、强化、颠覆、重组、嘲笑和批判。这种体验既属于工业资本主义的时空，但你又能够从中找到摆脱这种时空的方式。

不过，许多人由于缺乏获取经济、文化和社会资源的渠道，或许没有能力在闲暇时间参与这种类中介态活动。比如说，温迪·米切尔和艾琳·格林研究了工人阶级家庭的母亲的支持网络，发现女性的创造性能力与更大范围内的社会不平等密切关联，因此，"她们有关母亲身份、亲属关系和自己为人母的自我认同的日常体验和话语，始终与更大范围内的社会经济不平等密切交织，后者普遍渗透在她们的生活之中"。[7] 这也会影响到她们的自由时间，因为她们尽管也表达出，自己已经意识到并且很渴望能够有更为多样的休闲活动，但是"她们的休闲通常还是围着家庭转，比如看些养儿育女、居家理财方面的电视或读物"。[8] 这里，对于休闲时间的体验与其说是尝试替代性的观念与生活方式，或许不如说是逃避日常职责。

144　　话说回来，我们也不妨来看看人们的生平时间里那些中介态时期，即人生当中各个结构化时期之间的空间，以及人们如何处置这些时期，从而把特纳有关中介态的观念延伸到工业资本主义。例如，婴儿在离开全时在家的环境开始上学后，会经历一段

---

[7] Wendy Mitchell and Eileen Green (2002) '"I don't know what I'd do without our mam": motherhood, identity and support networks', *The Sociological Review*, 50 (1): 1-22, p. 2.

[8] 同上引，页 16。

中介态时期；走出校门的人在找到第一份工作时会经历中介态；刚退休的人在第一次下班后再也不用上班时也会经历中介态，需要找到一些新的活动和常规来确定自己生活的结构；失业的人会经历让人觉得尤其漫长的中介态时期，有时还需要重构自己的生平时间与身份／认同，重构其技能与能力，以求找到新的工作；而进入一份新的工作或一门新的职业，也会如此。在工业社会与特纳最初研究的非工业社会之间的差异，或许在于前者缺乏集体性的过渡仪礼，导引人们度过这些中介态经历。比如说，失业期间可能让人感到异化和孤立，也找不到人充当指导来度过这段经历，获取经济、文化或社会资源的渠道也有限，而个体原本可以借助这些资源，以有意义的方式来重构自己的生活。正因为如此，失业的经历对于许多人来说都是缺乏结构的，令人不快，没有意义，带来焦虑，让人消沉。米德会说，在这种情形下，人们需要以有意义的方式来重构自己的生活，但却可能缺乏这样做所需要的资源和机会。

不过，按照塞夫的主张，无论是日常例行时间，还是生命周期中那些过渡期、危机期或中断期，时间都是其中的核心要素。这是因为，个体的活动在其所处的社会关系当中渐次展开，而确定这个展开领域的结构的就是时间。在一个人的生平中，他们不得不投入不同活动的"使用时间"将凸显出其人格"发展的根本法则"。在塞夫看来，使用时间体现出"具体个体的现实活动……这种现实是（人们）在其生命中始终必须应对的，因此是一种实践性的现实，其经验性的特征是相当明显的……"[9] 所以

---

[9]　Sève, *Man*, p. 333.

说，塞夫试图阐述的是，人们的生活中有哪些实际条件，既为自我发展提供了条件，又由于人们生平中各项活动与时间的结构而限制了这种发展。塞夫希望自己的心理学不仅仅是理论性的，给出一套关于何谓做一个人的学说，而且也宜于经验应用。所谓生平模型，就是我们能够用来实际勾绘每一个体生平的东西。在每个人的使用时间里，即在其各项活动和时间的相互交织中，我们可以看到他们受制于怎样的规训，他们活动的抽象性质和具体性质，他们在多大程度上有渠道获取或被排斥出发展各种能力的手段，他们不得不耗费在各种活动上的时间之间的协调平衡，就是从以上种种当中，我们能够看出他们人格发展的程度。

尽管如此，塞夫也承认，在资本主义体制下，大多数人对自己的使用时间和活动都没有多少控制，并因此会在其生活中感到一定程度的异化。这种异化感并不是人的境况中内在固有的，因

为绝大多数个体会有能力在自己生活的某些方面摆脱它，不管是在具体活动的某些特定方面，还是在与他人之间的人际关系和互动等中介性活动上。实际上，我们还是孩子的时候，正是在家庭、友谊和社群之类的关系中，第一次体验到了世界，由此，"具体人格第一次呈现为各种非异化的个人活动、其实是人际活动的总和，并作为自我表达而逐渐展开"。[10] 米德等互动论者，以及阿尔和肖特尔等社会建构论者，关注的就是这类社会关系。话说回来，即使是在这类互动中，人们（包括孩子）也受制于控制，只是在塞夫看来，这些都只属于带有道德意味的日常接触所生发出的"无意的控制"（spontaneous controls）。外部机构和权

[10] 同上引，页341。

威部门也会施加一些"有意的控制"（voluntary controls），比如学校、工作场所和其他机构中的规训控制，会让人感到与自我更加相异化。同样，这些控制也都与福柯所界认的规训紧密维系，会使人口的某些部分更加驯顺，更宜于控制和管理，以便从他们身上榨取更多的剩余价值，体现为资本的形式。

上述种种皆颇具启发，有助于我们将此前数章的议论置于资本主义社会关系的背景。纵然如此，塞夫的思路在不少方面仍存在一些问题，尤其是他区分了不同类型的活动和控制。如果只把这些作为分析性的区别，或许不无用场，但如果我们试图从实践应用的角度来考虑它们，问题就出来了。比如说，无意的控制与有意的控制之间的区别并非一目了然，因为施用于我们的人际关系和互动的某些控制也可能具有强迫的性质，因为它们是由权威强加的。主宰我们的生理性别关系和社会性别关系的那些规范就是一例，它们并不纯粹出于人际行为，因而并不纯粹是无意自发的，而是就像福柯与巴特勒所揭示的那样，可能是各种权力与权威出于治理目的而强加的，并不是为着社会和个人方面的好。实际上，在某些特定的情形下，微观社会权力政治会在家庭中强加调控和控制，可能导致莱恩所注意到的那些严重的异化和本体性不安定感。这就意味着，异化并不只是作为与劳动有关的抽象活动被人们体验到，因为我们也可能与自己在人际关系中的活动和能动力相异化。

这就体现出塞夫笔下一个重大错误，就是说他理解个人如何利用社会遗产，只是看他们与劳动过程之间的关系，换句话说，只看这些人如何通过在分工中所占据的位置与生产发生关联。这就使得塞夫主张，人格心理学乃是建立在对于社会劳动的研究上，否则就无从谈起。不过，他在谈起马克思的《资本论》时也指出，马克思并不认为，社会劳动是人类的本质，相反，人类的本质在于每个历史时期典型的"社会关系特定形式"（参看第一章讨论马克思的一节）。[11] 在此基础上，塞夫宣称，在研究生平的时候，"必须综合考虑分工体系的方方面面，从技术与经济、家庭、政治到文化等等，视之为客观社会事实的总和，要理解特定社会中的具体人格的时空结构（temporal topology），这一点不可或缺"，以这样的主张来预防被指责为经济化约论。[12] 但问题在于，塞夫恰恰没能做到这一点。比如说，他没有考虑家庭内部的分工，在家里，纯粹为了造福于别人而尽关爱之责，会使一些女人十分消沉，没有实现感，与最消磨精神的有薪就业程度相仿。[13] 这种疏忽使人们不能清楚地看到，在个体生平和自我的形成过程中，主宰生理性别和社会性别的那些权力关系，以及社会性别化的分工，是多么的重要。

罗伯特·阿什克罗夫特指出，以上种种意味着，对于许多个体来说，具体活动与抽象活动之间的分裂，并不完全等于具体劳动与抽象劳动之间的分裂。[14] 按照塞夫的讲法，照看家人朋友或是在校学习之类的活动就属于具体活动的实例，当然也属于中介性活动，因为实施这些活动并不是为着挣一份薪资，而是为了求

---

[11] 同上引，页 98—99。

[12] 同上引，页 274。

[13] V. Beechey and E. Whitelegg (1986) *Women in Britain Today*. Milton Keyes: Open University Press.

[14] Robert Ashcroft (1982) 'Conceptions of the individual and the client in social science and social work', unpublished paper. Bradford University.

社 会 性 自 我

得对于自我发展很重要的个人回报。不过，我们也指出过，家庭内部的劳动无论是男人来做还是女人来做，也可能令人异化，变得抽象。孩子在校也可能觉得与自己的学习相异化，工人阶级家庭的学生或许觉得学业太过抽象，与自己的文化背景或可能的未来无关。[15] 不过同样，如果用比较积极的眼光来看，社会遗产在劳动过程之外也可以被利用，在家庭或人际关系的微观政治中，习得或是拒绝给出说法、承担责任和道德判断等关键文化能力。这些微观政治关系的场所可以被体验为包含具体活动和抽象活动，就看这些关系的性质为何，看一个人在这些场所中的体验能创造出些什么。所谓具体活动和抽象活动，就是说，我们是在这些活动或职责中感到一种特殊的关联，具有个人成就感，还是做起来有所愧疚，令人异化，没有成就感。

不过，尽管有这些批评意见，我依然觉得，只要能运用上述意见，以积极正面的方式，对塞夫的著述进行重新梳理，还是颇具价值的，也不乏应用的可能性。这种思路的价值在于，它试图通过生平轨迹，包括在资本主义社会的社会关系中具有具体历史定位的那些时间和活动的分隔，来理解个体之间的差异是如何生产出来的。这就要在研究实际的生平时，考察在各种工作活动之间，在工作与休闲、家务职责和人际关系之间，时间都是如何分隔的，而这些活动及其创造的能力之间的矛盾，又是如何成为自我的发展或异化的背景框架。尽管塞夫的思路未能凸显在人际关系中得到发展或遭到破坏的那些能力，比如给出

[15] Paul Willis (1977) *Learning to Labour: How Working Class Kids Get Working Class Jobs*. Aldershot: Gower.

说法，规范调控和打破规则，以及能动力和承担责任的能力，但他的确挑明了其他人忽视的东西：资本主义经济的运作以哪些重要的方式主宰了我们的生活，而这又如何确定了形成自我的那个生平的结构（包括失业体验，以及在这个工作决定绝大多数人如何打发时间、如何挣钱的世界里，这种体验为何如此具有负面意味）。

　　此外，塞夫还反对那些反人道主义的理论，因为它们把自我化约为意识形态系统、语言系统或话语系统所制造出的主体或幻觉，认为这些系统建构了整个的自我，使得自我行事的唯一作用就是支撑和维续调控性的社会机制。但在塞夫看来，我们并不只是文化制造出的幻觉，而是陷于生产与再生产关系之网中的具身性存在，在构成我们生平的那些活动的时间组织机制中，我们的身体被赋予权力和剥夺权力，并由此被转化。我们在生活的某些领域感到异化，并知道这是不对的，这本身就意味着，我们有能力在思想上切实关注我们生活的条件，并能够运用其他生平位置和在活动中业已确立的能力，展开行动，以改变这些条件。我们受制于规范，但在我们的生平中，不同的活动由不同的规范所主宰，我们能够意识到它们之间的矛盾。这并不等于说，我们必然会充分意识到确定我们生活的结构的那些社会条件，或者是它们当中存在的矛盾，也不意味着我们的生活并不包含什么幻想、幻觉和意识形态以试图解决那些矛盾。不过，实际上，在思想上关注我们的生活所面临的那些条件，人们就有可能获得一定的洞察。要不是这样，成为社会科学家的那些人其实就不可能去分析人们的生活，分析主宰他们的社会条件，还写书发文章了。

与福柯不同的是，塞夫认识到，我们在各种制度背景下实施的活动，在我们生平的不同区域，对我们提出了彼此矛盾的要求：工作、求学或服刑时的做法与规训，与做好父母、兄弟、姐妹、朋友、伙伴或同事的规训可能是相矛盾的。所有这些活动都会创造出技术、思想、沟通、人际等方面不同的能力与需要，为进一步的活动提供可能与动力。同时，意识到我们生平中那些矛盾，就会产生寻求解决之道的需要，哪怕我们无能为力。在这种情况下，我们或许会深感异化、崩溃和消极否定。但积极正面的意识和行动也始终是有可能的。

塞夫的著述中值得坚持的最后一点，就是他力图矫正我们今天所知的那种心理学的个体化、病理化功能。这种心理学，即使是其"人本主义"形式，也企图将异化、沮丧、愤怒和崩溃定位于生命史上的个体创伤，通常是孩童时期留下的创伤，而不是探寻社会中有哪些结构性条件塑造了人的生平，拓展或限制了生活机会及个人表达的余地。其他一些形式的心理学则更具化约论色彩，试图从生物学、神经化学和认知结构等角度，或者，在进化心理学那里，通过与其他动物的行为相比较，来理解人的行为与"病理"。所有这些心理学支脉，践行这门学科的方式都是像福柯所描述的那样，选择一个个体病案与规范／正常相对照，并详加探察。按照塞夫的说法：

> 迄今为止，心理学首先致力于通过动物来理解（人），通过孩童来理解成人，通过病人来理解正常人，通过人格的孤立官能来理解其整体系统，通过某些活动形式来理解这种人格的内涵。我们认为，是时候切切实实地扭转这种趋向，

148

弥补这种徒劳无益的努力了。[16]

这种努力意味着要研究社会关系和活动，研究它们内部以及彼此之间的矛盾，这些东西形塑了资本主义下所有的生平与自我，包括让我们感到异化和困扰的东西。本章下文，我还想继续推进这项研究规划，看看社会阶级关系在道德上和情感上给生平和自我造成了哪些效果，也讨论一下晚近的研究，它已经不再仅限于从个体与生产资料之间关系的角度切入，超越了纯粹的物质结构化来谈阶级，除了物质资本，也把焦点转向了文化资本、社会资本和符号资本。

第二节　文化资本、社会惯习与认同

法国社会学家皮埃尔·布迪厄认为，个体之间那些影响其生平轨迹和身份/认同的社会阶级差异与区隔，并不只是基于是否拥有物质资本，或是个人与劳动分工的关系，还要看对于文化资本、社会资本和符号资本的占有。文化资本可以呈现为具身状态，比如一个人的言谈举止，作为"第二自然"运作，无需人们的自觉意识，但会暴露人们所属的阶级背景；也可以呈现为所受教育和文凭证书的形式；或是对于某些文化物品的占有，它们能告诉我们此人的品位如何，生活方式怎样，这也都是其阶级位置的迹象。社会资本可以是进入社会网络的渠道，或者是被社会网络所排斥，开启或是封闭生活机会。不过，这些资本类型的价值

---

[16] Sève, *Man*, p. 285.

还取决于它们是否能够转化为符号资本，后者是一种在特定社会场域中被合法化的、获得认可的资本。我作为一名学人，这种文化资本在大学体系里可能获得认可，但如果我在工商业界工作，价值就会大打折扣。因此，人们在对我们做出评判时，依照的不仅是这个人是否拥有财富，也要看我们所拥有的其他多种形式的资本，以及这些资本在不同社会场域中的相对价值。在布迪厄看来，社会场域是从权力的角度来界定的，因为这是不同资本类型之间，拥有不同数量文化资本、社会资本和符号资本的行动者之间，铺展力量关系的一块空间。因此，社会场域赋予不同资本类型的占有者以区隔，从这个角度生产出差异，并就此确立这些人之间的权力关系。在此过程中，社会场域也充当了场域中各个个体与群体（各式各样的资本占有者）的行为准则，并充当了形塑我们体验的最切实、最确定的力量。

我们每一个人的出生、成长和生活所处的社会场域各式各样，它们形成了布迪厄所称的我们的"惯习"（habitus），这是我们与世界之间蕴含意义的关系，作为一种隐藏在自觉意识之下的实践感，塑造了我们对于世界的感知与评价。在惯习的核心，是一些性情倾向（dispositions）和品位（taste），引导我们结合生活其间的世界，趋向特定的习惯性行动模式。惯习通过家庭、邻里和教育，从孩童时期就开始逐渐形成，而这三者也就是我们获取文化资本和社会资本的主要社会场域。社会中的不同群体和阶级会有各自不同的惯习，通过性情倾向和惯习，使它们趋向于特定类型的实践做法和生活方式。因此：

由特定类型的环境构成的结构（如某种阶级处境所特有

的物质存在状况）生产出了惯习，即可持久、可转置的性情
倾向体系，作为既成结构的结构（structured structures），其
预定的功能就是作为生成结构的结构（structuring structures），
也就是作为各种实践与表征的生成原则与结构化原则。[17]

　　因此，在个体开始发展出塞夫所谈论的那类能力之前，他
们的活动方向就已经受到了惯习的影响，他们吸收和养成了这些
性情倾向与品位，并融入自己文化角度上的生活境况。但对于某
些社会阶级来说，惯习也构成了物质上和文化上的限制，影响
他们能从事哪些类型的活动，能发展出哪些类型的能力。比如
说，布迪厄揭示道，在大多数高等教育中都涉及发展一种抽象学
习，而要欣赏和参与比较抽象的艺术表现形式，也需要某种特别
的评鉴，但要培养出这类学习和评鉴，有赖于缺乏实际的或经济
上的紧迫性，这就使中产阶级相比于工人阶级更方便获取这些能
力。[18] 就这样，物质上和文化上的生活境况相互关联。形成某种
惯习，人们由此获取文化资本和社会资本，使其趋向于特定形式
的感知、评鉴和品位，并倾向于特定形式的活动。保罗·威利斯
在其有关在校青少年的民族志研究中，生动刻画了一大批工人阶
级家庭的年轻人，如何感到自己在校的学习过于抽象，与他们未
来长大成人作为工人阶级，在工作和闲暇所从事的活动中将要面
临的现实之间，没有什么具体的关联。威利斯发现，这种不满的

[17]　Pierre Bourdieu (1977) *Outline of a Theory of Practice*. Cambridge: Cam-
　　　bridge University Press. p. 72.

[18]　Pierre Bourdieu (1984) *Distinction: A Social Critique of the Judgment of
　　　Taste*. London: Routledge.

主要来源就在于这些青少年的家庭生活，在于他们与长辈的整体接触。在工人阶级的文化中，基本不认为教育有什么重要性。[19]

因此，人们从其家庭出身和教育背景中继承的文化资本，会调校他们的生平轨迹的发展走势，趋向于社会结构中特定的位置，从教育和工作场所中的等级秩序，到工作岗位和社会地位，都是如此，从而再生产出社会中的不平等。这种机制大部分依赖于他们的文化资本在各式各样场域中的具体价值。中产阶级家庭的年轻人凭借其举止风格，凭借其对于种种观念和意见的阐述，不怎么费事就能进入高等教育；而工人阶级家庭的年轻人可能发现，自己的文化资本在不怎么要求学院文凭的实用性行业中更具价值。实际上，不妨把惯习之中的性情倾向看作各种场域内的社会关系的具身体现，即各种形式的文化资本和社会资本之间的差异与区隔关系的具身体现。因此，在社会关系中传承的社会遗产，既通过社会劳动，也在同等程度上经由文化，得到标示和吸收。如此一来，每个人所占有的文化资本就使其在社会等级序列中各具特定位置，就看各种社会场域中的其他人如何评估这种文化资本的价值。在布迪厄看来，资本并不只是具备货币价值，它的价值还要看其他人基于审美性、道德性和规范性等标准所做出的评估。

实际上，部分是受到布迪厄的影响，社会学家现在开始阐述阶级的规范性维度，探讨我们的阶级定位在多大程度上取决于是否获得他人的承认，也就是说，我们得到的评价是积极正面还是

150

---

[19] Paul Willis, *Learning*.

消极负面，取决于我们的社会资本和文化资本。[20] 安德鲁·塞耶指出，我们都是评判他人的规范性存在，反过来，别人也期待我们能向他人说明自己的行为。尽管财富、资源和机会等方面的不平等与人们的道德价值没有什么干系，但它们的确会影响到有多大可能实现有价值的生活方式，以赢得他人积极正面的认可，并在此过程中打造自尊。同样，能上好学校，受到更高教育，有助于创造某种在社会中受到高度评价的文化资本，表现为证书、知识，以及自信表达自己所知。因此，人们的道德评价固然可以基于被视为有价值的人身特性，比如为人正直，诚实守信，而相对独立于一个人的文化资本；但这些特性也会和其他一些评价掺合在一起，像是某人的谈吐、举止、品位、知识等等如何，这些就的确和他们所继承并发展的文化资本有关系了。

而某人如何评价自我，也深深融入了这套道德评价网络。诚如巴赫金所言，这种评价始终会以对话的方式，关系到我们想象他人如何看待我们。我们如何评价自身，取决于我们与他人之间有着怎样的对话关系，也要看我们从他人那里得到多大程度上的承认和尊重。不过，按照努斯鲍姆的讲法，评判始终密切关联着情感和情绪，我们会对自己感兴趣的东西产生喜欢乃至喜爱之情，也会对自己不感兴趣的东西产生讨厌、憎恨或反感。[21] 塞耶和斯科格斯都强调了羞耻感在阶级关系中的重要性，因为有些人觉得，自己缺乏必要的社会资本和文化资本，不足以获得他人的

---

[20] Special Issue on 'Class, Culture and Identity', *Sociology*, 39 (5), December 2005.

[21] Martha C. Nussbaum (2001) *Upheavals of Thought: The Intelligence of Emotions*. Cambridge: Cambridge University Press.

承认和尊重，对于自己也会有一种羞耻感。塞耶提出，羞耻"是对想象他人持有或他人实际持有的观点做出的回应，但也是私人的反身性情绪，因为它蕴含着自我对于自我的评价"。[22] 即使羞耻感只是一种不曾明言的情感，也会以不同方式影响人们，导致各式各样的反应。如果有人因为觉得自己受教育程度不够而感到羞耻，他们的回应也可能是对他人实际的或想象他人有的评判表示抵触甚或反叛，对自己缺乏教育反以为荣，大肆夸耀，或是干脆全盘诋毁教育的价值。要不然，他们也可能通过自己阅读或听课补习，弥补这种欠缺，以尝试顺从规范。还有人可能平静接受了这种羞耻，觉得自己欠缺教育，公众场合就少说话为妙，如果认为周围的人都受过很好教育，或是知识渊博，就更是最好闭嘴。

我在此前章节中已经指出，自我对于自我的这种感觉和评估，指的就是巴赫金所称的"针对自身之我"，即我们与自己的自我之间发展出来的关系：而我们认为别人对我们所持有的意象，则关系着"针对他人之我"，即我们如何想象自身在社会中被人看到是什么样子。不过也有与巴赫金的观念不同的地方，因为他并没有把这些道德评估与阶级结构关联起来。这一点也同样适用于亚当·斯密和米德等思想家，他们认为，个体将对于自己所属文化的道德价值观的特定认识内化，视之为某种无所偏倚的旁观者或一般化他人。斯密和米德选用"无所偏倚"或"一般化"这样的词，意思是说，构成人的良知的道德审查员和法官

----

[22] Andrew Sayer (2005) 'Class, moral worth and recognition', *Sociology*, 39 (5): 947-963, p. 953.

并不总是表现为特定某人的形式，到成年以后就肯定不是这样了。不过，诚如斯科格斯所言，调控我们行为、也对我们做出判断和评估的那些规范，往往是中产阶级的规范，确立了体面正派（respectability）的标准。就此而言，它们并不是无所偏倚或一般化的，而是相当片面，非常特殊：就是属于中产阶级群体的标准，照此标准，其他阶级都遭到了消极负面的评判。不仅如此，这些道德规范也会用到社会性别和性态的问题上，它们与社会阶级从来也不是互不相干的。因此，对于工人阶级的女性来说，中产阶级的女性就充当了对话中的"他人"，有权力对自己做出消极负面的评判。[23]

斯科格斯研究了一群在学院里听护理课程（care course）的工人阶级女性，刻画了女性生活中存在的种种矛盾和张力，在这些女性的生平中，在她们作为社会性别化／阶级化的自我的形成过程中，这些矛盾和张力居于核心位置。首先，研究中的女性在就业市场上可以交易的资本有限，除非是她们具有女性特质的文化资本，即无薪劳动，通常是在家庭内部照看他人（as carers）时获得的。由于她们在分工中的位置如此，绝大多数女性都很愿意将"关爱"（caring）界认为一种积极正面的价值，是自己的自我认同的核心要素。然而，按照斯科格斯的说法，她们却又很不愿意自认是工人阶级，因为有关工人阶级女性的评判和意象是消极负面的，也因为她们对于作为工人阶级的体验里有遭到排斥的成分，尤其是在劳力市场和教育上受到排斥。在这里，她们作为工

---

[23] Beverley Skeggs (1997) *Formations of Class and Gender: Becoming Respectable*. London: Sage.

人阶级女性的资本价值被贬低，机会受限制；而作为照看者，她们不仅拥有文化资本，也感到受人尊重（respectability）。[24]

其次，工人阶级女性对于女性特质的态度是暧昧含混的，因为媒体往往把她们描绘成粗鲁无文，身体过度（通常被视为过于肉感或打扮俗艳），而在性的方面则是有失检点。在当代文化中，对于工人阶级女性的流行意象的典型例证，就是所谓"母鸡会"，把她们表现成狂饮烂醉，叽喳吵嚷，举止失当，粗鲁无文。在斯科格斯看来，在这类表征中，对于她的意象施加了多元决定机制，试图通过治理和自我治理，重新构建对于工人阶级女性的调控的边界。[25] 实际上，斯科格斯写书时访谈的那些女性，都急于撇清被评判为过度或粗鲁的女性行为。与工人阶级女性的这种意象相对，还有一种对于女性特质的理想表征，自十九世纪以来就存在于欧洲，其特点是举止悠闲，安静自制。不过，斯科格斯随即指出，这更像是中产阶级男性的一种幻想，所有女性都难以达到，只是工人阶级女性由于其生活面临种种现实约束，或许更难以达到而已。

在斯科格斯的研究中的那些工人阶级女性，由于她们在女性特质方面的定位暧昧含混，绝大多数更认同于魅惑（glamour），这在很大程度上是因为，时髦（style）被视为更像是工人阶级而非中产阶级的一种资格能力（competence）。不过，这种魅惑型的女性特质带有很强的字面意义上的"装扮"意味，[26] 这种意象适

152

---

[24] 同上引。

[25] Beverley Skeggs (2005) 'The making of class and gender through visu-
      alizing moral subject formation', *Sociology*, 39 (5): 965-982.

[26] "glamour" 这种魅力，多指珠光宝气、艳丽乃至艳俗。——中译者注

用于衣着和妆饰，就是针对特定场合施展舞台般的做作表演。就此而言，魅惑属于一种"肉感时髦"，可以从中获得快感。但人们认为，用魅惑来展演女性特质并不是随时随地都必需的，甚或不是得体的，因此仅限于特定的背景，比如晚上外出之类的特殊场合。而对于日常活动，比如到学院上课，女性特质就不被看作一种重要的舞台展演。在研究中，有一位女同学总是充满魅惑，亮丽出场，打扮入时，发型精致，就会被当作奚落的对象。不过，要是背景得当，魅惑也会包含着女性对于自我的积极正面的评价，尤其是当她们被男性视为富有魅力、充满性感的时候。受人追捧是对女性是否让人满意的一种积极肯定，如果她们没有其他任何渠道求得价值肯定，比如有意义的工作，可以从中获得自我发展和自尊自重，就更是如此。不过，这也意味着，在女性活出"女性"这一范畴的方式当中，所谓的"女性特质"只是其中包含的一部分内容。由于女性特质中蕴含着矛盾，对于绝大多数女性来说，它并不是一种可以持久习惯的范畴。实际上，考虑到我在前一章所谈论的那种社会性别展演，女性特质绝大部分有赖于人们在什么样的社会场合下实施展演，也要看向什么样的受众实施展演，而不是取决于一般化的规范。社会场合会影响社会性别在社会关系中的展演方式。

第三，女性与异性恋之间的关系也是蕴含矛盾的，充满暧昧的感觉。在斯科格斯的研究中，所有的女性都自认是异性恋，这想必会给她们带来体面正派的感觉。然而，由于工人阶级的性态，尤其是工人阶级女性的性态，被视为可能过度，蕴含危险，因此对于工人阶级女性来说，自认是异性恋既会产生正常化／规范化的作用，也会带来边缘化的效果。在资本主义社会里，异性恋是一种得到珍视的资本，因为这个社会需要再生产劳动人口，那是生产财富的主要源泉之一。异性恋的工人阶级女性拥有这种资本。但与此同时，由于穷困多病，也由于现代传媒有关过度和滥交的表征，劳工贫民的旧式团体对这种资本贬损有加。在许多女性看来，性与羞耻是分不开的。并且，在一个将工人阶级女性的性态与粗鲁无文、"有失检点"联系在一起的社会里，想以性的关系作为协商筹码也变得尤其困难。因此，斯科格斯认为，性态不仅仅是话语上的规范调控的产物，因为它是物质性的东西，调控它的那些规范在家庭、工作、教育、休闲上的制度化是有区分性的。

　　上述情形也给工人阶级女性带来了女同性恋和女性主义方面的问题。要自认是女同，或是做出的性选择并非那些被描述为正常的／规范的女性异性恋选择，都会冒着风险，可能丧失其脆弱的受人尊重的感觉。就中产阶级女性而言，自认是女同会被视为个性的标志，无论这可能会带来什么样的问题；而对于工人阶级女性来说，这不仅会放弃成为体面正派的人的可能性，而且也丢掉了她们在家庭之类制度内原本可能享有的权力与位置。对于那些缺乏教育资本的人来说，婚姻往往是失业的替代品。许多工人阶级出身的姑娘会觉得，这个世界难以通过就业来寻求自我认同或自我发展，做母亲则会给她们提供某种身份／认同。鉴于工人阶级女性在分工中的位置，也考虑到家庭和教育等多个社会场域赋予其文化资本的价值，她们在经济上和文化上的动机激励会生产出异性恋，以此确立属于自己的一种生活，一种被承认为具备一定体面的自我认同。同理，许多工人阶级女性并不认同女性主义，因为它有关女性自立、自主的理念并不能给她们带来经济上的安全、文化上的承认或情绪上的支持，而采取已婚女人或母亲的立场就会有这些东西。要成为一名女性主义者，也会等于采取了一种被界认为从属于他人的立场，尤其是从属于中产阶级女性，她们构成了对话中的他人，具备文化权力，从消极负面的角度来评判工人阶级女性。

因此，斯科格斯主张，人们无论是工人阶级还是中产阶级，无论是男性还是女性，都不是其身份／认同的唯一创作者；相反，我们的生活的生平轨迹，我们可能有的那些自我认同，都是在一套给定的社会结构当中建构而成的，组成这套结构的有各类权力关系，诸社会场域内部的资本转移，以及种种价值和表征。我们能变成什么样的一个人，在很大程度上取决于我们在这些社会场域里所处的位置，以及我们已经积累起来的各式资本。对于我们来说，生平中的生活选择和生活机会始终是有限的，哪怕我们能够施展建构性、创造性的策略，以生成具有一定价值的有关自身的认识，或是对加诸己身的那些限制做出抵制，要不干脆就浑不在乎。斯科格斯指出，自己研究中的那些女性是如何通过一些特别的活动来实现这一点的，比如和别的姑娘去城里过夜生活，这为她们提供了机会，能浑不在乎地展现某些对于工人阶级女性比较负面的意象，像是肆意嬉笑，喝点小酒，和男人调情。因此，尽管工人阶级的休闲活动可能是有限的，就像（本章前文提及的）米切尔和格林研究的那些单身母亲所认识到的那样，但人们依然有机会运用自己的创造性，创造出某些中介态的感觉，从主宰自己绝大部分日常生活的那些规范性约束中解放出来，或者至少是浑不在乎。

此外，由于这些女性就像其他许多人一样，也主要自认从事照看活动，因此她们在创造自己的身份／认同时，与其说围绕着"我是谁？"或"我能成为谁？"这样的问题，即关系到福柯所称的"对自我的照看"，不如说围绕着对他人的照看。这里牵涉到另一种伦理动机，因为照看他人的伦理趋向于关系和对话，而不是关注理性自主的行动者。[27] 在西方文化中形成了刻板印象，后一种关注与男性相维系，而前一种则与女性相维系，这绝非偶然。与照看／关爱相维系可能是消极负面的，因为女性的生活充斥着对于他人的义务感，又兼以相对忽视自我。不过，如果用比较积极正面的眼光来看，它也的确能创造出一种替代性的伦理，即对于日常生活的照看，也为社会科学生动展现了社会生活本质上的关系性，因为说到底，绝大多数男人都会以某种方式依赖于女人的照看／关爱能力，哪怕在有关自主个体性的观念里，对这一点是不予承认的。[28]

斯科格斯的作品不同于塞夫，她把焦点放在制造出社会阶级之间分隔的那些文化现象上，这些现象还导致了各种排斥和羞耻之类的情绪。尽管如此，她也关注在资本主义体制下，有哪些结构性的矛盾和暧昧之处，在个体跨越时间和地点（在各种社会场域中）形成生平时起到约束作用，而在那些范围内又如何建构起各具特色的社会身份／认同和个人身份／认同。斯科格斯也强调了塞夫提出的一个核心观点，即在资本主义体制下，成年人的日

---

[27] Carol Gilligan (1982) *In a Different Voice: Psychological Theory and Women's Development*. Cambridge, MA: Harvard University Press.

[28] Valerie Walkerdine (2006) 'Minding the gap: thinking subjectivity beyond a psychic/discursive division', public lecture given in the ESRC 'Identities and Social Action' series. University of the West of England.

常生活中，是那些矛盾的性质界定了人格，包括情绪上的烦忧和异化，而不是绝大多数心理学家在研究自我的形成时念兹在兹的什么个体心理创伤。

而当西蒙·查尔斯沃思以现象学的路数，研究英格兰北部罗瑟勒姆（Rotherham）城的工人阶级生活时，也强调了这种思路，在考察异化问题时就尤其如此。罗瑟勒姆与大多数北方城镇一样，也是在十九、二十世纪以工业生产为基础建立起来的，它的主业是精炼钢铁，采煤业也很发达。但到了二十世纪八十年代的去工业化时期，像罗瑟勒姆这样的地方遭到了沉重打击，丧失了相当一部分传统产业，却又没有银行、保险、金融等服务性行业蓬勃兴起，作为替代。后一类部门在该地区从未做大做强。这就导致了大规模失业，随之而来的，是非熟练及半熟练工作大量涌现，或者是为那些找不到工作的人提供非全时就业。但失业率依然居高不下，在年轻人当中更是局势严峻。根据查尔斯沃思的描绘，这使整个城镇普遍感到前景暗淡，内心绝望，曾经倍感自豪的工人阶级地区眼看着自己的黄金时光一去不复返，就会有这样的典型情绪。查尔斯沃思还是个小男孩时，就是在该地区长大的，成年后也依然与那里保持着接触。他一头扎进城里那些人的生命体验，既通过自己的切身经历，也借助与某些居民的访谈。然后，他试图以现象学的方式，并借鉴布迪厄、梅洛-庞蒂和海德格尔的作品，研究作为工人阶级并生活在城镇中的体验。

查尔斯沃思运用这种现象学思路，旨在揭示罗瑟勒姆的社会环境如何塑造了特定的惯习，正是这种惯习奠立了工人阶级居民的具身性性情倾向，对于世界的感知，以及各种能力，包括表达自身的能力。通过这种方式，社会世界的现象具备了人身化的意义，成了一种被活出的意涵，或许不会始终向自觉意识完全开放，但却会在人们的言行当中浮现出来，也就是他们如何发现自己受制于社会意义。因此，尽管我们可能无法充分理解确定我们生活的结构的那些力量，但我们的体验却是被框定在惯习当中，我们通过惯习遭遇到那些力量，也是惯习奠立了我们的肉身主体性和自我认同。我们在一生当中，会在某个特定的地点，开始对这个世界、对我们在其中的位置产生某种感受。它不仅会表现为自我觉知的形式，也会在更深的层面上，表现为某种实践感或前反思的资格能力，使我们倾向于特定的感觉、心情和对于世界的感知，并以特定的方式在世间展开行事。这就是梅洛－庞蒂所称的稳定的性情倾向，从中生发出我们的行动，也支撑着自我意识。因此，我们生于斯长于斯的地点，就是那个"界定世界的背景"（world-defining context），我们在其中体验到社会阶级，而它也构成了"自我成型的原初领域"。[29] 不过，我们还必须记住，这里所说的地点并不只是砖瓦灰浆砌就，而是由种种关系组成，既有与我们周遭的物和人之间的关系，也包括与那个地点之外的某些人之间的关系，后者既可能是实实在在的，也可能是想象出来的，但都能对生活在那个地点的人们做出评判。地点也在一定程度上决定了我们与劳动市场之间的关系，更一般地说，与某个社会场域之间的关系，后者又是由物质、文化和社会等多种资本之间的关系形成的。因此：

---

[29]　Simon J. Charlesworth (2000) *A Phenomenology of Working Class Experience*. Cambridge: Cambridge University Press. p. 65.

阶级并不只是通过某种角色理解自身，而是通过入居某个社会领域来定位肉身。这个社会领域是以某人所拥有的具身性、一体化形式为基础，由特定的客体和特定的关系所构成的，使某人被当成事实，作为具备某种本质的客体对象。[30]

因此，就像马克思所提出的那样，作为自我的我们究竟是谁？本质上就是形塑我们的那些社会关系。但这些社会关系始终定位于特定的地点，也始终是在特定的地点被我们体验，就在某个城市、乡镇、村落、邻里、工作场所、机构、家庭或休闲场所。诸如此类的地方形塑了我们的本体性实在感，如此一来，一旦这些地点渐趋衰败乃至于惨遭毁灭，生活的空间和节奏就会随之衰败甚或毁灭，我们的本体性安定感的实质内涵也是一样。按照查尔斯沃思的讲法，罗瑟勒姆作为一个地点，历经去工业化、失业、低工资和贫困，就已经经历了这样的衰败。这不仅构筑了人们生活的环境背景，而且在根本上改变了生活本身，改变了人们感受和思考世界与自身的方式。工作与日常的例行常规趋于瓦解，破坏了工作习惯以及与之相关的其他一切生活领域，比如家庭生活、休闲和友谊，在这个意义上，彻底打散了生活节奏。这个世界出了问题，没了秩序，人们大都开始觉得自己也像生了病，纠结的情感油然而生。沉寂笼罩着这个世界，其中的人们只能以"烂"（shit）、"糟"（crap）之类的单音节字眼，往外迸发自己对于罗瑟勒姆这地点的情感。这就是这些人们抒发的表达，无

---

[30] 同上引。

　　　　　　　　　　　　　　社会性自我

论是自己眼中的价值，还是他人眼中的价值，他们都丧失了相关的感受，因为从物质资本，即以工资衡量的他们的劳动力价值，从文化资本和社会资本等角度来看，他们的社会价值都大不如前。查尔斯沃思认识到，这不仅是罗瑟勒姆的工人阶级所面临的问题，而是全球化世界普遍存在的问题。在这样的世界：

> 劳力失去了生发源泉，被解除根植基础，不得不在全世界流动，使人们变得如此易受伤害，如此趋向原子化，乃至于他们深陷贫困化的标识就刻在身体上，呈现为古怪，呈现为病弱。廉价的劳力到处觅活，得过且过；大批的身体四下弥散，毫无价值，就等着被清理或运送，照料或挖掘，修理或清除，反正都是不可见的，除非是作为某种威胁，虽然身处同类，但却陌路异形（aliens among their own species）。这种境况是本体性的，这是社会性的差异和范畴化，落实在存在物的存在之中（being of beings）。[31]

就这样，就在我们作为具身性存在物而存在的日常生活之中，就在这种日常生活的时间和地点当中，我们对社会性差异和范畴化有了鲜活的体验和感受。我们在这些时间和地点中发现的得失损益，就承载在我们的身体上，呈现为运动、姿势、言说、能力、健康或疾病，也呈现为资本，但这些在上述引文中都被视为毫无价值。这种价值的缺失的标志，不仅是穷人的沉默无言，而且是穷人在他人眼里的不可见，即不获得承认，导致本体性的

---

[31] 同上引，页9。

非存在感。尽管如此，就像塞耶所言，布迪厄有关承认的学说有其局限，因为它过于偏重他人评价的资本，比如金钱、地位和声望（即其所称的"外在好处"），并没有考虑自我满足、成就、自我发展（"内在好处"）或其缺失。人们之所以会觉得自己贬值，原因之一就在于，他们没有什么渠道能够接触那种有助于自我发展和自我满足的能力培养型的具体活动。尽管查尔斯沃思对于工人阶级体验的解释算不上是马克思主义的，但他毕竟指出：

> 之所以要贯彻这种思路，最重要的理由之一就是尝试说清楚，要发展一个人不可让渡的人的能力，即马克思所说的人的"类存在"，以求收获一个具备绝对价值的人，就需要某些社会资源和文化资源，但它们的分配是不均的，这就阻碍了发展对于个人实现很重要的一些能力的可能性。[32]

话说回来，上述种种尽管鞭辟入里，不妨视为对工人阶级生活的整体观察，在研究者进行田野调查的那些地点也确实成立，但如果只是从消极负面的角度来表征工人阶级的生活，而认为中产阶级的生活更具实现感、更让人满意，终归还是有危险的。在当代社会，即使是中产阶级的体验，也可能充满成功压力和时间要求，导致焦虑与消沉。诚如马修·亚当斯所言，它还会导致休闲时间被消费主义所商品化，纵然占有众多形式的文化资本，却依然制造出疏离感、个人无意义感和孤零感。[33] 不仅如此，按照

---

[32] 同上引，页 7。

[33] Matthew Adams (2007) *Self and Social Change*. London: Sage.

塞耶的讲法，我们还能做出在布迪厄著述中付之阙如的另一种区分，即道德评判与审美评判：后者乃是基于各种带有区分性的阶级资本、品位和生活方式，比如教育，比如在食物、书籍、音乐和艺术等方面的品位；前者则更具普遍性，涉及与他人的关系，但无关于他人的社会位置，珍视的是诚实、正直和责任之类的价值。一个人无论出于什么样的社会阶级或地位，都可能因为具备这类品质而受到珍视。诚然，会有某一群体宣扬某些特定的道德标准，自视高于别的群体，或与别的群体相对立，比方说，工人阶级比中产阶级干活更勤劳苦干，即便如此，不管哪一群人，只要明白事理，就会从道德的角度承认勤劳工作这一价值。因此，道德标准和审美标准在多大程度上要看具体属于哪一阶级，还是普遍通用，在特定的社会和文化中各有差异。

我在本章希望揭示的是，自我认同的方方面面究竟如何不能与社会阶级分开来考虑。我们作为自我所进入的那些社会关系就是阶级关系，它们形塑了我们的社会惯习、性情倾向、能力、感知、旨趣、品位和生平轨迹，并确定了这些东西的结构。无论在劳动力市场上，还是在市场之外，在我们的休闲活动与生活方式上，皆是如此。阶级与我们作为社会性别化和生理性别化的存在习惯于世界的方式密不可分。实际上，它作为核心要素，影响到我们作为具身性存在如何习惯于这个世界，从我们初临人世开始，就形塑了我们对于世界的体验，包括我们居处的地点，我们的城市乡镇、家庭邻里、亲朋好友、就读学校和工作场所，以及我们在那些地方创造出来的能力与认同。凡此种种，决定了我们所发展起来的物质资本、文化资本、社会资本和符号资本，开启或限制了我们在各式各样的社会场域中的生活机会，并就此开启或限制了在未来我们是谁、我们能成为什么的可能性。我们要想从他人那里获得承认，被视为一个有价值的人，一个值得尊重的人，这些类型的资本也都很重要；而这又会以我在本书中刻画的那种对话方式，影响到我们如何看待自我，如何把自身看成一个有价值的人或没价值的人，从而影响到我们感受自身的方式。我们自己的自我意象，或是想象他人对我们所持的意象，究竟是让我们引以为豪、引以为耻，还是两者兼而有之？进而，这又会影响到我们对自己的生活和自我所持有的实现感和满足感。因此，我们可以看出，社会阶级对自我有深刻影响，不仅是影响到我们是谁，而且也影响到我们能够成为什么样的人。

在继续推进之前，我还想考察一下，在以上几章我们所讨论的这些东西，即社会性别、性态和社会阶级，是如何构成了我们的自我认同，如何呈现于相关展演，我们在这些展演中展示了一种自我意象，即我们是谁，我们希望成为什么样的人。我也希望接下来的附论能够说清楚，这些东西究竟如何充当了核心要素，影响着我们在日常生活中，在彼此之间的关系中，怎样创造自己的身份 / 认同。

第三节　附论：社会性别、性态与阶级

社会性别、性态与阶级作为自我认同的不同维度，在相关展演的意象工作（image work）中都发挥了各自的作用。不妨借用莱恩《自我与他人》一书中的一例病案研究，来具体说明它们之间的相互关联。在这例病案中，叙述了一个分析组，其中两个男

158

人，比尔和杰克，共谋确认各自建构出来的虚幻的自我认同。[34] 小组里一共七个男人，除了一个，其他大部分来自中低阶级，但莱恩的叙述把焦点放在比尔和杰克身上，以共谋问题为核心。尽管如此，我对这例病案叙述感兴趣的倒是，组里的男人之间的关系是如何引发了性态、社会性别和社会阶级等方面的问题。根据莱恩的说法，比尔试图制造出有关他本人的一种虚幻的优越感，以掩盖他自己虚构出来的一个预设：自己本质上毫无价值；而杰克也幻想作为一名"给予者"，很快便在群体中充当了领头人的角色，问这问那，还让别人发表意见。在杰克眼里，自己是"一个独立自主、意志坚定、讲求实际、脚踏实地的生意人，绝对是异性恋，虽说女人对于他只是些和'小伙子'聊天时的缺席在场"。与此相反，"比尔则梦想着遥远他乡，那里一切都很美丽，人们都很有修养，不像此时此地那么粗鄙无文"。

读莱恩的叙述，明显能够看出，杰克在领导小组讨论的时候，经常把话题聚焦于女人以及男女关系。在我看来，杰克这么做，显然是在确认其绝对是异性恋的自我意象，遮掩同性恋的潜在倾向（homosexual undercurrents），至少说，是在遮掩某些同性社交依恋（homo-social attachments）：这个小组都是男人，聚在一起，围着私密的目的，就是袒露深层的切身之事。比尔起先没有参与这些有关女人的谈论，到了第五次小组集会，突然闯进这种寻常讨论，说自己有多么多么不喜欢足球，觉得那些球迷都是又蠢又笨。在英国，足球传统上就是工人阶级男性偏爱的消遣，因

---

[34] R. D. Laing (1961) *Self and Others*. Harmondsworth: Penguin, 1971 edn. pp. 118-123.

此它会让人想起有关工人阶级男性特质的强烈的刻板印象。除了比尔，小组中其他所有男人都经常去看球赛，杰克也不例外，尽管他也承认，这只是因为他想要成为"小伙子中的一员"。相反，比尔谈的是自己如何欣赏艺术，如何希望能结识其他志趣相投的人，尽管他的渴望立刻遭到杰克的反驳，说只有受过优良教育的人才有能力欣赏艺术。这个说法刺痛了比尔的神经，因为他缺乏正规教育，对此十分敏感。

我认为，我们在此能够看到，人们是如何根据社会阶级、相关资本、欲求，以及社会性别和性态方面的认同，从这些角度与某些人站到一个立场，而与另一些人成为对立面，由此在群体／小组（group）人际关系中为自己定位。尽管莱恩从行业的角度，判定小组主要是中产阶级，但很显然，小组中绝大部分男人认同或试图认同于某种属于工人阶级的男性特质，而小组成员之一也明显就是工人阶级。另一方面，比尔渴望成为中产阶级知识分子，展示着作为其文化资本的对于艺术的欣赏。比尔还试图迎合作为治疗专家的莱恩，而莱恩就属于中产阶级知识分子，正是比尔希望跻身其间的那个阶级。他想以此来展现自己相比小组其他成员高出一筹。不过，他也对莱恩心怀忧惧，因为他认为莱恩受过很好的教育，足以让自己暴露出缺乏艺术感受或智识能力。尽管如此，比尔还是发展出一种对于莱恩的"小受欲求"（passive homosexual longings），视之为"理想他人"。他给莱恩写了一封信，袒露了这一点。关于小组，尤其是关于比尔和杰克，莱恩明确指出了他们是如何基于其虚幻的自我认识而相互确认或否认。尤值一提的是，比尔对其他男人展演出来的工人阶级异性恋倾向表示反对，使其与众不同。但这也确认了杰克作为小组中的领导者和"给予者"的角色，这个角色多次将其他成员聚拢一处，并有权力吸纳或排斥比尔。反过来，杰克也为比尔提供了机会，可以展演其区隔之举，以其品位和鉴赏与杰克形成鲜明对照，后者被视为更加粗犷，也更加粗俗。耐人寻味的是，小组的行事"仿佛比尔和杰克之间就是一对儿，事实上，它展示出不少几乎不加掩饰的同性恋特征，杰克问比尔，他手淫的时候在想啥。比尔回答，自己有时候会想一个男人，而杰克则回答说自己每次都会幻想和女人如何如何。两人之间这种艰难的共谋往往导致杰克对比尔大为恼怒，力加排斥，谈教育和谈手淫幻想都是如此。但莱恩指出，他俩之间这种对抗有某种施虐—受虐的意味"。

因此，莱恩从这个分析小组中看出，有证据显示，不同的自我幻念之间存在共谋及其维持，并且出现了同性恋感情，但我却基于我在本书中逐步发展出的立场，认为事情远非表面如此简单。（在情感亲密的治疗小祖这一背景下）男人之间的关系性展演中，固然存在同性恋情感的持续生产与否认；但除此之外，还存在与此有固有关联的社会性别与阶级的展演。男人们通过谈论女人和足球来展演其男性特质，在此过程中，不仅防止了小组中出现同性恋感情，为此也需要借助于认同某种特别的工人阶级激情（足球），并因此认同工人阶级风格的男性特质。阶级的展演也呈现在男人的品位，对世界的统觉，以及鉴赏，尤其是对运动和艺术的鉴赏。比尔的展演力求在品位和生活方式上认同自身为中产阶级，至少是希望成为中产阶级，而其他人则展示出认同于工人阶级。证明这一点的还有杰克所谓"讲求实际""脚踏实地"的自我理想，他认为自己很注重实际，很有男人味，而不是充文艺范儿的伪知识分子。所有这一切都不只是角色的扮演，而是关系到这些男人如何深陷于并体现在世界的构造之中，关系到他们怎样体现出某种特别的惯习，作为生理性别化、社会性别化和阶级化的存在，习惯于这个世界，正是这种惯习形塑了他们感受、看待和思考世界及其自身的方式。它还关系到他们彼此关联和回应的方式。他们身上的某些特征可能会背叛自己有意表达的那种自我意象，比如比尔缺乏正规教育，杰克对比尔的手淫幻想表现出同性恋般的好奇。但他们很快会通过展演，重新确认自己所欲求的自我意象，来驱散这些背叛的痕迹。

不过，在自我意象的展演背后，还有一些复杂的无意识情感，也根植在一个人的惯习之中，用布迪厄的话来讲，这些情感与他人相沟通的程度，远甚于展演者实际所知或所欲的水平。正因为这一点，人与人之间的互动，以及深陷互动之中的那些自我认同，才会如此复杂，难以破解。莱恩指出，所谓无意识范畴，就是在有些时刻或场合下，一个人不能与自己取得充分沟通，这些男人之间的互动即为明证，其中绝大多数并不承认自己对其他男人的性感觉，甚至提都不想提。相反，他们自己所欲求的自我意象的投射，以及他们如何就彼此认识和误识达成共谋，这才是最重要的。从这个案例中，我们还能捕捉到某种结构无意识（参看第三章）的运作，即当这些男人在小组中选择立场，相互结盟，依据的是社会中的权力关系里在具体背景下比较重要的那些维度，包括各种性态、社会性别和社会阶级之间的支配与从属关系。我想不妨说，我们所有的日常关系与互动都与此相仿，我们很少能够实现布伯所称的那种人际时刻，即作为自我的我们在当下这一时刻是谁的所有方面，我们都既向他人揭示，也向自身揭示。不过，与此同时，我们也似乎受到我们的生活与自我当中那些矛盾的驱使，继续推进我们的生平（否则这里作为例证的那些男人想必就不会参加什么分析小组了），旨在达成更高的自我发展，更好地与自我和他人沟通，成为我们尚未所是的那种自我。无论如何，即如本章所示，我们不仅需要有做出改变、达成自我实现的意志，还需要有使我们可能如此而为的那些物质资源、文化资源和社会资源。

文献选萃

Bourdieu, Pierre (1984) *Distinction: A Social Critique of the Judgment of Taste.* London: Routledge.

Charlesworth, Simon J. (2000) *A Phenomenology of Working Class Experience.* Cambridge: Cambridge University Press.

Marx, Karl (1845) 'Theses on Feuerbach', in David McLellan (ed.), *Karl Marx: Selected Writings.* Oxford: Oxford University Press, 1977 edn.

Sève, Lucien (1978) *Man in Marxist Theory and the Psychology of Personality.* Brighton: Harvester Press.

Skeggs, Beverley (1997) *Formations of Class and Gender: Becoming Respectable.* London: Sage. Special Issue on 'Class, Culture and Identity', *Sociology*, 39 (5), December 2005.

第七章　当代社会中的自我

　　社会发生如许剧变，自我究竟有什么变化，这就是最近数十年来社会科学著述中浮现出的核心主题之一。据称，工作的性质已经从长期雇用转为短期就业，地域意义上的社会流动愈益增加，因为需要四下找工作，也由于教育、就业、旅行和迁移等方面的机会不断扩大，合而观之，导致一代比一代更少会在同一社区中，在熟悉邻里、扩大家庭和毕生朋友中，度过自己的人生。社会学家吉登斯指出，在我们当今生活的这种全球化世界里，各个人群、各个组织由卫星通讯、国际电话系统和互联网关联起来，即使哪一位亲朋好友生活在地球那一端，也有可能与之维持密切关系，但却不认识你隔壁邻居。据说，社会中的这种变化已经使人更难回答"我是谁？"这一问题，实际上，我们还可能更经常地提出这一问题，因为当代世界变得如此碎片化，乃至于我们的同一性／身份／认同的源泉已经不再稳定无虞。我们不再能够自动假定，工作岗位能够终生有保障，或者社区、邻里、家庭和朋友什么的都始终会保持现状，纵然时移世易，相伴我们终生。所有这些都是我们的同一性／身份／认同的参照点，随着它们变得不那么确定，我们对于自我的感受也变得不那么确定了。

我能够在自己这辈子就看到这些变化，看到它们如何影响到我和我的家庭。我成长于二十世纪六十年代的英国，当时我和父母生活的城镇就是我母亲的出生地，而离我父亲的出生地也就只有三英里远，那是他的母亲（我祖母）生活的地方。我祖母一辈子就生活在那个城镇，她旅行的最远距离就是七十英里，还是蜜月旅行。我父亲十四岁离开学校，去一家织布厂工作，一直到六十五岁退休。我成长的那座城镇，到处都是认识我父母的人，其中有许多和我上同一所学校，因此也认识我，我也认识他们。也有陌生人，但不是很多。很少有人会为"我是谁?"这个问题自扰，因为他们知道自己是谁，至少会想当然认为自己知道。我们绝大多数人是工人阶级或中低阶层，是男性或女性（哪怕有些人不确定我们是"真正的"男人），城镇的居民，由我们的兴趣爱好和个人特征彼此区分。不过，回头看来，我现在能够看出，即使是我还想当然认为一切始终如此的时候，这个世界就已经开始碎片化了。教育机会渐趋开放，我那一代的有些工人阶级出身的人已经有可能上大学，离开父母，迁离家乡，干上中产阶级的工作，四处旅行，到最后，由于技术和生活方式方面的变化，开始在全球层面而非地方层面上与他人相关联。我们所获良多，但也代价匪浅。我所生活的小镇和城市都充斥着陌生人；有些好友去往远方；我作为学人这门职业也不再是一份毕生的工作，受到越来越具有管理色彩的控制的威胁；有些朋友似乎总是处在焦虑、不安和抑郁的边缘；我小时候在里面玩耍的那个公园，里面曾经都是我认识的人，现在却空荡荡的，只有些遛狗的。我想我知道自己是谁，但我不确定自己将来是否会总是这样：我的未来可能会大为不同，我自己也是如此。

社 会 性 自 我

为什么当代世界会像这个样子，这又给自我产生了什么连带后果，包括成为自我的诸般可能与限制，以及自我在当下西方世界所面临的种种两难，人们提出了不少观念。本章我就希望对其中一些观念进行探讨和质疑。

第一节　社会饱和与饱和自我

在肯尼斯·J.格根看来，社会世界转型过程中的关键要素之一，就是其所称的"导致社会饱和的技术"（technologies of social saturation），[1] 或者说是各种沟通技术的爆炸式发展，不仅包括通讯系统、互联网、电子邮件，以及各种视讯沟通或视讯会议的可能性，还包括更一般层面上的各种传媒形式的爆炸式发展，比如电视和丰富多样的电视频道、电影、DVD、电脑游戏、报章杂志。这些东西也不都是新的，报纸、杂志和电影已经出现一百多年了。新鲜的是在现代世界，这些东西变得如此丰富多彩。我们能接触到的传媒范围宽广，形式多样，传递给我们芜杂海量的知识、文化、宗教、世界观、意见、价值、生活方式和人群百态。导致社会饱和的技术现在使人们有可能以前所未有的方式，与形形色色的他人发生关联。米德和巴赫金之类的思想家认为，我们的思想充斥着他人的言语与声音。他们提出如此观点，主要想的是我们本人认识的或当面接触的他人，最多不过是我们通过阅读

---

[1]　Kenneth J. Gergen (1991) *The Saturated Self: Dilemmas of Identity in Contemporary Life*. New York: Basic Books.

了解到的小说中那些人物角色。而今天，我们也置身于众声喧哗之中，纷纷攘攘的声音言说着不同的意见和价值观，呈现着远远超出我们的直接经验的不同生活方式。在当代世界，传媒能够创造出素未谋面的人与人之间看似亲密的关系，比如名人和粉丝，后者追踪名人一举一动，捕捉其所有言论，与他们之间的关联方式饱含情感。像是戴安娜王妃去世后那几天，公众纷纷在其寓所外供放鲜花，BBC 新闻频道采访了其中一位男士，问他为什么会特意赶来，为这位从未谋面的女士履行这一纪念之举？他回答说，她的去世对于他意义重大，甚至超过自己母亲的去世。这只能发生在一个传媒饱和的世界，其中有些人开始觉得，与公众人物或肥皂剧里的人物角色之间的关系，比自己生活中存在的实际的人还要亲近。实际上，这类关系的虚拟性倒更给它们增添了几分诱惑，因为这类与你相关的他人的意象始终在你自己的控制之下：它们不会让你觉得难堪，与你发生争辩，从你这里独立，或是叫你感到棘手。

不过，格根等人的观点并不只是说，在当代世界，我们既与实际的人物打交道，也和想象的人物有关联（就连这种界限也是模糊的，因为意象总是和他人的实存性搅合在一起）；他们也是要指出，激活我们的思想或者自我对话的那些声音变得宽广而多样。它们提供给我们一系列有关世界和我们的自我的看法，各不相同，彼此竞争，有时还相互矛盾。不仅如此，它们还向我们呈现出纷繁多姿的可能性，告诉我们在未来能够变成什么样子。我是想成为一名基督徒还是佛教徒，社会主义者还是保守主义者，写歌的还是唱歌的，皮肤白皙还是略黑，穿得像乔治·克鲁尼

（George Clooney）还是布拉德·皮特（Brad Pitt）？ [2] 我们都可能面临诸多选择，以上只是聊举数例。因此，在格根看来，

> 随着社会不断趋向饱和，我们也变成杂凑（pastiches），即相互模仿的拼凑。我们在记忆中携带着他人的存在模式，……自我变得越来越充斥着他人的性格。我们不是一个人，也不是几个人，而是像沃特·惠特曼所说的，"兼容并包"。诚然，我们彼此呈现出单一身份／认同的样貌，衣装之下统合一体。[3] 然而，随着社会饱和，我们每个人都开始吸纳大量潜在可能，从蓝调歌手，吉普赛人，贵族，到犯人。种种自我暂且蛰伏，一旦条件适宜，就可能生机萌动。[4]

按照后现代思想家詹明信的概括，当代的自我是通过杂凑被拼在一起，成为"精神分裂"（schizophrenic），[5] 因为他们是由多重自我组成的，又因为是模仿而成的，因此也是缺乏深度和情感的虚空。但格根更愿意把我们称为"多重精神"（multiphrenic），因为这种状况并不属于临床的病理表现，而更像是在后现代世界

---

[2]　这两位都是好莱坞著名男星，前者是多年的钻石级王老五，衣装正统精致，多以成套西装出场；后者是万众欢迎的幻想对象，极力想要摆脱花瓶形象，服饰走放荡不羁路线，多以夹克亮相。——中译者注

[3]　原文为 "unified of whole cloth"，而 "make out of whole cloth" 的意思恰恰是"凭空虚构"，这里作者似乎有双关之意，即"靠着衣装统合一体"。——中译者注

[4]　同上引，页 71。

[5]　Fredric Jameson (1991) *Postmodernism, or, the Cultural Logic of Late Capitalism*. London: Verso.

中成为自我的一种风格。话说回来，格根也像詹明信一样，把当代世界及充斥其间的那些自我称为"后现代的"，因为这些自我都超越了十七、十八世纪欧洲哲学家们描述的那种现代主义自我和浪漫主义自我。启蒙运动的哲学家把现代主义自我描述成理性造物，力求主宰激情，理性行事，以此在世间发挥作用。而在浪漫主义者看来，我们对于自我的感受乃是源于一种深层内核，是一种内在的本质或声音，告诉我们，我们是谁，我们只需要调谐对准就能听到。与此相反，在格根看来，后现代自我是从社会饱和的各种过程与技术中浮现出来的，其标志性特征既不在于理性，也不在于对于同一性／身份／认同的内在感受，而在于与许多他人之间的关联，后现代自我与众多他人都有关联，就是他们的拼合。而在格根之前数年，后现代哲学家让－弗朗索瓦·利奥塔对此则有如下议论：

> 没有什么自我孤悬一屿，个个都存在于关系构造之中，现在的复杂程度更是前所未有。无论长幼、男女、贫富，人总归处在特定沟通渠道的"节点"上，不管这些节点可能是多么不起眼。或者更准确地说，人始终处在往来聚散各种邮件的邮局里。[6]

对利奥塔来说，后现代境况的标志性特征就在于：有些君临

---

[6] Jean-François Lyotard (1984) *The Postmodern Condition: A Report on Knowledge*. Tr. Geoff Bennington and Brian Massumi, Manchester: Manchester University Press. p. 15.

万物的"宏大叙事"曾经在社会和自我那里创造出某种形式的连贯性和一体性，比如相信只有一种宗教，相信科学的说明力和真理性；现在它们都分裂为诸多彼此竞争的语言游戏，各自有其意义。在各种后现代社会关系和沟通网络组成的复杂网络中，五花八门的宗教和价值体系竞夺我们的关注和效忠，各式各样的科学说明展开相互抨击，而随着我们的世界遭受到全球暖化的威胁，面临着核武技术扩散的危险，我们却痛苦地意识到科学技术进步的种种缺陷。面对凡此种种，很难再相信我们只能信奉一种真理，一种价值体系，一种生活方式，能够从中发展出自己的自我认同感。根据格根的讲法，这就意味着人们已经不再要求自我核心存在理性统合，在社会碎片化的流动中，自我延续感和自我统合感都不复存在。因此，我们只是向他人呈现为统合一体的同一性／身份／认同，但就在呈现的表象之下，我们却是零散歧异的各种声音、要求、意向和可能性的拼合。有许多人珍视深切持久的社会关系的那种稳定性，为此倍感痛苦。尽管如此，任何东西都无法阻挡社会变迁的潮流，因为在人们的社会互动中，"连续性被偶变性所取代，统合性被碎片化所取代，真诚性被人为性所取代"。[7]

在这样的境况下，人们不再能够想当然地认为，自己拥有某种同一性／身份／认同，由所属家庭、社区或社会阶级等社会环境所给予。相反，在转瞬即逝、变动不居的社会型构中，身份／认同这东西就是在现场或当场（in situ）持续制造出来的。要应对这种情况，就必须更加强化反身性，因为我们必须根据所处情境

---

[7]　Kenneth J. Gergen, *Saturated*, p. 181.

的要求，在出现怀疑的一刻，也在反复再现的怀疑状态下，重新塑造自身。所谓反身性，格根承继希拉里·劳森的意见，认为就意味着自我反思。之所以如此，是因为我们从未能够确知有一项真理放之四海而皆准，也从未能够单靠哪一位权威，其一人之智慧能够指导我们做任何事情。我们每天都会接收到芜杂海量的信息，每一个人都必须作出筛选和评估。即使我们无法领会其中绝大部分信息，也必须决定该丢弃什么，又如何进行筛选，哪怕只是默认处理。有些人对这种状况感到困扰，但格根则不同，他认为这里也蕴含着积极正面的可能性，因为如果说对于个人统合的要求被悬置，生活就可能有了更多的机会，重新创造出我们每一个人能够成为的样子。不仅如此，摆脱了我们每个人都孤悬一屿的幻念，我们就能看到，自己一切个人选择都关系到更广泛的社会关系，关系到将我们与这些社会关系相维系的那些沟通网络。如此一来，就"出现了一块白板，人们受到变动不居、不断拓展、有欠统合的关系网络的邀请或许可，可以在上面铭刻、涂抹和重写自己的身份/认同"。[8]

有鉴于此，格根并非主张，后现代主义是现代主义或浪漫主义之后进入的一段时期，而是认为，这三者都只是不同的"视角"，产生了不同的行动模式，在当代世界相互竞争，虽说与科学理性和机器隐喻紧密维系的现代主义视角依然处在支配地位。不过，新兴的后现代意识对居于其他两种视角核心的那些本质真理提出了质疑。实际上，它质疑了整个所谓存在单一"客观真理"的观念。我们对于何者为真的信念，只有在某种文化视

---

[8]　同上引，页228。

角之内才是可以维持的。所以说，如果我是个现代主义者，我就相信理性、科学及其带来的知识具备其真实价值；而如果我是个浪漫主义者，我就相信每一个体都有其不可或缺的内在本质，相信他们自己的情感体验的真实性。相反，在格根看来，后现代思想强调个人身份／认同在社会层面上相互关联的性质，因此凸显了自我的社会建构过程，从而将焦点从孤零自处的个体转向了各种关系。由此观之，我们可以重新定位启蒙思想的焦点，使其不再聚焦于先验主体，因为我们"可以用'我交故我在'（*communicamus ergo sum*）来取代笛卡尔的名言'我思故我在'（*cogito ergo sum*），因为要是没有协调的沟通之举，根本就不能表达出任何'我'"。[9] 因为"我"在语言里是一个代词，其宗旨就是人与人之间的沟通，说"我思考，故此我存在"就不如说"我们沟通，故此我存在"更清楚。所以需要有一种新的话语来谈论关系形式，不过这几乎还没有创造出来。巴赫金的众声喧哗概念或许有所接近，不过格根指出，后现代主义不仅引发了言谈的众声喧哗，而且导致了存在的众声喧哗。它鼓励有关成为某种自我的多重视角、实在和形式之间的相互关联和自由作用。

尽管这一切都很吸引人，但格根有关新兴的"饱和自我"的观点还是有些问题。让人颇为好奇的是，尽管他的阐述显然是建立在利奥塔、詹明信和布希亚等后现代思想家的著述基础上的，但他却丝毫不打算追随这些人的立场，将后现代文化定位在发展中的全球资本主义形式当中。尤其是詹明信已经提出，后现代主义就是跨国资本主义的文化逻辑，逐利动机和资本积累逻辑依然

---

[9]　同上引，页242。

167

是西方世界的根本法则。[10] 资本主义已经变成一种后工业的、消费主义的形式，其中的主要产品就是信息、传媒产品和消费物品，而整个体制的逻辑就是为跨国企业积累利润，并由此造成全球范围和各国内部的巨大不平等。马派地理学家大卫·哈维曾经著书立说，阐述后现代城市是如何规划布局的，所以，在一片财富打造的海洋中，饱受贫困之苦的贫民窟几乎就像是遥远的孤岛，而那些富足的社会成员根本无需察看或造访。[11] 我们在上一章已经看到，贫困和低等阶层正逐渐变得不可见，缺乏来自社会其他人群的任何社会承认或道德承认，那些人在当代资本主义的财富创造中多少还能分一杯羹。对于格根的命题来说，这种状况的意义就在于，他所描述的后现代性下的饱和自我，能够从无尽可能的存在模式中进行挑选，书写、涂抹和重写自己的身份／认同，但这只能适用于当代世界中的某些人。至于另一些人，就像查尔斯沃思的研究中那些罗瑟勒姆的居民，其实已经对自己所生活的这个世界感到不堪负荷，与此同时，他们在那个世界中具身体现，取得认同，也被那样的存在方式压得喘不过气来，因为它缺乏社会资本和文化资本，限制了这些人进入其他社会场域，变成不同于当下所是的其他什么自我。那些有能力在后现代流动中书写和重写自己的身份／认同的人即使真的存在，也是社会中比较富足、受过更好教育、属于专业人员的那些群体，而他们关联着的是全球文化，不是什么有限的地方文化。不过，我在本章稍后也希望指出，即便是对于这些自我，当代世界也有其深层的暖

---

[10] Jameson, *Postmodernism*.

[11] David Harvey (1990) *The Condition of Postmodernity*. Oxford: Blackwell.

昧含混和成问题的地方，他们的身份／认同既有可能承受某种重负，也不是不觉得拥有一个核心自我。

除此之外，格根所说的当代生活中存在三种彼此竞争的视角，即浪漫的、现代的和后现代的视角，也显然过于简单化了，因为它忽视了尼采作品中出现的那种后浪漫主义苗头（及其对海德格尔、福柯和德里达的影响），也没有看到二十世纪现代主义传统的分裂。按照查尔斯·泰勒的讲法，现代主义只有一股支脉表现为启蒙运动的一种更新形式，信奉人的思想有其理性内核，因此也信奉科学理性的说明力及随之带来的"进步"。另一种形式的现代主义则体现于艺术和哲学，要追寻领悟，办法就是消解自我由某个理性内核组成这一观念，事实上，往往还彻底消除了自我的核心组织化原则这一观念，转而让我们接触超出控制范围或整合范围的流动，试图以此解放我们的体验。[12]因此，印象派、超现实主义以及立体主义等思潮都试图超出再现现实的观念，创造一种新的艺术，创造出新的意象，是我们在日常感知中没有清楚意识到或只是部分意识到的。还有一些人，比如象征派诗人或后结构主义哲学家，则把重点从统合一体的自我转移到语言的流动，在各种语词和意象的并置之中，创造和再造各种意义和特性／身份／认同。而在文本之外，这些语词和意象并无外在或内在指涉。当然，在我们今天过日子的方式上，现代主义思潮和浪漫主义思潮都依然十分流行，技术本位的世界观与生态本位的世界观之间的斗争就体现了这一

---

[12] Charles Taylor (1989) *Sources of the Self: The Making of the Modern Identity*. Cambridge: Cambridge University Press.

168

点，后者强调的是自然的重要性胜过技术进步的价值。但同样可以说，这些世界观已经破碎，变成现代主义的各种领悟，而后浪漫主义已经打造出新的领域、语言和意象，开始被世人称为后现代主义。虽说我并不打算在此深入争辩术语用法，但要想理解将我们创造成当代世界中的自我的那些权力、制度和社会思潮／运动的性质，搞清楚它们的用法还是很有必要的。实际上，许多论家已经指出，必须把这些社会形式理解为现代性的某种延伸，而不是后现代性，根据定义，那就该是超越现代性的某种东西了。下一位思想家，我想聚焦于自我认同的形成来谈其著述。他就提出，我们目前所经历的一切社会变迁，改变了我们界认自我的方式，乃是因为现代性的强化，而不是由于驱使我们超越现代性的力量。

第二节　高度现代性下的自我认同

表面上，英国社会学家吉登斯赞成格根关于当代社会变迁如何影响自我认同的观点，尤其是都认为，当代各项制度要求今日之个体具备越来越高的反身性或自我反思。不过，在吉登斯看来，这是因为西方现代性是一种后传统社会，不再仰赖前朝往世传承下来的习俗来再生产自身。相反，科学之类的知识体系就包含了对提出来供考虑的那些观念进行积极追问和公开辩论，而由于科学、技术、工业和沟通等方面创新无限，整体上的社会生活又变迁得非常迅疾，生活难以在两代人之间一成不变。启蒙运动撕裂了曾经再生产封建社会的那些普遍公认的教条和代代相继的智慧，尤其是挑战了赋予生活以意义和秩序的那些宗教教义，而工业资本主义的到来更加速了老旧封建秩序和权力结构的分崩瓦解。尽管如此，在十八、十九世纪的这段早期现代时期，依然是以封建时期传承下来的某些传统为核心的，比如知道自己在社会中的位置这一点的价值，地方共同体的价值，以及家庭生活的神圣性。与此相反，到了二十世纪晚期和二十一世纪初，也就是吉登斯所称的"晚期"现代性或"高度"现代性，现代规划逐渐充分变成一种后传统社会，也就是说，即使是那些使早期现代性趋于稳定的传统，现在也被涤荡殆尽，社会阶级和地理意义上的高度流动瓦解了阶级结构和地方共同体，而我们能够采取的生活方式也有了更多的选择可能。[13] 当今之世，不同类型的家庭结构层出不穷，由此可见一斑。虽然还有传统的扩大家庭或核心家庭，两个异性父母，再加两三个孩子，但除此之外，还有单亲家庭，男女同性恋家庭，或者自选组合家庭，其中的个体在生物学上并无关联，但却出于感受到友爱亲情之密切，选择像一家人一样生活。

在吉登斯看来，这就标志着亲密关系性质的变化，因为现在伴侣之所以待在一起，不再只是因为他们结婚成家，或因为生儿育女，故此传统禁止他们彼此分离。现在关系的基础是在于，伴侣双方都能从这种关系中平等感受到互利互惠，感受到个人满足。如果情况不再如此，那么伴侣就可以决定分手。个人关系现在更像是一种选择，而不是传统纽带所形成的那些要求和期

169

[13] Anthony Giddens (1991) *Modernity and Self-Identity: Self and Society in the Late Modern Age*. Cambridge: Polity Press.

待。[14] 实际上，诚如勒夫斯特伦所言，异性恋伴侣在这方面正变得越来越像同性恋伴侣，因为他们的关系靠的是个人选择和决策，而不是传统的制度支撑和强迫。随着消费主义的增长，传统家庭结构的瓦解，以及都市生活方式愈益趋向多元化，曾经创造出社会性别与生理性别方面那些传统的特性／身份／认同的二元分类，比如男女之间、同性恋与异性恋之间的严格区隔，也发生了变化。肯·普卢默和杰弗里·威克斯都提出，这导致了一种性的公民权或"亲密"公民权，各种群体竞相宣称自己的性选择和性偏好有权利被社会承认为合法。[15]

不过，吉登斯在高度现代性中看到的最大的变化，还是他所称的出现更大程度的"时空伸延"（time-space distantiation），说的是局部地点在确定社会关系和社会行动的结构时曾经至关重要，现在逐渐丧失了这种地位。[16] 由于格根所说的导致社会饱和的技术，现在有可能将社会关系拔离特定的地点，在全球范围的时空图景中进行重构。就像我在本章引言中所指出的那样，由于出现了卫星通讯或互联网之类的先进通讯系统，现在有可能与生活在别的国家的亲朋好友密切往来，但却对隔壁邻居一无所知。通讯系统，发达的交通系统，以及几乎可以全球各国通用或兑换的信用卡之类的便利工具，都是吉登斯所称的"解植机制"

---

[14] Anthony Giddens (1992) *The Transformation of Intimacy*. Cambridge: Polity Press.

[15] Ken Plummer (1995) *Telling Sexual Stories: Power, Change and Social Worlds*.London: Routledge. Jeffrey Weeks (1998) 'The sexual citizen', *Theory, Culture & Society*, 15 (3–4): 35-52.

[16] Anthony Giddens, *Modernity*.

社 会 性 自 我

(disembedding mechanisms)，将我们拔离局部／地方（local）背景，在一个全球化／全局化（globalized）的世界里重新关联起来。五十年前，如果有什么亲朋好友外迁到异国他乡，想必会有一番洒泪告别的场面，因为彼此关爱的人们要道一声永别。时至今日，我们碰到这种分别或许也会心生感伤或是郁郁不乐，但这再也不是什么一去不复返的永别，再也不会辗转数周乃至数月才接到海外飞鸿，实际上，我们能够通过长途电话、电子邮件或互联网保持即时联络。在互联网上，我们不仅能够与人实时聊天，还可以借助网络摄像头，彼此亲见。旅行成本每便宜一些，我们也就为自己未来的旅行计划增添一个外国目的地。就算我们没有通过这种方式与他人相关联，远在天边的种种事态也会时时侵入我们生活和工作的本地场所，改变我们对于世界的意识，也改变我们对于自己在世界中的位置的意识。搁在屋角或安在墙上的电视一刻不停地传递着影像，一会儿是非洲的饥荒，一会儿又是伊拉克的一次汽车炸弹袭击。意识已经变得有多少地方性／局部性，就有多少全球性／全局性。

在全球化和去传统化的震荡之下，人们不再想当然地接受自己的行事方式，或是自己未来可能变成什么样，因为我们的生活不再遵循预定的进程。相反，我们必须坚持不懈地以反身性的方式，对我们的生平叙事进行监管和修订，因为我们会反复面临这样的处境：怀疑什么是适宜的行动进程，或者怀疑自己是否做出了正确的选择。过渡仪礼不再以类似于传统文化中的方式，标志生命不同时期之间的转迁，比如步入成年。相反，我们像被放在弹弓上，被抛扔着经历一系列自己不能控制的社会转迁。尤其是在这个全球化的世界，我们往往感到，对于自己生活中的关键

170

事件可以说无能为力。比如说，如果有人陷入失业境地，几乎没有什么能力以求有所改观。如果他们是为某个全球企业下属的公司工作，已经不再能够在厂门外举行什么有效的抗议了，因为那些决定裁撤公司的人可能是在纽约、巴黎或布宜诺斯艾利斯碰面的。丢掉一份工作不仅会导致人产生无力感，也会引发一场生命危机或认同危机，因为在就业状态和失业状态之间缺乏某种过渡仪礼，人不再确知如何重构自己的生平叙事，或此后有可能发生什么。在此情形下，当下和未来都成了充满风险的不确定的事业，在吉登斯看来，风险在这事业中成为核心特征和至上关注。

当现代人已经不再能够仰赖过渡仪礼或长者智慧，面临此情此境，往往会转而求诸专家，引导他们度过危机时刻，或帮助他们应对某种风险文化所蕴含的生存忧惧。在高度现代性时期，心理学已经成为大学里一门极受欢迎的科目，电话簿上有成页成页的联络号码可以找到咨询顾问、心理治疗师、催眠治疗师等等，这些都绝非意外。人们求助这类专家，要他们帮助自己应对危机，抗御本体性不安定感，那是在高度现代性下的生活所具有的种种风险和疑虑可能带来的感觉。当笛卡尔设想彻底怀疑精神以邪恶精灵的形式出现，试图劝说他相信，他任何事情都不能确信，笛卡尔发现，只有他在思考这件事实本身，能确立起本体性的安定感和确定性。这一点使他相信，自己是一个天生赋有理性思考力的"我"，有能力驱散精灵。但在高度现代性时期，当科学已经对一切观念提出了质疑，甚至质疑其自身，认为这些都始终面临修订，我们也不再信奉以科学理性为手段，可以驱散怀疑。至于这些专家系统，无论其是否基于科学知识，起码能够帮助我们应对生存危机：我们可以把病人送到医院，在那里他们能够得到医生护士的治疗；我们可以把垂死的人送往临终关怀院，在那里他们会受到经过培训的雇员照看；我们可以把问题儿童送往社会工作者或心理学家，他们会努力帮助我们对付这些孩子。

从自我的角度来说，当我们问"我是谁？""我应当成为谁？"或"我应当怎么做？"等问题时，现代人往往会求诸治疗专家，帮助他们做出这些决定。这主要是因为，在现代世界，关于我们能够成为谁，我们该怎么做，充满众多选择和可能，因此身边很少有人受过充分的技能培训，经过丰富的人生阅历，足以帮助我们做出这些选择。不仅如此，按照吉登斯的理解，自我是一项以反身性的方式创造出来的规划，并将持续终生，人们在这项规划中反复创造出某种生平叙事，并据此理解自身。在很大程度上，我们的认同和本体性安定感就要看我们是否有能力成功维续这种叙事。生活规划变得无比重要，通过解读过去，筹划未来，预设了一种组织时间的模式。生活方式也必须做出选择，在这里，吉登斯用"生活方式"（lifestyle）这个术语，指的是多少整合一体的一套实践，赋予有关自我认同的一种特定叙事以物质形式。如果我试图让人们以为我是个百万富翁，却不曾拥有百万富翁的生活方式来支撑我的声言，那一点儿用都没有。然而，在高度现代性下，可以提供的生活方式纷繁多样，我们又一次必须做出选择，决定我们会陷入哪一种情境，或是如何应对不同生活方式领域之间的差异。

因此，在后传统化阶段，个体生命周期成了与代际生命周期相分离的一个时段，这是与前现代社会的又一点差异。在前现代社会，个体的生活始终会与前辈和后代保持关联。个体生命周期也不再与地点保持关联，后者不再构成经验的参数。个体生命周期开始脱离与他人之间的既定纽带，比如生物学意义上的亲属关系，而作为只与个体的规划、计划相关联的一种轨迹发展。就这样，对于个体生活，对于自我认同的规划，高度现代性成了暧昧含混的社会框架，因为它引导我们进入一种特别的状态，我们既前所未有地摆脱了既定的传统、社会位置和生平轨迹，但又充满了更大的焦虑，因为我们身处的世界满是碎片化、怀疑和风险，使我们的本体性安定感始终面临压力，却又必须维持有关自我认同的一种叙事。

话说回来，这也暴露出吉登斯的观点中的一个关键缺陷，因为它大多过于泛化，又过于个体化，意志论色彩也过浓。尽管吉登斯明确指出，这类反身性的认同规划只能发生在高度现代的社会，但有关生平叙事和生活方式的选择却仿佛是独立于他人做出的，只参照某一个体的计划和选择。它忽略了米德和巴赫金所揭示的东西：认同始终主要基于与他人之间的某种关系性生活，因此，我们看待自身的方式永远无法脱离他人看待我们的方式，哪怕我们的反应是竭力想和他们有关我们的想象对着干。有鉴于此，我们的认同从来也不是只参照我们自己的自我规划，这是因为，有关我们想要成为什么样的人的这些规划和意象，始终是在与他人之间的对话性互动中形成的。

与此类似，要说如何雕刻出我们的生平轨迹，也不只是看我们作为个体选择如何组织生平时间，或是看我们如何选择某种与特定地点相关联的生活方式。首先，我们出生落在的地点并非我们选择，那些地点有其特定的惯习，能够体现在我们的自我的每一块肌肉，每一丝纤维，就像查尔斯沃思在其有关罗瑟勒姆居民的研究中所揭示的那种方式。当吉登斯指出，地点不再像它们在前现代时期那样彼此完全分离，这无疑是正确的；因此，像罗瑟勒姆这样的城镇的居民，对于他们所处世界之外的事态，也会意识到其中的大部，但这本身并没有超越地点的经验性力量。事实上，不妨认为，对于那些无法逃避的人而言，某些地点的限制甚至更为明显。限制我们在不同生活方式领域之间移动的范围的，并不是特定个体这方面没有能力，而是要看我们具身性的性情倾向与各种社会资本之间的可转换性如何。凭我的吐字发音、举止作派、性情倾向、世界观、教育程度、技能才干，是会在那家大学谋得一职，在那所公司干那份工作，还是会在那片邻里生活得舒心自在？即使现在没有什么可能，我是不是连想都别想？吉登斯也赞成布迪厄，认为他揭示了以惯习形式出现的生活方式是如何并非阶级差异的结果，而是分层的结构化特征之一；不过，他没有看到布迪厄眼中结构化的另外一面：生活方式既是阶级的结果，也是阶级的结构化特征，因为它对于阶级差异和不平等的再生产至关重要。因此，我们没有人能够毫无限制地选择自己的生活方式，这既取决于我们家庭出身具有的惯习，也在同等程度上有赖于我们具身性自我中内在的惯习，包括我们的性情倾向、品位、能力、兴趣和抱负。

无独有偶，在讨论个人生平的时间组织时，吉登斯作为一名理论家，看来也有过于浓厚的意志论倾向，以至于不能充分理解这种组织机制的复杂性。尽管他显然领会到，在全球化现代性中，资本主义依然是核心维度之一，但却未能说清楚，在资本主义世界中，工作如何还在组织生平时间方面扮演着关键角色，既为我们作为自我的生平发展提供了机会，也设下了限制。我在前一章希望表明，尽管塞夫的研究在许多方面已经过时，但依然有其相关意义，展现了我们在自己的生平中，为不同类型活动安排的"使用时间"的重要性，也点出了工作在那种时间的组织中如何至关重要。在当代资本主义体制下，我们仍然远未能对生活方式和生平轨迹做出毫无限制的选择。实际上，有不少人宣称，二十一世纪初的人们现在工作的时数比以往更长；[17] 而在英国，已经通过法律，推迟人们可以合法退休领取政府养老金的年龄。在当代资本主义世界，相比于以往，工作占去了我们更多的日常时间，消耗了我们更多的生命周期，并就此塑造了我们的生平轨迹。有鉴于此，所谓更能对生命规划进行反身性选择，恐怕只是凭空奇想。

不过，正如拉什和厄里所言，或许最好还是把当代社会概括为既包含反身性方面的赢家，也有这方面的输家。[18] 与格根的情况相仿，吉登斯对于当代社会趋势的诊断并没有错误，这些趋势对自我可能产生的效应也没有错，只是具体要看我们谈论的是社会中的哪个群体。当然，会有些人属于反身性的赢家，对自己的生平轨迹、生活规划和生活方式有更多的选择和更大的控制。而他们不可避免地属于那些拥有更多文化资本和社会资本的人，包括教育，获取知识和技术的渠道，外在于某一地理空间的、通常是在全球层面上的社会关系，以及职业上的身份、人脉和财富。另一方面，我们也能发现有些人属于反身性的输家，没有渠道获取这些东西，至少与前一类人相比无法望其项背，做出反身性选

---

[17] Noreena Hertz (2001) *The Silent Takeover: Global Capitalism and the Death of Democracy*. London: Heinemann.

[18] Scott Lash and John Urry (1994) *Economies of Signs and Space*. London: Sage.

择和控制的能力也比较有限。马修·亚当斯的批评更为透彻有力，在他看来，全体社会行动者的反身性都不妨视为受到一定程度的限制，具体就要看他们基于什么样的惯习来行事。我们不能贸然宣称，工人阶级相比于中产阶级，其反身性能力始终是特别受限的，因为我们所有人都根植于某种惯习之中，它在一定程度上是由一些性情倾向组成的，后者被视为理所当然，表达为第二自然，因此也是前反身性的。在亚当斯看来，与其说是我们发现某些社会群体缺乏反身性，不如说是针对特定的社会背景，实施反身性的方式也各不相同。[19] 我们的一切实际表现都是源于惯习与社会场域的特定相遇，任何社会行动者都必须具备反身性，至于其程度大小，就要看他们的性情倾向与其行事所处社会情境之间的契合程度了。就此而言，来自中产阶级的人如果置身工人阶级民众，从事一项工人阶级的工作或休闲活动，在这样的场合下，就会对自己的表现更具反身性。或许正因为这一点，我们往往会认为劳工阶级的反身性较弱，因为他们更难以越出自己的社会场域，进入中产阶级主宰的那些社会场域。有鉴于此，并不总是需要更强的反身性。不过，亚当斯同时指出，反身性更强本身并不一定就是件好事。比如说，持续不懈的反身性有可能导致对自己的表现反复感到焦虑，念念不忘要做得成功。它也会制造出一种持续怀疑或吉登斯所称本体性不安定感的状态，或是自我关注到了傲慢自负的境地，伍迪·艾伦（Woody Allen）的电影栩栩如生地刻画了许多腰缠万贯、自我沉迷的主人公，就展现了这一点。

不仅如此，亚当斯还向我们指出，对自己的生活规划和生平

---

[19] Matthew Adams (2007) *Self and Social Change*. London: Sage.

叙事保持反身性是一回事，但要落实这些规划，你就需要获取经济资源或物质资源。因此，无论如何，我们谈反身性，谈将生活规划付诸实践的力量，不能就这么轻松撇开阶级结构，不谈是否能获取某些物质资源，后者使我们能够落实自己的计划，实现我们的生平叙事，或使其保持安定。在一个资本主义社会就更是如此，比如我们今天生活的这个社会，往往呈现出社会关系的碎片化，同时又清除了许多安全网，比如福利供应和补贴，后者原本是第二次世界大战之后设立的，用以保护个体和社群抗御资本主义经济体制的破坏力量。

作为确立个体生平的背景，当代全球资本主义十分重要，有鉴于此，我打算从经济碎片化和社会碎片化对自我的影响这一角度切入，更加细致地考察这一点。虽说吉登斯未能结合当代资本主义的背景来谈生平与自我认同，但自有其他论家尝试如此。

第三节　流动现代性与“新资本主义”中的自我

在齐格蒙特·鲍曼的作品里，当代世界里的身份／认同关系到二十世纪晚期至二十一世纪初期的社会中发生的两大变迁：其一，全球化已经打造了一个新的世界，其中的人员与资本已经不再维系于局部的地点，而是在全球范围内的通讯、认同、旅行、迁移、投资和交易等流动网络中相互关联；其二，身份／认同还关系到其他一些因素：人们的生活中弹性愈益增强；毕生职业生涯和长期工作合同逐渐遭到破坏；随着人们更多地四处移动，稳定的共同体也一去不返；民族国家放弃了个体，削减福利供应，以求在全球劳力市场上自保。这一切合拢一处，形成鲍曼所说的"流动的现代性"（liquid modernity），之所以如此标识，是因为这种现代性将一切坚固稳定的人际关联都液化了，使它们在全球化的空间和时间中随意流动。手机就是流动的现代性的完美象征，因为它使你既能够与一群人待在一起，同时又始终保持与其他所有你认识的人之间的关联，无论他们身在何处。随时随刻可能有电话打进来，使你与当下共处的人们脱离关系，而与物理意义上缺席的那些人连线。如果他们告诉你，别的什么地方正在发生什么更有意思的事情，你总能找出托辞就此离去。人际关系由此变得流变不居，始终处在移动、联通和再接之中，但永远不会长久定居在什么地方。

这种流动的现代性的标志，就是从鲍曼所称的"重资本主义"，转向一种"轻资本主义"。[20] 前者的特点就是最初在十九世纪和二十世纪上半叶发展起来的那种资本主义，当时的资本在很大程度上与重工业相维系，与对厂房、机器、技术和劳力的大规模投资相维系。在这种形式里，制造业或任何类型的工厂的业主往往是本地人，招募的都是工作场所周边的劳动力。资本家，工厂，本地社区，这些都是定位于具体地点的稳定实体，工会也以此为核心组建起来，因为人们都维系于某一特定职业或行当，并且一生中绝大部分时间都是如此。在这类地点中，劳动与资本基本上是截然对立的，因为工人能够界认出某种共同利益，以及作为一个社会阶级所具有的共同身份／认同，并且看得到，这种东西与当地资本家的利益如何既互为依存，又势不两立。相反，在轻资本主义中，资本可以在全球层面上移动，向可以赢取最大利

---

[20] Zygmunt Bauman (2000) *Liquid Modernity*. Cambridge: Polity Press.

润的地点进行投资。资本没有任何国族身份／认同，也不存在什么效忠关系；对于自己工作的这家公司的主人究竟是谁，工人往往是一无所知。如果一家本地工厂关门停产，工人们会向当地管理人员提出抗议，或者向地方政府和国家政府提出抗议，但这往往收效甚微，因为关停决议可能是在世界的另一端做出的，或许是由一个国际性的董事会做出的，而这些人始终是匿名的，彼此并无关联。因此，资本就像人员一样，时刻准备着听候调遣，即刻移动，在全球资本流中被液化，而没有资本家与工人之间本地性的义务承担（commitment）将其固定下来。

这就将现代人置于某种两难困境，因为要想与他人发生关联，我们的自我中就必须有些相对实质性的、不变的东西，这样人们才能够认识我们；但在这个要求灵活调适的流动世界中，我们也必须准备好迅速改变。因此就有了一种矛盾："自我打造的认同必须足够坚固，能让人如此承认，但又得足够灵活，不至于妨碍未来在变动不居、轻快无常的（流动的现代性）环境中的移动自由。"[21] 不过，在这个世界上，要创造出一种稳定的身份／认同，谈何容易，甚或并不可取，因为"我是谁？"这个问题需要别人来回答，而在今天，做出回答的他人就是各种个体变动不居的组合。无独有偶，要想始终有稳定的一群人在那里回答有关身份／认同的问题，就要求有义务承担，而这是流动的现代性的性质本身所违逆的。回过头来看手机的例子。手机削弱了我们对周遭他人的义务承担，因为我们不再必须死陪着他们，哪怕就一个晚上。不仅如此，手机还削弱了周遭他人对我们的义务承担，一

---

[21] 同上引，页49—50。

旦有更好的邀约出现，或是我们之间的交谈陷入无聊，他们也可以选择离去。因此，按照鲍曼的看法，手机使我们即使在移动时也能够为自己建构出共同参照点，但却无法提供那种稳定的共同体，能够为我们对于自我的感受赋予不仅仅是暂时的稳定性或实质内涵。[22]

实际上，在鲍曼眼里，有些人缺乏流动能力，被强加了比较稳定的身份／认同，正是他们属于流动的现代性中最无权势的成员。我们在前一章讨论的查尔斯沃思那项研究，其中呈现出的那些罗瑟勒姆居民堪为佳例。他们缺乏社会资本和文化资本，只能找到些没前途的工作，要不就搬出这个让他们觉得无聊没落的城镇。在他们所处的社区里，他们也表现出比较稳定的身份／认同，作为下层劳工阶级、不熟练或半熟练劳工、失业者、补贴领取者，或是一辈子住在罗瑟勒姆的老户。他们承受着轻资本主义的冲击，因为他们眼看着传统产业和工作岗位逐渐消失，但他们基本上又不能与时俱进，只能承受其后果。在轻资本主义的潮流涌动之中，这些人几乎就像是被困在停滞的孤岛上。因此，在鲍曼看来，那些发现自己被困在某个地点而无法摆脱的人，就是流动的现代性中的无权势者；而那些有能力随时移动、对变动处境做出回应的人，就是有权势者。在这样的情形下，权力"就在于一个人自己有能力摆脱，不介入，'在别处'，有权利决定做任何事情以什么样的速度。"[23]

---

[22] Zygmunt Bauman (2004) *Identity: Conversations with Benedetto Vecchi*. Cambridge: Polity Press.

[23] Zygmunt Bauman, *Liquid*, p. 120.

不过，这也意味着，即使对于有权势者，生活也碎裂成一系列互不协调的情节片段，里面或许没有任何统合连贯的生活策略或叙事，能够将所有碎片聚拢一处，使其具有意义。[24] 鲍曼继续推进这个碎片化比喻，认为创造一个能够赋予我们某种自我认同感的生平，就像是拼凑一套有缺失的拼图游戏，少了些图块，而包装盒上又没有任何全图显示最终结果应该是怎样的。在当代世界，我们都有点儿像这种状况，努力想创造出某种同一性／身份／认同，但对于最终结果会是什么，却又没有明确的观念。当我们尝试如此而为，却置身于这样一个世界，把我们的生活碎裂为互不关联的一堆情节片段，或是反馈给我们一堆零散意象，即在我们认识的诸多互不相同、互不关联的人眼里，我们是谁。悖谬的是，同样是这些让同一性／身份／认同变得如此棘手的状况，也使我们更加关注自我和同一性／身份／认同，因为按照鲍曼的讲法，有些人在出生时就被赋予了不变的特性／身份／认同，在一个不变的世界里，基本保持不变，他们就会想当然地接受这样的特性／身份／认同。只有当必须针对变动不居的环境，不断对身份／认同进行塑造和重塑，人们才会关注甚至执迷于他们是谁的问题。

鲍曼相信，在流动的现代性状况下，这类变迁已经主导了整个社会，因为成为有其独特身份／认同的自我的过程本身已经发生了变化。我们不妨将这一观点与福柯的立场做比较，后者宣称，经验始终是在权威性话语和知识当中确立起来的，而这类话语和知识又建构出作为个体自我的具身体现。不过，福

---

[24] Zygmunt Bauman (1995) *Life in Fragments: Essays in Postmodern Morality*. Oxford: Blackwell.

柯的研究焦点主要还是放在十八、十九世纪的西欧；而在今天，按照鲍曼的观点，在一个全球化的世界里，权力和权威的性质本身已经发生了变化。我们所遭受的权力，不再是强迫我们的存在的一丝一毫都遵循有用的具身性公民的模塑，而是置身于一种新的权力，通过有关消费品和购物的知识传授，对我们实施诱引。在过去，那些想要忏悔罪愆的人就会去神父那里寻求忏悔治疗，而如果想揭启内心深处欲望的性质，就会寻求精神分析的治疗。然而在今天，我们的治疗却绝对是零售型的，因为我们会在市场提供的各种时尚当中觅购新的身份／认同，看它是不是更能搭配我们新找的工作或新交的朋友。如果有人买不起这些身份／认同，就会被社会权威所抛弃，被扫入破败住区（sink estates）或贫民窟（ghettos）。电子跟踪标签（electronic tagging）就象征着权威性质的变化，给犯人装上这种电子设备，就可以追踪他们的位置移动。虽说表面看来，这像是福柯所说的监控权力的延伸，但其实有所不同：在监狱的监控中，试图要打造看守与犯人之间的某种关联，确立一套主宰空间的例行常规，以改良犯人的身体和性格。而在流动的现代性中，并不存在这样的关系，因为监控纯粹是电子化的，只是为了防止被电子跟踪的人进入某些特定区域或违犯宵禁令。在这种措施里，并没有什么改良自我的尝试。实际上，根本就不关注犯人的自我。按照鲍曼的看法，这意味着在一个由市场支配的社会里，权威部门把身份／认同建构的任务留给了个体选择。这样一来，那些没有购买力做出选择的人就被落在后面了。这就是流动的现代性下个体化过程的典型特征。

不过，纵然有上述种种，鲍曼还是给生活在流动的现代性下的那些人提供了一线希望。首先，全球化让人们开始有机会认同于整个人类，而不是宗派利益，因为人类有史以来第一次出现这样的状况，我们所有的利益都开始指向同一方向。对那些反对流动的现代性的方方面面的人们来说，目标并不在于反全球化，而是要设法控制"肆虐的全球化"（wild globalization）。[25] 其次，无论我们的身份／认同已经变得多么商品化，商品永远也不会变成人，或是取代人的位置。只有其他的人能够激发我们不懈寻求根源、亲情、友谊和爱。

话说回来，这也导致我们对鲍曼有关当代认同性质的一些观念提出质疑，因为如果说人们还在寻求根源、亲情、友谊和爱，那么当代个体想必也会有几分想要抵御流动的现代性，和他人一起，在他人当中，探寻某种稳定、社群、统合和担当，试图以此阻挡生活的流变不居和渐趋碎裂。不过，鲍曼在其著述的其他行文中，要么把这种探寻描绘成抗击全球化，要么干脆说它不可能，明确提出，在自己以多种方式（你也不妨说是前后不统一）概括为后现代性或流动的现代性的社会里，不可能涌现出任何连贯的或统合的生活策略。实际上，鲍曼只把稳定不变、缺乏流动等特征与穷人和受社会排斥的人联系在一起。如此一来，他就难以说明，这些东西如何可能让我们所有人都十分渴望。不仅如此，如果说，在一个富有弹性和流动性的社会里，人们也就会变得富有弹性和流动性，除非是那些被社会所排斥的人，那这就是一种简单化的社会化约论，似乎是在主张，随着社会的变迁，自我也得转变以便适应。这使得人们（在这种理论立场下）无力尝试采取其他的生活策略或选择，以应对因为造成碎裂和不稳定而

---

[25] Zygmunt Bauman, *Identity*, p. 88.

可能带来破坏的社会变迁，也无力为鲍曼觉得人们可能依然需要的那种根源创造出什么根基。

除此之外，我还认为，尽管鲍曼有关流动的现代性的理论富于洞见，点明了过去三十年发生的一些重大社会变迁，但它们所言过于泛泛。这并不是说，鲍曼观察到的许多变迁并未发生或并不重要，而是说鲍曼的有关阐述发展方向过于一致，描述维度过于单一。比如说，他认定，有些人能够随时抽身远行，所有的承诺担当都一手掌握，生存在全球时间之中，这样的人就是流动的现代性中的权势者、支配者。但另有研究表明（我很快就会谈到其中一项），事实上，这类人对自己生活的漂泊无根的性质深感不满，尽管他们都是些高收入的专业人士，但其实是不得不东奔西走，以求保住生计或找到饭碗。也有人或许是在这场"无谓的残酷竞争"（rat-race）中掉了队，对当代职场上所要求的过度工作、过度竞争或无限弹性感到幻灭。他们正在设法创造出可供替代的生活策略，来抗御当代资本主义与现代性所造成的碎片化，为自己的自我叙事提供某种统合性。

不仅如此，鲍曼有关流动的现代性的观念所导致的那种自我观也并非全新出场。他也承认，创造出的身份／认同既要足够坚固，能被他人所承认，又要富于弹性，足以针对变动不居的环境做出调适，这原本是一个多少代人所面临的问题，现在无非是变得更加尖锐了。诚然，格根、吉登斯和鲍曼所注意到的所有社会变迁都加剧了这一问题，尤其是我们被迫面临纷繁复杂的世界观、文化、身份／认同，而我们能够与之对话的声音也相应变得多重化，并且变成诸多社会幽灵，充斥着我们的自我对话。不过，或许我们与美国内战之后那段时期的动荡有几分类似之处，当时，第一波实用主义者纷纷撰述立说，其影响激发了詹姆斯和米德发展其有关自我的学说，即自我始终处在改良和重构的状态之中，但同时又具备某种自我延续的内核，贯穿始终。这些自我也碎裂成为许多不同的"客我"，具体要看它们所处在的各种情境和会话；但与此同时，它们又成功地将这些"客我"纳入某种"主我"感，创造出经验中的某种统合性，以及对于自我的某种延续感。如果我们把"主我"看成哲学冥思中或者笛卡尔方法论沉思中的那种先验自我，那么它就只是一种幻念；如果后现代主义哲学家要以哲学冥思的这种先验本质作为形上解构的目标，那么时机已经成熟，因为这种先验本质只是形上玄思的产物。但这并不是实用主义者所说的那种"主我"，这是我们来之不易的统合感和自我认同感，是我们从充满歧异乃至矛盾的经验领域中成功编织出来的，来自于我们与世界、与他人、与我们的自我之间的实践介入。根据我自己的经验，是客我中的这一部分能够回想我三十年前离开学校的时候，并融入了从那时到现在我所经历的林林总总，使我能够认出我曾经所是的那个男孩，虽然与今日之我大不相同，但依然在一定程度上遥遥地充当着客我。我可以说我是那个人，哪怕我现在并不是那个人，这是因为，总有些东西会延续下来。我会在本章结语部分再回过头来谈这个问题。至于现在，我还是想把焦点放在其他一些证据，取自理查德·桑内特晚近的一项研究，探讨的是其所称的"新资本主义"对于现代自我的生活和性格所造成的影响。[26]

---

[26] Richard Sennett (1998) *The Corrosion of Character: The Personal Consequences of Work in the New Capitalism*. New York: W. W. Norton & Company.

社会性自我

尽管鲍曼引述桑内特及其某些结论来支持自己有关流动的现代性的观点，并且桑内特也的确有些可资佐证的证据，包括长期雇用合同渐趋消亡，持久的本地邻里社群日渐衰落，但桑内特还是得出了一些不同于鲍曼的结论。这些结论的焦点在于，人们是否有能力就其自身，就影响到自身的那些变迁，创造出统合协调的叙事，并在此过程中挽救回某种自尊感和延续感。虽说桑内特其实也承认，"新资本主义"的许多要素，比如通过对地域流动的要求，将一切都化约为"短期"，撕裂各种社会关系，已经制造出其所称的"品格的消蚀"（corrosion of character）的各项条件。所谓"品格"，指的是被他人也被自我所承认并重视的个人特性中那些长期的面向。在新资本主义状况下，品格能够逐渐消蚀，因为人们置身于一个短期雇用的世界，总是在重新开启新的工作岗位、新的工作团队、新的住区邻里，其结果，许多人丧失了能够见证自己岁月的人，而我们正是透过那些他人的眼睛来看自身的，是和他们分享我们生活中那些意义重大的事件的。

实际上，对于桑内特来说，新资本主义所产生的效应之一，就是让人们开始感到，生命中再也不会有"什么长久可言"，鼓励我们就生活在当下，一切都看作浮云。当桑内特为撰写《品格的消蚀》一书而展开观察与思考，这一时期的导火索就是他在飞机上偶遇一位工人阶级之子，而桑内特是在二十世纪七十年代做的一项早期研究中结识了他的父亲。[27] 尽管此人父亲一辈子干同一项行当，也基本生活在同一住区，但桑内特称为瑞可（Rico）

[27] Richard Sennett and J. Cobb (1977) *The Hidden Injuries of Class*. Cambridge: Cambridge University Press.

的儿子却已经干过好几样工作，使他本人及其家庭在美国各地搬来搬去。这就意味着要在多个工作场所、就读学校和住区邻里不断重新就位，而全家人从未在任何一个地方待过足够长的时间，能让他们产生归属感。搬个不停也会导致在特定地点结识的朋友交而复散，人际关系要么丧失，要么只能通过互联网来维持活跃。家庭搬进新的住区，邻里倒是乐于社交，但人们已经习惯于邻居频繁来去，因此在那里形成的社会纽带很难让人感到持久。实际上，桑内特的书充满了这类故事，就是一些零零落落的叙事，讲述人们如何重新定位于不同的工作环境和地点，总是要从头再来。因此，当格根和吉登斯兴奋难抑地谈论着各种纷繁的中介化关系、全球性流动和重塑生活叙事所具备的积极正面的可能性，而鲍曼看到了所有这一切另有其沉郁黯淡但却不可避免的一面，桑内特对一批个体所做的访谈则弥漫着一种失落感。

有鉴于此，桑内特也提出了一些关键问题，想搞清楚，置身如此境况，人们是怎样过日子（make a life），并维持一种自我感的。这些问题有："在一个短期社会里如何追求长期目标？如何维持可持久的社会关系？在一个由片段和碎片组成的社会里，一个人如何能够发展出关于同一性／身份／认同和生命史的一套叙事？"[28] 尤其是我们如何发展出"某些品格特征，能将人们彼此维系，相互给予一种可维续自我感"？[29] 正因为这一点，富有弹性的新资本主义能够消蚀品格，因为人们与他人一起，在忠诚、义务和意图的关系当中创造出一种长期性的自我叙事，而新资本主

---

[28]　Richard Sennett, *Corrosion*, p. 26.

[29]　同上引，页 27。

　　　　　　　　　　　　　　　　　　　　　　社 会 性 自 我

义逐渐蚕食了原本维续着这种叙事的社会构造。

按照桑内特的论断，要拯救品格，有一种策略就是采取某种"生涯"（career）叙事，在这个特别的社会世界里，创造出某种统合感、能动感、责任感。而这个社会世界的运作恰恰是要对抗这些东西。桑内特谈到生涯的时候．采取了李普曼的定义，意思是说一种有关"通过技能和打拼逐渐展开的内在发展"的叙事。[30]以此为基础，发展出某种对于自己行为的责任感，并维系于更为长期的生命观，能够引向某种目标或宗旨。但新资本主义的方方面面都似乎在侵蚀构筑这类叙事的可能性，而桑内特也发现，有些人显然属于弹性资本主义的牺牲品，恰恰发展出这样一种叙事。他们是一群电脑程序员，曾经受雇于 IBM，当公司在二十世纪九十年代开始衰落，他们也就被解雇了。这些人为了给自己所处的困境找出理由，编织了一套叙事，以公司管理者为罪魁祸首，然后归咎于经济的全球化，最终落到这样一种叙事：这些男人在其中的形象，就是误算了自己的职业生涯，因为没有看清自己行业中涌现出的这些趋势。然后，他们着手发展有关生涯的叙事，由此开始接受说，自己也有责任，在其职业生活中没有把握更多的机会，而是赖在 IBM，只求拿公司年资补贴（随着公司陷入困境，这样的好处很快就不存在了）。

虽说叙事的主题是失败而非成功，但程序员们开始讲故事的时候，好像都是些意志坚定、乐于选择、敢负责任的行动者。通过这种叙事，在承担起责任和能动力的同时，也在其核心确立起

180

---

[30] 同上引，页120。

自传故事中十分普遍的"我／主我"的感觉。[31] 确立"我"的感觉时面临的状况，要求自我富有弹性，善于屈伸，能够针对弹性资本主义可能扔给众生男女的各种状况，做出灵活调适。不过，桑内特也指出，这些叙事并不只是面对一种冷血的社会、政治、经济体制的抵抗之举，而是在诉说受挫之后的深层痛楚，而当这种挫败发生在人到中年，更是痛切彻骨，许多人会发现自己成了他人眼中的过气货色，不能适应正在强势崛起的新兴产业的激烈竞争。桑内特说道，"既然希望落空，欲求受挫，守住自己积极主动的声音，就成了让失败可以承受的唯一道路。"[32] 之所以如此，是因为叙事通过自己提供的结构，可以充当某种疗治，从遭受这个反复无常的世界折磨的伤痛中求得康复。

话虽如此，桑内特的生涯概念只用于分析如何影响工作世界，影响这块世界为我们的生命历程设下的轨迹。但生涯观念也可以用来探讨我们在更一般的层面上，为了确定我们生活的秩序而发展出的那些关于自我的叙事。实际上，戈夫曼还曾经用过"道德生涯"（moral career）这个术语，指的是"某人历经一生所沿循的社会脉络"。[33] 这个历程将会包含一个人的自我方面，以及人们用来评判自我和他人的意象框架方面，所发生的一系列变化。由于生涯观念包含着变化，因此它的一个重要维度就在于，当我们回顾自己的生活时，如何反复重构自己的生涯观。生涯从来也不是坚固或稳

---

[31] Liz Stanley (1992) *The Auto/Biographical 'I': Theory and Practice of Feminist Auto/Biography*. Manchester: Manchester University Press.

[32] Sennett, *Corrosion*, p. 134.

[33] Erving Goffman (1961) *Asylums: Essays on the Social Situation of Mental Patients and Other Inmates*. London: Penguin, 1991 edn. p. 119.

社会性自我

定的东西，因为它会被抛入不时出现的重构状态，为了形塑某种自我观，就要有所取舍，有时甚至要加以扭曲。根据戈夫曼的讲法，我们常常会扭曲自己生活中的事实或事件，把自身表现得更好或更有价值。如果不能把故事讲得对自己更有利，我们往往会拒绝为事情最后的样子承担责任。我不再是故事中的能动者，不是使这些事情发生的"我／主我"，而成了环境或机遇的牺牲品。但不管怎么说，这可不是桑内特发现的情形。对于他访谈的那些人来说，宣称有能动性和责任感就足以及时帮助他们应对挫折。

对于这类文献，我自己最初也有些许文字，就是访谈了一个人，我叫他"保罗"。他在生活中也遇到了许多变化，在吉登斯、鲍曼和桑内特看来，正是当代现代性或资本主义的典型体现，比如生涯轨迹的变迁，关系的骤然破裂，不时出现的生活危机。[34] 我从这场访谈中发现，这个人觉得自己没有能力未雨绸缪，因为生活难以逆料，你老是不得不预备着有所变化，但与此同时，在他的生平叙事中，在他对于自我的认识中，他又主要通过两种方式，成功地确立起某种延续性。其一，通过我所称的"深厚叙事"（thick narrative）重新构建其道德生涯，这个术语借鉴了吉尔伯特·赖尔所指的"厚"描而非"薄"描。[35] 也就是说，保罗的叙事是一种深厚叙事，因为他并不是简单重述随机落在自己身上的一系列变化，而是寻找这些变化所具有的一种深层的意义感，并在这些变化上确定自己可以积极主动地施加影响的着力点，由

181

---

[34] Ian Burkitt (2005) 'Situating auto/biography: biography and narrative in the times and places of everyday life', *Auto/biography*, 13: 93-110.

[35] Clifford Geertz (1973) *The Interpretation of Cultures: Selected Essays*. New York: Basic Books.

此在叙事中创造出一种"我／主我"的感觉。尽管在保罗讲述其故事的方式中，也有一种对立叙事在起作用，觉得环境并非自己所能控制，但他依然从现代生活的不连贯性和偶然事件中，成功地重构出蕴含意义的生命历程感和自我感。

保罗力图创造出更为稳定和连贯的自我感的第二种方式，就是把自己非常牢固地定位于自己从小成长的那座城市，而他本人及其家庭的主要成员也还生活在那里。如此定位于某一特定地点，似乎也使保罗对于其自我的感觉更加深厚，更加连贯。他致力于创造一种深厚的叙事，让其生活具备意义。因此，保罗似乎在寻求地点的深厚之处，就在那里，他深陷于朋友、家庭和更一般意义上的熟人的网络之中。实际上，哲学家和社会地理学家爱德华·凯西已经提出，诚然，在当代世界，伴随着全球电讯沟通的改进，以及互联网的问世，社会关系正逐渐变得更具虚拟性，但是，人们依然在寻求地点的"深度"，他们能够在这样的地点中，找到与他人在物理意义上的共同在场，共享体验，与互联网所定位的空间那种"容积虚空"（volumetric void）截然相对。[36] 因此，尽管凯西也同意我们行文至此所探讨的那些理论家的意见，认为当代社会，无论是把它概括为后现代性、高度现代性还是流动的现代性，都是饱和地充盈着各种媒体技术，社会关系通过这些技术，脱离了其所根植的局部地点，趋向全球化；但是凯西又不赞成说，这就使地点的重要性逐渐衰减。他主张，地点的重要性越

---

[36] Edward S. Casey (2001) 'Between geography and philosophy: what does it mean to be in the place-world?', *Annals of the Association of American Geographers*, 91 (4): 683-693.

社 会 性 自 我

是被现代技术所削减，个体就越是要寻求特定的地点，能让人与人之间充分实现相互充实。他举了两个例子。其一，以录像带和光盘形式出现的电影广为普及，并不意味着电影院的终结，恰恰相反，在过去三十年，上电影院的人前所未有地多，他们觉得那里才是"有其独特的感官密度和人际关注的真实地点"。[37] 其二，网络售书并没有导致书店的衰亡，相反，现在有了比以往更大的书店，许多还附设咖啡吧，人们在里面可以读书看报、会友聊天。除此之外，我们还可以再行补充：绝大多数人在选择性伴侣或找寻艳遇的时候，依然更喜欢人际接触。尽管有许多碰面和约会现在是在网络聊天室进行的，但许多人还是更偏爱在某个地点与别人会面，以寻求更为亲密的社会接触或物理接触。威克斯尝言，"不管有关互联网和虚拟性爱（cybersex）的预言家们如何极尽幻想之能事，……性归根结底总是与他人之间的互动。要通过那种互动，才能塑造出性的意义，也才能生产出我们所知的那种性。"[38]

我认为，打造并维护可供密切勾连的互动的地点，与虚拟的空间和解植的关系相伴而存，其实是为自我创造出更加丰富的环境，当然，这是对于那些有能力在具身性关系和非具身性关系之间游走的人而言。因此，在当代社会世界中，看起来，个体的权力的构成基础与其说是有能力保持充分的弹性和流动性，享有彻底的移动自由，不如说是有能力选择何时移动、停留在经验的表层，何时又扎根、探寻在特定地点与他人之间相互关联的深度。要探寻同一性／身份／认同，就是要努力抵御流动，固化流

182

---

[37] 同上引，页685。

[38] Jeffrey Weeks (2003) *Sexuality*, 2nd edn. London: Routledge. p. 112.

体，以便创造出深厚的叙事，为经验赋予形式，否则经验将趋于碎片。如果上说成立，那么这种在探寻地点的过程中表现出来的争取身份／认同的斗争，也能给成为某种自我的努力增添几丝分量。在实际的地点中，我们能够建构出某种在互联网这类稀薄空间里无法实现的人际关系，而在这样的具身性关系中，能够发展出使人们彼此维系的品格特质，并为各自创造出某种可持续自我感。不过，有多少力量如此而为，也取决于社会阶级，要看是否占有某种社会资本和文化资本，能够转换到不同的地点或社会场域，这种资本不会把你困在仅仅一个地点，对于生活在里面的大多数人来说，都没有什么逃脱的机会。

那些有关后现代性、高度现代性或流动的现代性的学说，有时候过于泛泛，维度单一，而有关与空间之稀薄相对立的地点之厚密的这些观念，再加上创造有关道德生涯的深厚叙事的可能性，为这些学说增添了新的维度。它们还展现出，如何依然有可能具备某种相对稳定而连贯的自我感，既能够应对其自身的变化、矛盾和不统一的成分，又可以处理愈益富有弹性和消蚀性的全球资本主义形式所造成的碎片化。如果不这么进行思考，不仅会在理论上错误呈现现代个体的能力，将其化约为既存社会状况的单纯反映，而且会放任个体遭受愈益碎片化和精神分裂般的资本主义形式的影响，同时又不让他们有能力与这个灾难愈益深重的社会世界进行斗争或谈判。相反，我们不妨认为，要创造一种有关核心自我的感受，这种可能性有两大来源：首先，源于属于我们自我核心组成部分的惯习，这是相对稳定的性情倾向，必然能够被转置到新的社会场域，与其取得调适，但又在我们的身体中，以肉身记忆的形式持存；其次，源于我们创造统合化声音的

　　　　　　　　　　　　　　　　社会性自我

能力，它能与其他许多声音进行对话，并且带上几分它们的音调和音值，但依然能被辨识出是我们自己的声音（我在第三章详细阐述了核心自我的这两大源泉）。这就意味着，当格根之类的理论家提出，现代人被充塞了形形色色他人的声音，其饱和程度前所未有，也不一定就是谬论，只是他们错误地认为，这一点意味着根本不可能感受到自我有一个内核了（与统合化自我相对而言）。接下来我们就谈谈这一点。

首先，我们不妨来看看惯习的重要性。诚如凯西所言，惯习这个概念充当了地点与自我之间的中项，在惯习中，与特定地点相关联的某些习惯性行事模式具身体现在自我当中。构成这种自我的是各种习惯的内核，"它们同时在精神层面和身体层面上，融合并延续了人在特定地点所体验到的东西"。[39] 因此，自我在其遇到的新地点的表现，就像是将惯习的要素转置到这些地点，以此探索后者。这种富于技能的应用使我们能够将自身更为彻底地根植于由持续经验组成的生活世界，并作为我们所是的特定之人习惯于这个生活世界。凯西主张，要不是有这种将性情倾向从一个地点转置到另一个地点的能力，自我就将"从内部产生精神分裂，与外部则产生异化"，意思是说，它本身不具备任何能想当然接受的意义，可以承担对于成为过程的持续体验（ongoing experience of becoming），也无法确立起有关归属于和习惯于至少某些地点的本体性安定感。我们也将成为我们逐渐习惯的每个地点所要求的那种自我，而丝毫不携带来自过去经验的东西。尽管凯西承认，在当代世界，地点和自我都在一定程度上变得越来越

183

---

[39]　Edward S. Casey, 'Between', p. 686.

稀薄，但他还是相信，各个自我有可能协同努力，一起创造出某种深厚的地点，自我置身其间，能够为社会关系确立密切勾连的基础结构。不仅如此，孩子们依然是在特定的地点长大成人，接受教育，而这些东西也会作为习惯性的身体记忆，成为自我的内在固有的东西，就好像我们对于特定地点的事件的持续记忆，会在我们身体上的自我感中留下它们的痕迹。因此，尽管我们的经验发生的地点可能变得更加异质，彼此脱节，但对于我们曾经属于的那些地点组成的一片风景，我们的身体依然可能携带着它自有的感受，因为这些地点依然属于我们的一部分。

其次，这种身体性的自我感寓于我们的性情倾向之中，以此为前提条件，我们才有能力创造出一种相对统一的声音，可以与他人一起维持一种有关自我的叙事。这种叙事并不是自由选择的、在社会维度上没有关联的自我规划，而是根植于惯习所面临的种种机会和限制，根植于惯习使我们能够积累的那些社会资本和文化资本。从某种意义上讲，有关自我的叙事和相对统一的内在声音其实都受到惯习的限制，充斥着我所认识的其他所有人的声音和评价，但正是这一点，使这些声音和评价愈发成为我的，因为构成我的就是那些地点，那些与他人的关系。弗拉克斯曾经指出，当后现代哲学家抨击统合化自我的观念，宣称这只是一种虚构，他们其实是在抨击启蒙运动式的哲学思考，即把这种自我与理性思维关联在一起。[40] 不过，我们也不妨认为，日常世界

---

[40] Jane Flax (1990) *Thinking Fragments: Psychoanalysis, Feminism, and Postmodernism in the Contemporary West*. Berkeley: University of California Press.

中的自我从来不是哲学中想象的那些先验造物。他们都是些具身性的自我，各自有其历史时间和地点，在一定程度上是讲求理性的，但也受制于其惯习，受制于驱使他们的那些具身性性情倾向和情绪。当然，就像弗拉克斯进一步指出的那样，有些人对解构照单全收，呼吁对后现代社会中的自我进行去中心化，但却似乎天真地觉得他们自己的自我是统合一体的，能够使愈演愈烈的经验碎片化不会沦为精神错乱。因此，

> 这些论家似乎恰恰确证了他们瞧不起的那些人的主张：在核心自我中，延续感或"持续"感是如此重要的组成部分，乃至于变成一种被想当然接受的背景。那些具备核心自我的人会觉得，那些眼下缺乏或一向缺乏这种自我的人的体验几乎是不可想象的。[41]

即使是格根，虽然也反对将精神分裂症这种临床标签用于后现代自我，但他假定多重精神已经等于说自我业已分裂成一大堆不同的声音，而没有任何自我认同的声音可以称为"我"或我的。因此，多重精神的人也缺少一个核心自我。但为什么该是这种情形呢？巴赫金指出，我们绝大多数人都有能力发展出一种统合的声音，我们将它与我们的自我维系在一起，虽说它事实上乃是源于众多他人的声音、腔调和评价，以至于我们从未能够将自己的声音与他人的声音完全分离。尽管如此，的确也涌现出了一种声音，我们能称之为自己的声音，无论我们正和多少他人进行

---

[41] 同上引，页 219。

对话。就凭我们与许多他人展开对话，也不意味着我们就不能发展出某种声音，我们视之为自己的声音，在一定程度上与"我／主我"感同义，在我开口言说时表达自身；同样不能说，某人与许多他人展开会话，而不是只和寥寥数人，丧失自己的自我感的危险会更大。我们的脑海中依然充斥着我们与之对话的那些他人的声音，遭到那些声音的质疑和挑战，被抛进困惑和危机的时期，但我们依然能够从中重新构建出一种蕴含意义的感觉：置身他人当中的自我认同。这也就是弗拉克斯所称的核心自我，而不是统合化自我。自我要想具备某种核心，视之为"我"，并不一定需要统合一体，其内在声音也不一定要是独白，才能发展出自己处在诸多他人声音当中的统合之声（与完全统合一体的自我或内在对话相对而言）。

不过，作为一位精神分析专家，弗拉克斯继续提出，归根结底，核心自我还是寓于无意识、驱力和幻想的深层主体性当中。但我们并不一定要先接受弗洛伊德所梳理的自我概念，才能接受有关核心自我的主张。因为正如斯蒂维·杰克逊和休·斯科特所言，可以将焦点转向弗拉克斯所称核心自我的其他面向，即自我形成过程中涉及的社会关系。[42] 他们借鉴了米德有关自我的观念，以揭示自我是如何通过与他人之间的互动，并通过内部的会话而形成的，在此过程中，自我变成既是其反思的主体，又是其反思的客体。不仅如此，自我还分裂成许多不同的"客我"，在内在

---

[42] Stevi Jackson and Sue Scott (2004) 'Just who do we think we are? Interactionism, modernity and the gendered reflexive self', unpublished paper.

对话的过程中，能够及时被融入一种"主我"感，而在直接经验中，这种"主我"感并不会始终呈现。如果拥有一个碎片化自我，具备一定程度的不统合性，倒是并非有碍于发展出一种持续不断重构的核心自我感，或者我们不妨称为"主我"感。我还想补充一句：需要把这种核心自我感看成具身性的，体现在相对稳定的性情倾向之中，而这些性情倾向是我们当下或一向所属的社会惯习创造出来的。就这样，正如我贯穿全书始终希望揭示的那样，当我们言说时所指的那个"我／主我"，一定程度上就是在身体上感到存在于世，感到在某个特定地点既向特定他人也向一般化他人呈现，就是一种具身性的自我感，它作为阶级化、社会性别化和生理性别化的产物，具有充分的社会性。

文献选萃

Adams, Matthew (2007) *Self and Social Change.* London: Sage.

Bauman, Zygmunt (2000) *Liquid Modernity.* Cambridge: Polity Press.

Bauman, Zygmunt (2004) *Identity: Conversations with Benedetto Vecchi.* Cambridge: Polity Press.

Burkitt, Ian (2005) 'Situating auto/biography: biography and narrative in the times and places of everyday life', *Auto/biography,* 13: 93-110.

Casey, Edward S. (2001) 'Between geography and philosophy: what does it mean to be in the place-world?', *Annals of the Association of American Geographers,* 91 (4): 683-93.

Flax, Jane (1990) *Thinking Fragments: Psychoanalysis, Feminism, and Postmodernism in the Contemporary West.* Berkeley: University of California Press.

Gergen, Kenneth J. (1991) *The Saturated Self: Dilemmas of Identity in Contemporary Life.* New York: Basic Books.

Giddens, Anthony (1991) *Modernity and Self-Identity: Self and Society in the Late Modern Age.* Cambridge: Polity Press.

Sennett, Richard (1998) *The Corrosion of Character: The Personal Consequences of Work in the New Capitalism.* New York: W. W. Norton & Company.

第八章 结论

本书的整体论点就在于：要想真正理解我们自身，回答"我是谁？"这个问题，我们首先必须抛弃一种意象，就是自视为独立自足的单子或沉静自持的个体，只有寻找并界认出我们内部的某种本质，即自我的隐秘真相，不管这是性态还是什么内在固有的人格特征，才能找出我们的同一性/身份/认同。同样，我们作为个体，也并非就是自己内在固有能力的所有者，不为这些能力欠社会或他人任何东西。作为个体，我们生而处于一个由各种社会关系组成的世界，它们出自代代前辈之手，就算我们能够有所作用，改变它们，也只能是运用自己手边现有的材料和工具。就此而言，黑格尔十分中肯地指出，构成自我的世界并非外在于自我，而就是自我所处的那些社会关系。沿循这一思路，马克思以及塞夫等其他马克思主义者都揭示了，人的本质并非我们身上蕴含的某种东西，而是一系列社会关系的总和，每一代人都是在这些社会关系中成长起来，习得并发展它所具备的那些能力和自我认同。因此，我们觉得充当我们之所是的核心的那种同一性/身份/认同，其一切要素都在于社会关系，按照塞夫的讲法，与我们"中心不同"（excentric）。巴特勒在谈社会性别时也曾说过，我们都属于"出位状态"（ec-static），因为用来构建社会性别认同的那些用语都不是由哪一个主体创作的，而是在包含许多人的某种社会性中，"外在于"任一单个主体，被创作出来的。

不管怎么说，塞夫的"科学人道主义"阐述了一套理论和一种方法，不仅用来理解社会中各种一般形式的个体性，或是一套话语中的各种主体位置，而且用来理解，在当代资本主义社会的时间和地点中，个体生平是如何形成的。我们每一个人从自己的生平中浮现出来，都不是作为某个社会范畴或无意义的东西，而是作为个体自我，在许多方面独具特色，而在其他方面彼此相似。但这一切都受到资本主义社会的约束和限制，它的至高宗旨就是积累资本，而不是发展人的能力。我们的生平中的那些使用时间，我们的自我，都会体现出这样一个社会的矛盾之处，比如我们用于不同活动的时间，我们的自我发展所拥有的余地，我们与生活中的他人的关联方式。这就是塞夫笔下"社会个体性"的意思，回顾全书，我已经对这个术语加以探讨并有所发展。不过，诚如我在第六章所言，社会个体性的意思绝不仅仅是说，我们在自己的生平中，如何通过花在工作上的时间、花在工作场所和机构中的其他活动上的时间，与社会劳动相关联。它也包含了那些中介性活动和中介态时间与地点，我们在这样的活动、时间与地点中，通过人际活动，与特定的他人发生关联。而在更一般的层面上，它还包含我们在社会阶序中的阶级位置，以及一般化他人甚至无所偏倚的他人对我们的评估和判断方式。

我们的阶级背景会调校我们整个生命周期中的生平轨迹走向，而社会阶级会在相当程度上影响到这种调校方式。在形成各项能力之前，阶级背景的惯习就已经赋形于我们的性情倾向、对于世界的感知、情绪、感觉、品位和兴趣。不仅如此，他人如何领会我们属于哪一个社会阶级，也会影响到他们如何看我们，影响到我们从他们那里得到什么样的承认。无论是我们得到的许多道德评判，还是我们对他人所做的道德评判，它都会有所渲染。当然，社会阶级会影响到我们对他人及其品位和生活方式做出的审美评判。因此，我们的性情倾向、品位、生活方式，以及我们看待和评鉴所处世界中的东西的方式，除了展现我们个人的好恶，还会暴露更多的信息。它们会告诉别人我们可能的出身和教育，也会将我们的抱负透露给别人。我在本书中已经多次指出，同一性／身份／认同并非只是有关我们是谁，也涉及我们想要成为什么样的人，也就是我们希望投射给他人的意象，我们的性情倾向和能力如何支持或背叛这一意象，以及我们向他人传递的东西——哪怕我们对此浑然不觉。因此，作为始终处在塑造过程中的自我，自我意象既关系到我们是谁，也在同等程度上关系到我们想要成为谁，因为塑造同一性／身份／认同这东西的切入角度，既要看我们已经成为什么样的人，也要看如何对此进行重构，以变成我们尚未成为的人。

不过，这东西始终会受到我们从诞生伊始就开始逐步获取的物质资本、社会资本、文化资本和符号资本的约束。尽管我试图扩展塞夫提出的社会个体性观念，但又希望在这么做的时候，依然坚守一种兼具唯物主义和人本主义的本体论。也就是说，我一方面把人理解为以积极主动、蕴含道德的方式，彼此关联，投入现实的转型过程；但我又觉得，我们必须把这一点理解成是在物质约束当中发生的。我们要有渠道获取各种形式的资本，由此才能够实现我们的协同规划和个人规划。就这种获取而言，我们都既有所促动，又受到限制。因此，我虽然认为，从米德这样的思想家那里，我们依然能够学到有关社会性自我的丰富洞见，他力图理解我们如何从超个体的关系丛和实践丛中，切割出我们的个体生平，而我们正是从这些丛结中，从与他人的互动中，界认出我们的自我；但我们仍然必须认识到，在资本主义社会里，这块具有道德意涵的日常互动领域主要还是限于塞夫称为中介性活动的时间和地点。

诚然，米德和巴赫金都具体阐述到，日常互动和对话至关重要，因为正是在这些相互关系中，我们通过自己周遭的某些自我的意象，赞同一些人呈现出的某些意象，逐渐界认出自己的自我，而将自己的自我与另一些人的意象相对立。但是，我们做到这一点，只是基于已经在作为具身性自我的我们身上成形的那些性情倾向，要看我们如何应他人要求投入积极能动的行动，对他人作出回应。以巴赫金为例，他的作品非常关键，生动刻画了我们如何创作自己的认同，并为自己找到一种独特的声音和意象，我们可以习惯于其间，带着生命体的一切生机活力，一言一语都明显表现出生命体情感性、对话性内核的充沛能量。然而，并不存在一位作者，横空出世，坐在无人知晓的雪原荒野，奋笔疾书。我们从初临人世那一刻开始，在牙牙学语、初晓世事之前，周遭就都有了其他的声音。这些声音如何以其纷繁多样的腔调和立场赋形于我们，难以明确衡量，我们或许永远也无法测知或解读其深浅。它们就像是我们生活在其间、呼吸在其间的空气，并且历经我们一生，始终被其他的声音、其他的呼告所更新，后者邀请我们步入别样的做自我之路。要创作我们自己的身份／认同，要找到我们自己的声音，即当我们开口言说时最有把握的声音（这个状态我们从来不曾完全地、彻底地达到过），始终需要从我们周遭的这些声音中有所借取，并以独具特色的方式将它们融合，以创造出我们自己的自我感。因此，我们始终沐浴在社会世界的空气之中，持续地建构和重构着我们的自我，以及我们所根植的那个社会。

就这样，我们能够在众多他人组成的世界里，变成为"针对自身之我"。但我们之所以能够这样做，只是因为周遭始终有许多"针对我之他人"，对我们说话、与我们共事或和我们对抗，要求我们做出回应，或是把我们震得闭口不言。我们就此变成"针对自身之我"，但这只是意味着，我们通过他人传递给我们的那些有关我们是谁的意象，或者我们设想他人对我们所具有的意象，意识到自身是"针对他人之我"。然后，我们用这些意象来创作我们自己的自我认同，是我们觉得在一定程度上还能习惯或值得生活的。我们与他人共同进行的那些实践的要素，包括他们以其言行影响我们的方式，在我们还没知晓之前，就赋形于我们是谁。然后，我们才能够作用于这一素材，努力重塑自身；但要是没有这种素材，我们在这世上就根本没有最初的存现，根本没办法存在于世，在世度日，我们身上也没有任何东西可供我们进行反思，作用其上。我们也能够借鉴周遭的声音，就好像小说的作者，拼装出我们自己的身份／认同，有其一定的独特性和原创性。我们对他人那些声音做出回应，才能开始找寻我们自己的声音，以充当我们与自我的对话、与他人的对话中的焦点。

不过，诚如我们从莱恩的作品中所见，这一点还有比较隐蔽阴暗的一面，那就是我们周遭的他人也可能使作为自我的我们遭到扼制，陷于僵死。我们并没有被要求成为社会行动者，行事自主，富有活力，怀着鲜活的身体自我的能量和情绪，习惯于世界，而是有可能陷于僵死，趋向"内省"，没有能力成为充分意义上的"针对他人之我"。最坏的情况就是毁灭自我，这会导致莱恩所描述的那种撤出世界、宛如行尸走肉的感觉，以及在愤怒、仁慈、恐惧和孱弱等情绪—意志背景下进行的分裂的自我对话。但人与人之间这些形式的暴力和破坏在所有关系中都是有可能发生的。在更为广泛的社会层面上，我们还能够发现，经过战争或失控的经济竞争，社会群体或阶级的生活所根植的那些地点，那些社会世界，也遭到破坏。在这里，整个阶级都被抛入某种非存在的非地点，甚至被抛入实实在在的本体性不安定状态，接下来必然就是被抛入一个僵死的世界，全无生机活力或意义可言，被抛入一种单调、乏味、呆钝的生活。显然，陷于这类地点的就是那些比较缺乏权势的社会群体，他们没有办法逃避，也没有力量改善自己的环境和自我。

　　因此，自我的创作是这样一种过程和实践，其中固然有选择，但始终是从某一特定地点做出的，有其物质约束和人际约束，所以说，我们就自己的生活和自我所做出的选择从来也不是无所约束的。但如此一来，就成了从来不曾有选择是毫无约束的，否则根本就不是什么选择：绝对自由根本就不是自由，因为我们会被丢给偶然机会的随机运作。除非我是一种特定的自我，由我所处的社会世界和我所关联的人们所赋形，自有其性情倾向、品位、兴趣和欲望，否则我如何做选择？我会有什么样的基础去做选择，哪怕我对于这种基础如何形成并没有自觉的意识？要是没有偏好、性情、品位或倾向，世界就将成为大量客体令人困惑的堆砌，而我对这些客体没有投注任何感觉、价值

　　　　　　　　　　　　　　　　　社 会 性 自 我

观或兴趣。有些情况下，我们发现难以做出选择，要么是因为我们鱼和熊掌皆无所谓，要么是因为我们想鱼和熊掌兼而得之，这时我们往往不得不在一份备选清单上努力定位。但是不妨设想一下，如果每一个选择都像这样，那我们就永远做不出什么真正的选择了。有关自由和决定的旧有观点将这两者当作绝对的二元对立，可谓误入歧途，因为它们会认为，如果把自我理解为受社会决定，就等于否定了人的自由；而为了思考人的能动作用，在这种作用下，我们能经常做出蕴含意义的个人选择，我们就必须把人看作以某种方式超脱于他们所处的社会环境，不受他人的影响。然而，如果我不是一个确定的社会自我，这个自我有我自己的出身、学识、社会阶级、社会性别和性态，既由那些我爱的人所赋形，也由那些我恨的人所赋形，那我会成为谁呢？我将什么人都不是。我又能依据什么基础，做出任何蕴含意义的选择，哪怕这涉及选择去努力改变我目前之所是？除了我被自己一生中主动或被动赋形的方式之外，我想不出还能有什么基础可以做出这种选择。

通过这种方式，我们可以开始发展一种核心自我，而不是统合化自我。也就是说，感到我们的存在有一个核心，感到作为"我／主我"生存于世，但这种核心并没有统合成一个固定不变的实体，无论是自我内部，还是来自他人，都没有喧哗着要被听见的许多不同声音之间那些矛盾、犹疑或明确的张力。这种核心自我从未对自身完全确信，从未彻底完成，始终处在一定程度的变化过程之中，始终有可能接受重构，甚或是必须接受重构。不过，如果像当代许多评论家和思想家那样，说这种自我不稳定，也是一种误解，因为不稳定的意思是有什么东西始终濒临瓦解。

或许这一切当中的关键术语就是米德用的那个，即重构。作为个体，我们从未彻底完成对于世界或我们的自我的建构，因为这些东西都是众多作者的建构或谱写的产物。但我们始终处在重构的过程中，始终处在重塑我们是谁的过程中，同时也重塑我们所居处的这个世界。即使在当代社会，自我被视为流变不居，按照鲍曼的观点，也依然有一些稳定的要素，是我们及他人能够以一定程度的一贯性辨识为自我的。如若没有这一点，就不可能有人的社会互动，那些最具重要意义和自我维续色彩的关系，比如爱情、友情，就更是如此。还必须有一些相对稳定的性情倾向，在此基础上，我们才能在如此纷乱的世界上有所行事。

事实上，乌尔夫·汉内斯已经指出，论其究竟，现代世界主义立场就是一种特别的性情倾向，在中产阶级当中最为常见，在知识上和审美上对各式各样的文化体验保持开放，几乎把这些体验看成是有待体验和评鉴的艺术品。[1] 针对不同意义体系做出调适，并在这些体系之间富有技巧地左右腾挪，这和其他一切能力一样，都是从社会中习得的，也有其阶级背景和教育的具体定位。这不仅是一种以特定方式行事的能力，而且是向他人展示的一种地位。因此，如果认为，对于始终要做出观看、倾听、直觉和思考的现代人，要求他们具备的那种反思性是个体化的，那就错了，因为这种能力是在特定群体中以社会性的方式确立的，既带有各个个体的特性／身份／认同，也带有该群体的集体性的特性／身份／认同。不仅如此，在这种流变的世界上，对于重构特

---

[1] Ulf Hannerz (1996) *Transnational Connections: Culture, People, Places*. London: Routledge.

性／身份／认同的能力的要求之高可谓前所未有。有鉴于此，我认为，像米德这样的实用主义思想家的作品，对于理解社会性自我的性质所具有的意义，在上世纪初很重要，在今天也同样重要。

因此，尽管自我在很大程度上关系到意象、幻想和欲求，但如果说自我就是一种幻念，无论这意思是说"我／主我"感是一种虚构，还是说自我认同是一种幻念，都是不对的，因为组成自我的许多要素其实并不主要属于个体自我。如果认为"我／主我"意指自我里面固定不变的内核，从某种内在本质或先验自我中流溢而出，那不妨说这是一种幻念。但从亚当·斯密到米德和巴赫金之类的思想家，绝大多数论家在探讨自我或"我／主我"感时，并不是指的这种自我。在他们看来，自我是从人世之初就已开始的一种对话式的创造，包含着意象和幻想，但终归是在日常社会世界的实践性现实当中写就的。在这个意义上，自我并非纯粹的幻念，因为我的身体自我是日常关系和互动中的重要成分，哪怕变动不居。包括米德在内的实用主义者深刻理解，对于人的暂时意识的转瞬体验是如何通过"主我"与"客我"之间的对话，凝聚成暂时的统合，创造出一种累积性的体验和延续性的自我感，但这只能是在与他人的关系之中。正是与我们相关连的他人提供了镜子，我们才能在镜子中创造出有关我们自身的一种相对稳定的意象／形象，让我们和他人都能够与之对话。

所以福柯的讲法很妥当，主张自我或灵魂并不是什么意识形态的产物（从而作为一种幻念），而是日常实践的产物。只不过他看走了眼，认为创造出实际个体的现实的那些实践只定位于规训式机构／制度和相互交织的专家知识。但其实，自我也同样是这类机构／制度之外的日常实践和互动的产物，我们每个人都能从后者那里获得对于自己的日常个体性的某种感受。这一点在社会性别和性态方面有鲜明体现，尤其是看男女同性恋的身份／认同之所以兴起，如何既源于医学话语和法律话语的影响，也在同等程度上来自多元主义的都市社会中的亚文化。实际上，要真正理解这类身份／认同，我们就需要着手去理解，在人的自我的形成过程中，各种官方话语和非官方话语之间的相互关系。不仅如此，在生理性别化自我和社会性别化自我的形成过程中，我们对于官方权威的话语和规范的体验，始终是在互动性、对话性的关系之中；而按照戈夫曼的讲法，再生产出来的并不是权力结构的整体特征，而是被认为与当下面临的社会情境相关的特定属性。因此，在某些情境里，人们展演社会性别的方式可能会再生产出有关男性特质和女性特质的老套意象；而在另一些背景下，却可能颠覆或戏弄这些意象。性态和社会性别认同是从婴儿期开始就在各种社会背景下形成的，就看我们如何被他人所赋形，那些我们想要像的人，那些我们希望拥有的人。所以说，性态和社会性别是由一系列意象、幻想和欲望组成的，对于绝大多数人来说，这些东西可不单单停留在想象中，而是与他人一起并针对他人而展演的。就这样，通过来自多种社会背景的生命体验的独特构型，一般类型的社会个体性变成具体实在的个体，用一些意指其独特自我的方式，把意象、幻想和欲望融合在一起。

不过，也不能从自我由意象与幻想组成这一观念中得出结论，认为自我只是一种幻念或虚构，是由语言创造出来的，或是源于激活人的实践的那些意指系统，好像语言和意指作用先于历史行动者即已存在。同样，如果认为意指作用就是某种抽象系

　　　　　　　　　　　　　社 会 性 自 我

统，在位于实际地点和时间中的历史能动作用之外而存在，那么自我也不是语言或意指作用的产物。相反，自我是历史行动者在其日常世界中践行的对话的产物。在这里，自我或许包含了一定的意象和幻想，但它也是有血有肉的，体现出那些具身性的性情倾向、知觉、品位、能力，那些付诸实践的欲望和幻想。这种自我绝非幻念，而是物质性的鲜活存在，既在其社会世界之中，也属于这个社会世界。

至于有观念认为，因为自我是由取自社会世界的一些成分组成的，所以它只是一种虚构，我认为已经回应了这一点，我要反驳说，从其周遭各种社会影响的众声喧哗之中，可能提取出自我，创作出其自有的同一性／身份／认同。纵观全书，我一直努力用"社会性自我"或"社会个体性"之类的术语来刻画这样的意思，即有可能既是一种社会存在，又是一个个体自我。实际上，查尔斯·泰勒已经指出，要是说自我应当是我们自己的原创，是个体自己的本质和内在声音的表达，这种观念本身只是从浪漫主义中生发出来的一个社会历史观念。位于其他时间和地点的自我也有其独特的自我认同，在各自的社会世界中创造出来，但这些社会世界赋予它们的思想，或许并不比我们后浪漫主义者更多。它们或许也在同等程度上，既想当然地接受了自己的特性／身份／认同，也将自己所处世界中其他的人与物的特性／身份／认同视为理所当然。今天我们已经不再如此，但仍不妨说，我们每多聚焦于自己周遭的世界或其他人一分，也就赋予自己的自我认同多一分的意义。

话说回来，我们并不能设定，对于"占有性个体主义"的政治批判，或是对于先验自我、精神或灵魂的认识论批判，必然会破坏自我的存在，因为自我是从社会角度和道德角度上的日常生活互动中浮现出来的。所谓拥有一种自我，就是有能力在社会世界中把握自己的方向，被他人所承认，被要求为自己的行动给出说法，有能力应接往来。我们也透过具身性互动去"解读"他人，以此为手段，评判我们对于他们的反应，也评判他们对于我们可能做出的反应。自我和身份／认同就此成为我们赖以在社会世界中相互定向的手段。

因此，最后，我们不妨说，看到人们付出种种努力，从认识论角度批判自我这一概念，或者像福柯在《词与物》一书中的讲法，[2] 批判作为知识问题的"人"及其同一性／身份／认同，仍然还有其他的知识脉络，不是试图从形上角度建构一种先验灵魂，而是尝试理解作为关系与互动之产物的人的自我的多种特性／身份／认同。福柯认为，如果说有些知识原本支撑着一种特定的自我观，将人的自我作为一种问题，只能通过权威性话语或专家话语来解决，而现在这些知识受到后现代批判的压力，开始瓦解，那么这就像潮水涨过海岸，涤荡沙滩上的"人"脸。这股浪潮已经开始敲打海岸，但依然有各种社会性自我在海滩上漫步，这些人各自有其日常自我和特性／身份／认同，在许多方面彼此相似，但在其他方面又是独特的造物，自有其生平和背景，定位于特定的社会性和历史性时间与地点，即所谓人际性、对话性社会生活的造物。这些人宛如你我，是特定时间和地点的产物，只是在日常社会世界这一背景下才是我们自身的作者，只是在与他人之间

---

[2]　Michel Foucault (1970) *The Order of Things: An Archaeology of the Human Sciences*. London: Routledge.

的对话关系中才塑造了我们自身。一代人过去又是一代人，我们就在此过程中重构了自身，重构了社会世界，因此，那些即将到来的个体也将是社会性自我，只是其具体的方式如何，尚非我们眼下所能梦想。

中外专名索引

社 会 性 自 我

图书在版编目（CIP）数据

社会性自我 / (英) 伊恩·伯基特著；李康译. --上海：上海文艺出版社，2023
ISBN 978-7-5321-8598-6
Ⅰ.①社… Ⅱ.①伊…②李… Ⅲ.①自我—哲学理论 Ⅳ.①B017.9
中国版本图书馆CIP数据核字(2022)第248025号

著作权合同登记图字：09-2019-570

发 行 人：毕 胜
责任编辑：肖海鸥 高远致
特约策划：朱艺星

书　　名：社会性自我
作　　者：[英] 伊恩·伯基特
译　　者：李 康
出　　版：上海世纪出版集团　　上海文艺出版社
地　　址：上海市闵行区号景路159弄A座2楼 201101
发　　行：上海文艺出版社发行中心
　　　　　上海市闵行区号景路159弄A座2楼206室 201101 www.ewen.co
印　　刷：苏州市越洋印刷有限公司
开　　本：1240×890 1/32
印　　张：12
插　　页：4
字　　数：266,000
印　　次：2023年7月第1版 2023年7月第1次印刷
I S B N：978-7-5321-8598-6/C.096
定　　价：88.00元
告 读 者：如发现本书有质量问题请与印刷厂质量科联系　T: 0512-68180628